# 霧峰無霧

## ——第二輯

## ——救護佛子向正道

——游宗明老師著

ISBN 978-986-98038-2-3

# 目錄

# 自序

我學佛的因緣跟釋印順這一派的人關係很深，他有許多的徒子徒孫（包括信受釋印順邪說的人），例如眞華法師、如虛法師等人都是我常親近的法師，釋印順住在南投南崗工業區別墅時，我也曾經到那裡爲他看外科的病，身爲中醫師這並不困難。可是，當時的我也不會對他請問佛法，因爲那一套《妙雲集》到底是在說什麼我始終弄不清楚，總覺得自己程度太低，所以也沒有什麼好問的。然而，每次去都看到許多比丘、比丘尼向他頂禮膜拜，對這位「佛教界泰斗」非常恭敬。

假如台灣不是出現了一位 平實導師，那麼以當時佛教界的「興旺」，他們可以過著又忙碌又快活的日子，估計全省每年至少一百億的法會收入，足夠讓各寺廟笑哈哈了。台灣經濟起飛，百姓對佛教的恭敬與虔誠是令人讚歎的，聽說聖印法師作生日，紅包是用大布袋裝到銀行去存款的，而這些銀行人員也算錢算得笑顏滿面！佛法中出家眾雖然應當接受佛弟子的供養，但自己也應謹守分際在足堪供應修行所需的衣缽、飲食、醫藥、臥具等基本需求，不應該在享受、娛樂、嗜好等事務上去追求，更不該積聚金錢、骨董、飾物，因爲這些全是障礙修行的我所貪；只是佛教如是表相興盛了好多年，但在修行上四眾弟子卻都是渺渺茫茫，後來西藏密宗來台興起之後，許多錢財就跑到喇嘛教那裡去了，於是某些出家眾也開始學習密法來爭取信徒及供養。

密教第一次在台中慈明寺出現，是黨國元老屈映光教授密宗氣功，那時候出家人只是好奇在外面觀看，不敢進去學；曾幾何時，密教興旺了，喇嘛教的雙身佛像竟然賣到缺貨，本來只偷偷流通的密宗雙身佛像，搖身一變成了象徵非常偉大的「無上瑜伽」大法，這個變化可以說是非常巨大。密宗（喇嘛教）說是佛教的一宗，這個論點從唐朝到現在，無人敢破也無人能破（就算有也是很小聲），所以喇嘛教在台灣興旺了幾十年，很多人以爲在學佛，結果卻是在學密教外道法，這也讓達賴喇嘛在印度的開支，得到了台灣廣大財源的資助，但是整個佛教界卻因密教的誤導而更加錯誤。直到《狂密與眞密》出版，就好像一盆清涼水，淋向昏頭昏腦的佛教界，於是有些人終於清醒了，所以才會有破密的文章陸續出現。

釋印順說的佛法會錯得那麼離譜，也是因爲他把西藏密宗當作佛教。西藏密宗是修雙身法的喇嘛教這個事實，他顯然知之甚詳，卻認同喇嘛教爲佛教，實在令人困惑？釋印順跟密教一個鼻孔出氣，因爲他信受應成派中觀的六識論邪見，用六識論的外道法來解說八識論的佛法，當然會錯得離譜！修行的基礎就是修正錯誤的身口意三行，因此不用害怕有錯誤，就怕錯而不改，那就嚴重了。

正信的佛弟子都應該要知道，二乘行者因爲深信佛語的緣故，知有涅槃本際常住不壞，所以依四聖諦、八正道、十二因緣等法，於蘊處界等生滅無常的世俗法上觀行，是故二乘聖者唯證諸法生滅之空相，實證蘊處界等法皆是無常故苦、空、無我；其中最重要的是，確認覺知心意識無常故空，永不再認取覺知心意識爲眞實我（諸法之本源），如是方能斷我見；復又進觀處處作主之意根第七識心虛妄故空而斷我執，如是證得人我空，解脫三界生死之苦。斷除三界惑是解脫道的正因，四聖諦、八正道、十二因緣等法則是出離觀的正行，然二乘聖者於解脫尚未究竟圓滿出離，僅能斷除煩惱障之現行，習氣種子隨眠猶未能斷故，必須發願成佛而轉修佛菩提方能漸斷故。

二乘行者所知、所斷皆是三界中的十八界世俗有爲法，故名世俗諦，不知不證諸法之實相空性也。而大乘菩薩行者亦修證諸法空相而證人我空，更復熏修般若實相智，由證得第八識眞如心如來藏而生起般若智慧，現前證知諸法之本源即是此第八識眞如心如來藏，故能發起般若智，現觀一切法界皆由此第八識而有，現觀一切法界之根源即是此第八識心，故能進修增上戒、增上心、增上慧學，乃至一切種智之修證直至成佛；斷除三界惑及塵沙惑是成就佛菩提道的正因，實證眞如心及一切種智得大般涅槃，則是安隱觀能夠圓滿的正行，故大乘菩薩佛菩提道的修行方能成就出離觀之究竟及安隱觀之圓滿。

大乘行者所證所行境界，乃聖智及彼所行境，及彼相應諸心、心法等，故名爲勝義諦，「非安立諦」智所行境界也。而釋印順等六識論凡夫未斷我見，更未證得大乘非安立諦三品心，竟敢妄說意識是永恆而不會消滅的，以僧寶身分公然推廣我見，這種謗佛、謗法的惡行，難道不怕果報嗎？看來，他們覺得面子比佛法的眞實義還重要，因此不願意改正。一般而言法師說法之初心，應該也不是要故意去誤導眾生，但就最怕有邪知邪見而不知，若一旦有人依據聖教及正理出來指正了，能改邪歸正則善莫大焉！如果爲了名聞利養，爲了保有眷屬徒眾，繼續誤導眾生而不改正，那就是害人害己了。

我是在佛教正覺同修會遭逢第三次法難時，才進來修學正法的，當時台中講堂的氣氛很低落。我常想著：都已經學習正法了，怎麼還會退轉？可見他們是沒有真正要學正法的心才會退轉。爲法而來的人，不會因爲對某個人的行爲有意見而退轉，因爲法比人更重要；更何況後來證明法與弘法者都無問題，根本就是退轉的人自己出了問題。明心是修證佛菩提道的第一個難關，古今多少禪子窮盡一生，精勤修學參究而不可得，如今學人有幸在真善知識的慈悲提拔下開悟明心，就應該要繼續接受善知識的教導，若沒有善知識的護念攝受，自己的般若智慧不能生起，那就無法成功轉依如來藏的真如體性，甚至連薩迦耶見都斷不了，尚且不能親證二乘的無我觀，當然就會退轉。

因此，我說只要法正確，就算跑了三百兵，也總會來一將。禪三的時候，我說我要那個不會退轉的；平實導師點頭，於是磨到最後一分鐘才給我印證那個不會退轉的。其實 平實導師印證的都是同樣的標的，只是如果沒有轉依成功，又不接受善知識的教授教誡繼續用功；有疑也不請教善知識，反而去信受諸方假名大師的邪說，如是被惡知識誤導而不知，才會以退轉爲增上。如果只是知道密意而沒有轉依，根本不能稱爲開悟，因爲智慧發不起來就不能看出諸方大師的錯謬及落處，那就會被邪師籠罩，不願被善知識攝受而退轉。當我破參明心之後再去看釋印順的書，發現他寫錯的地方，眞的是一大堆，並且是非常地嚴重，而這些錯誤都是由於他只相信密宗應成派中觀的六識論邪說，卻不信佛語的結果。菩薩爲了救護眾生，不能見死不救，所以才有末學《霧峰無霧》系列文集出版，這些內容並不是在罵人，罵人的話哪有這麼好聽的？好心地說了幾句重話，都是爲救護眾生離諸邪見，希冀彼等師徒得免於下墮地獄等惡道，這跟起惡心、瞋心詛咒人家下地獄是不同的。所以，期望讀者能體會作者是一片悲心，是怕釋印順以及盲從者墮入惡道，應該及早幫助他們回頭是岸。

屈映光（文六）在國難時期救護很多眾生，他從事賑災救濟及埋葬屍體等工作令人尊敬，當時密教最有名的諾那上師和貢噶上師都把密法傳給他；但諾那上師說了一句名言：「禪宗是大密宗。」這雖然是諾那攀緣附會的說法，但想學密法的人一定要記住一句話，要知道「佛法中眞正的密，是禪門的明心開悟，不是密宗喇嘛教的邪密」，才不會把魚目當珍珠。西藏密法都是讓人下墮的世間惡法，修學密教法是無法得到解脫果的。其實西藏也曾有眞正的藏傳佛教，那就是古代覺囊巴所說的正確佛法——他空見妙法，然而那是不被達賴政權所容許的，所以就被消滅掉了。今天闡述他空見如來藏妙法的《山法》巨著，又從國外學者的英譯本轉譯爲中文在台灣出版，也再次證明佛教正法之所宗只有一個，那就是如來藏妙法，這是亙古不易的定論，離開了如來藏就學不到正確的佛法；是故，所謂佛法不是只有講五陰十八界，還要有涅槃如來藏、般若道種智，才能函蓋一切法。

公元前三百多年，公孫鞅告訴秦王嬴渠梁說：「行動猶豫不決一定不會成功，做事懷有疑慮絕對不能成就。眞知灼見者的言行，必然會被世人所排斥；有獨到見解的人，一定會被大眾嘲笑詆毀。」學佛更是如此，佛法背俗故，所謂「道之所樂，俗之所惡；俗之所珍，道之所賤」，所以，能對佛法深生信解而依教奉行者極爲難得。所謂「信爲道元功德母，長養一切諸善法」，如果不信因果，對六道輪迴懷疑，對大善知識懷疑，那麼他一定無法學佛。佛法甚深微妙、難信難解，卻是眞實可證之法，不是思惟想像的玄學；若想要於佛法有所實證，首要之務就是應當親近善知識，《華嚴經》云：「**善知識者則爲牢船，悉令越度生死海故；善知識者則爲船師，令至一切智法寶洲故**」，平實導師就是能引導眾生到於涅槃彼岸的大善知識，駕駛著堅牢不壞的法船，所宣說的都是 世尊所傳的正確佛法故。

學佛不怕有疑，最怕疑而不決，有疑惑時必須請問眞正的善知識才能獲得解決，否則到死都還不知道佛法的正確義理，所以，如果不能判斷善知識是眞的還是假的，那就無法學到眞實的佛法。未遇到 平實導師之前的四十年間，自己也覺得是在學佛，遇到大善知識之後，才知道現在的人常把邪見當作佛法，都是在盲修瞎練當作已有實證；而放眼全球（包括海峽兩岸）普遍充斥著邪見，這問題可說是非常嚴重，更是佛教的危機。如今我把釋印順錯誤的地方在〈正覺電子報〉中舉示出來連載，而今結集成書公開流通，希望被釋印順所誤導的四眾佛弟子能夠改正，若能因此棄邪歸正，則回頭是岸，學佛證果倒也是易如反掌；因爲只要方向、方法正確，學佛是一定能成功的。學佛人把正確的佛法拿來幫助眾生脫離苦海，這是人生最快樂的事，能夠令大家法喜充滿就不虛此生了！如今《霧峰無霧》第二輯即將面世，遂將至誠之心說給佛教界，即以此文作爲本輯及後續諸輯之序文。

佛弟子　**游宗明**　謹序

公元二〇一九年五月

# 一　略論釋印順「生滅即是寂滅」

釋印順《佛法概論》中說：

法性是空寂而緣起有的，從緣起的生滅邊，觀諸行無常與諸法無我；從緣起的還滅邊，觀諸法無我與涅槃寂靜。直從法性說，這即是性空緣起的生滅觀，**生滅即是寂滅**。（Y．〇一，頁二四二）

釋印順的意思是在講緣起法中的生滅，此有故彼有、此無故彼無的生滅相，在這性空緣起的生滅中，生滅即是寂滅。然生滅與寂滅究竟有何差別？緣起法的生滅相是不是寂滅？這就值得我們來探討了。因爲生滅表示一切法有生有滅，故說生滅；而寂滅呢？乍看之下生滅即是寂滅，好像也沒有錯，都有個「滅」字；然此中同異，若非具眼之人實難領會，本文就針對釋印順說「生滅即是寂滅」略加論述。

釋印順在同書中又說：

依緣起而現起緣生的事相，同時又依緣起顯示涅槃。涅槃，即諸法的眞性，也即是法性。經中曾綜合這二者，說有爲法與無爲法。依《阿含》的定義說：有爲法是有生有滅的流轉法；此流轉法的寂滅，不生不住不滅，名無爲法。所以無爲是離愛欲，離雜染，達到寂然不動的境地，即佛弟子所趨向的涅槃。這不生不滅的涅槃，成立於緣起法上。（Y．〇一，頁一五四～一五五）

釋印順說依緣起法而現起了緣生、緣滅的生滅事相，同時又依緣起法顯示涅槃，這不生不滅的涅槃，成立於緣起法上。此涅槃即是他所謂的寂滅，釋印順之意是指在生滅的有爲法中，此有故彼有、此滅故彼滅的流轉與還滅之中，自有不生不住不滅之無爲法即是寂滅；這是釋印順承襲自藏傳佛教中觀六識論的主張——一切法都是緣起性空，空無自性中即是寂滅，能體悟這個寂滅，即是證得法性、涅槃。所以生滅即是寂滅。但是，這個「寂滅」性，眞的是依於緣起法才能顯現而有的嗎？「寂滅」的眞實義是什麼呢？

釋印順《中觀論頌講記》：

從緣起的寂滅方面，說明世間滅。「此無故彼無」，「此滅故彼滅」，生死狂流的寂然不生，體現了緣起的寂滅性，是清淨的還滅。可以說：因爲緣起，所以有生死；也就因爲緣起，所以能解脫。緣起是此有故彼有，也就此無故彼無。緣起，扼要而根本的啓示了這兩面。一般聲聞學者，把生滅的有爲，寂滅的無爲，看成隔別的；所以也就把有爲與無爲（主要是擇滅無爲），生死與涅槃，世間與出世間，看成兩截。不知有爲即無爲，世間即出世間，生死即涅槃。所以體悟緣起的自性，本來是空寂的，從一切法的本性空中，體悟世間的空寂、涅槃的空寂。這世間與涅槃的實際，「無毫釐差別」。《般若經》的「色即是空，空即是色」，也就是這個道理。緣起的自性空，是一切法本來如是的，名爲本性空。一切法是本性空寂的，因眾生的無始顚倒，成生死的戲論。（Y·〇二，頁九）

釋印順在這裡的解釋是說：「生死狂流的寂然不生，體現了緣起的寂滅性，故生死生滅的狂流和寂然不生的緣起寂滅是無分別的。故生滅的有爲和寂滅的無爲，不要看成隔別的。生死與涅槃，世間與出世間，也不要看成兩截。有爲即無爲，世間即出世間，生死即涅槃。所以體悟緣起的自性，緣生諸法本無自性，本來是空寂的，從一切法的本性空中，有其必然之因果是歷然不亂的，能通達因果幻相的本性空，即能悟入諸法畢竟空不生不滅。若能深入知此深義，體悟世間的空寂，即涅槃的空寂，則能得出世智——涅槃智。」

釋印順如此解釋甚深佛法的寂滅、涅槃等，不知您是否能同意這樣的觀點？如果同意，那您其實也不必學佛修行了，可以回到滾滾紅塵去充分享受世間諸樂，因爲生死就是涅槃了，您還需要修什麼道呢？不論您修不修行，反正到頭來終難逃一死，而且生是涅槃、死也是涅槃，一切都是空的，辛苦修行就是爲了要悟得空無所有，那又何必呢？

佛法的「寂滅」絕非如釋印順說的這麼輕鬆、簡單、容易，這「寂滅」是在講一切法皆空中，有一從來不生不住也不滅而本來就寂靜極寂靜的法，不住在六塵中而絕對寂靜才能叫作「寂滅」，而且是本來就寂滅，不是修行才得的寂滅。這個寂滅是指祂從不在三界六塵萬法中起心動念，故是眞實如如的寂滅體性——眞如寂滅。不是釋印順所說緣起的寂滅——「此無故彼無」，這是空無所有的斷滅境界！斷滅境界是無法，不是寂滅。

我們來看**經典中對「寂滅」是怎麼說的**？《大乘入楞伽經》卷一云：

法與非法唯是分別，由分別故不能捨離，但更增長一切虛妄，不得寂滅。寂滅者所謂一緣，一緣者是最勝三昧，從此能生自證聖智，以如來藏而為境界。[1]

經文很清楚明白地告訴我們：寂滅是如來藏的自住境界，這不是三界法的境界。三界內無有眞實寂滅的境界，有些人以爲意識心不起分別、不起一念時就叫作無分別、就是寂滅，其實這根本沒有寂滅，只能稱爲一念不生或離念靈知，都還是意識心住於六塵中的喧鬧境界。意識心生起即是有分別，非無分別，不論是粗細意識皆是有分別、能分別之心，必會領受六塵故非寂滅。而釋印順所謂的寂滅，是說緣起的寂滅，是以蘊處界的生滅滅已不斷當中說有涅槃不生不滅；其所謂涅槃乃是以緣生諸法無自性空之空無爲涅槃，而空無是無法、是斷滅，無怪乎釋印順會說般若是唯名無實——性空唯名。釋印順不知亦不肯蘊處界的諸法空相的滅相是依於如來藏才有的緣起性空，與本來寂滅的涅槃如來藏體性截然不同。釋印順是未斷我見之凡夫僧，才會依於牛有角（蘊處界之緣起）施設兔無角法（其性本空），將滅相之空無說爲寂滅，皆是戲論一場！

釋印順在《中觀論頌講記》中說：

二、聲聞，佛對他們說緣起，他們急求自證，從緣起因果的正觀中，通達無我我所，離卻繫縛生死的煩惱，獲得解脫。他們大都不在緣起中深見一切法的本性空寂，而從緣起無常，無常故苦，苦故無我我所的觀慧中，證我空性，而自覺到「我生已盡，梵行已立，所作已辦，不受後有」。他們從緣起的無常，離人我見，雖證入空性，見緣起不起的寂滅，然不能深見緣起法無性，所以還不能算是圓滿見緣起正法。三、菩薩，知緣起法的本性空，於空性中，不破壞緣起，能見緣起如幻，能洞達緣起性空的無礙。眞正的聲聞學者，離欲得解脫，雖偏證我空，也不會執著諸法實有。但未離欲的，或者執著緣起法的一一實有，或者離緣起法而執著別有空寂。執有者起常見，執空者起斷見，都不能正見中道。（Y．〇二，頁七～八）

印順說：「他們大都不在緣起中深見一切法的本性空寂，而從緣起無常，無常故苦，苦故無我我所的觀慧中，證我空性……。」又說：「他們從緣起的無常，離人我見，雖證入空性，見緣起不起的寂滅，然不能深見緣起法無性，所以還不能算是圓滿見緣起正法。」這一段文字可以確定他講的寂滅是「緣起不起的本性空寂就是寂滅」，這種寂滅根本不是眞如寂滅，乃是將斷滅說爲寂滅，都是落在蘊處界緣起緣滅中，都是生滅之法；滅已無法，何來寂滅可言？與 佛說的眞如寂滅豈能相提並論呢？

平實導師於《大乘無我觀》中說：

無餘涅槃之中不是斷滅，涅槃之中有個眞如；這個眞如叫作如來藏，還沒有成佛以前叫作阿賴耶識、叫作異熟識、叫作菴摩羅識，到達佛地時改名爲眞如無垢識，無餘涅槃中就是這個識單獨存在。可是這個識離見聞覺知，祂也沒有思量性，所以沒有證自證分，所以祂不知道有自己，眞的無我；又沒有了意根，所以祂也不作主；祂完全是寂滅性，完全是無我性，所以無餘涅槃之中只有祂。[2]

平實導師書中所說的寂滅，正是聖教量所說的眞如寂滅。《父子合集經》卷十：

諸法性空無所空　　亦無繫縛及縛者
眞如寂滅離諸相　　體非垢染亦非淨
以其法爾本如然　　非煩惱縛亦無斷

如是了知諸法性　是人不久得菩提[3]

釋印順不解空義，空性心體無黏、無縛，亦離染淨，是眞實的心體，非虛設之名相。釋印順想要用緣起不起的寂滅來取代眞如寂滅之空性，這是移花接木歪曲法義的不老實心態；因未能親證，又無福親炙善知識；然眞善知識眞遇著了，卻又因面子問題，不肯接受眞善知識之指正，依舊不肯認錯修正其錯解佛語之過失，仍使所著書籍繼續流通，誤導此世後世學佛人之正知見並戕害彼等法身慧命而不顧，將使爾等永遠不知道眞如寂滅的眞實義，其後果之嚴重難以想像！

釋印順在《勝鬘經講記》中說：

《順正理論》（五八）有五說。也有立苦、集、道三諦是世俗，滅諦是第一義的，與本經一致。《般若經》說四諦都是假名說，是世俗諦，而四諦的法空性，是第一義諦。這是因滅諦也通假名施設，而離言寂滅，是第一義，也即與本經的滅諦說相近。三諦是世俗，滅諦是第一義，古有此說，本經也依此作論。（Y．〇三，頁二二七）

我們就用釋印順的《勝鬘經講記》來破斥他的「緣起不起的寂滅」。他在文中說：「**滅諦也通假名施設，而難言寂滅，是第一義。**」四聖諦的滅諦是指諸法滅盡之眞實道理，已無有一法可再於三界內緣起，此是聖諦非通假名，唯是俗諦。釋印順的「**緣起不起的寂滅**」正是滅諦的寂滅，是因緣生、因緣滅的緣起不起。既如是，則其滅諦當非眞如寂滅之滅；只是現象界的此滅故彼滅，因爲有生而說有滅的滅，不是第一義眞如如來藏的本來寂滅。

再舉前引釋印順《中觀論頌講記》中說法：

從緣起的寂滅方面，說明世間滅。「此無故彼無」，「此滅故彼滅」，生死狂流的寂然不生，體現了緣起的寂滅性，是清淨的還滅。可以說：因爲緣起，所以有生死；也就因爲緣起，所以能解脫。緣起是此有故彼有，也就此無故彼無。緣起，扼要而根本的啓示了這兩面。一般聲聞學者，把生滅的有爲，寂滅的無爲，看成隔別的；所以也就把有爲與無爲（主要是擇滅無爲），生死與涅槃，世間與出世間，看成兩截。不知有爲即無爲，世間即出世間，生死即涅槃。所以體悟緣起的自性，本來是空寂的，從一切法的本性空中，體悟世間的空寂、涅槃的空寂。這世間與涅槃的實際，「無毫釐差別」。（Y．〇二，頁九）

從這一段文章我們可以發現：印順一直以緣起的寂滅性等同於眞如的寂滅性，他以六識論之觀點來解釋緣起的寂滅性就是眞如的寂滅性，證實其心中根本無眞如寂滅之法；他否定第八識如來藏，亦否定第七識意根末那識，恣意妄爲的曲解佛法，把佛法的根砍斷了，卻又不得不於名相中牽強附會，而說生死即涅槃、生死狂流寂然不生等虛妄語，籠罩無知學人，堪稱天下之最。如果相信印順的話，那諸位不必修行也是涅槃了，天下哪有這麼便宜的事！生死狂流的現象不是寂然不生的境界，蘊處界都是緣生緣滅的緣起法，生是一邊，死是一邊；緣生的時候不可以說它是滅，緣滅的時候不可以說它是生。印順自己也說過白天光明的時候不可以說是黑暗，黑暗的時候不可以說它是光明，顯然印順的思想是自相矛盾的。

研究聲聞法的學者把生滅的有爲，寂滅的無爲，看成隔別的；所以也就把有爲與無爲（主要是擇滅無爲），生死與涅槃，世間與出世間，看成兩截並沒有錯，因爲他們還在緣起生滅之中，他們都只能看到有爲界裡的蘊處界的生滅，不見法界中的實相；那麼，要等到什麼時候才不會把這些看成兩邊？得要等這些人緣熟了，找到第八識如來藏而實證眞如寂滅的時候。這時候自然能現觀第八識的眞如寂滅，及其恆離兩邊，非一非異非斷非常的中道義。而緣起法必定是落在一邊的，但緣起的正理是不能離開眞如而能有緣起的，故緣起的寂滅與眞如寂滅，乃截然不同且永遠不能相提並論。

印順自己也說：**【然從法性空的第一義來說，戒品本不來不去；本來不生，也不會滅盡。所以不落三世，超越生滅。】**（Y．○四，頁二五○）不要被釋印順此說籠罩了，他是從緣起性空來說空的不來不去，不是般若中說的空性如來藏不來不去。一切親證者皆能了知從第一義實相心體現觀，確實本來不生也不會滅盡，故可以這樣說；但對未親證實相之人如釋印順，只能從意識思惟而創造出一個虛妄之法，說爲寂滅法。釋印順之困境在於不能忍於自己的無知，強不知以爲知，故難會此不思議佛法，亦常前後自語相違。對「本來不生」之法，誤以爲「此滅故彼滅」故本來不生，釋印順實不懂「**不生法**」，才會以六識論緣起法來解說「**本來不生**」之法，實是顚倒說。

釋印順說：**【如果不談空，怎能開顯緣起的眞相，怎能從生滅與寂滅的無礙中，實現涅槃的寂滅？】**（Y．○二，頁一○）緣起的眞相就是生滅，這個生滅性的滅，與不生不滅的涅槃的寂滅是不一樣的，不能用緣起生滅的滅相來解釋為涅槃的寂滅。

釋印順《中觀論頌講記》說：

「寂滅」，是生滅的否定。生滅，是起滅於時空中的動亂相。悟到一切法的本來空性，即超越時空性，所以說寂滅。肇公說：『旋嵐偃嶽而常靜，江河競注而不流』，也可說能點出即生滅而常寂的實相了。（Y・〇二一，頁三三六）

釋印順說：「寂滅，是生滅的否定。」認為對生滅的否定，就是不生滅，則寂滅就是不生滅。但佛法中的不生滅，意指有一法是不生亦不滅的，非是虛無叫作不生滅、寂滅。印順又說：「悟到一切法的本來空性，即超越時空性，所以說寂滅。」對了知實相者來說，從此處可以看出這是釋印順的不良動機，欲使人混淆；釋印順的眞實義是說：「一切法空，本無一法而空無了，故是超越時空性的，說這本來空的就是寂滅；即生滅而常寂的實相，於生滅中無有一法眞實故，此即是常寂的實相。」釋印順不承認空性心如來藏，所以他在蘊處界諸法中不能思議有一法是常寂的，只能以意識思惟在有為現象的因緣生滅之中，萬法自會此生故彼生、此滅故彼滅，認爲能徹悟此理，即是了達生滅即是寂滅。然而對親證空性心的人來說，蘊等一切法生滅中不曾稍離寂滅的如來藏，故生滅與不生滅的寂滅是不即不離的。這是凡夫釋印順永難會的。

或許有人會以爲我反對釋印順說的緣起法，就認爲我反對 佛陀說的緣起法，然而 佛陀所開示的緣起法的正理是：必須依於第八識如來藏才能有萬法的緣起，緣起法不能無因唯緣而生起，這是四阿含諸經中仍然可以查到的教證；所以我不是反對緣起法的，我只是反對釋印順把無因論的緣起法，當作有因有緣的緣起論的佛法的核心，〔編案：其實印順根本不懂緣起法，他只是把生滅無常的緣生法當作緣起法，因此他講的「緣起性空」其實是「緣生性空」。〕當作是勝義、第一義。第一義就是涅槃寂靜，就是如來藏自心無境界的境界，這個才是寂滅的道理，而不是釋印順所說的無因有緣的緣起的寂滅。

有些人還是弄不懂其中的分別，那就會被印順所迷惑。我們就以太極來解釋：世俗人畫的太極圖一陰一陽，陰陽之中即是緣起生滅；釋印順把其中的「陰」〔編案：「陰」譬喻「此滅故彼滅」〕當作寂滅（印順稱爲「緣起的寂滅」），卻不知道此寂滅仍然在陰陽生滅中，猶在太極裡面。如果您要畫一個圓圈叫無極，這個無極勉強可以說寂滅。爲何說是勉強？因爲眾生沒有實證本來寂滅的第八識，那若要爲其解說時，這時該怎麼辦呢？因此，必須是用俗人的認知來解釋說明，才能勉強建立一個正確方向。世俗所畫的太極其實是兩儀，因爲一陰一陽已出現，那個外圍的大圓圈才是太極，那無極就是連圓圈都沒有的時候了；也就是，一切有情不管有沒有那個圓圈，都有這個無極，就是本來常住、本來寂滅、本來涅槃、本來清淨的第八識如來藏獨住的境界，乃是一切大乘賢聖所證的標的。這就是說，有爲性的緣起法還是有依，不是無依，是依於第八識如來藏而有的；懂得這個道理，要學正確的佛法就不難；否則就會像釋印順一樣，雖身出家，也活了一百零一歲，卻還搞不清楚什麼是佛法，以外道法及錯誤的解脫道來當作佛法的全貌；自欺欺人，莫此爲甚；令人慨嘆，誠可憐愍！

1 《大正藏》冊一六，頁五九〇。

2 平實導師著，《大乘無我觀》，佛教正覺同修會，二〇一六年十一月初版十七刷。

3 《大正藏》冊一一，《父子合集經》卷十〈光音天授記品〉，頁九四八。

## 二　略談釋印順之「一切法空」與「一切法空性」

釋印順在《中觀論頌講記》說：【佛所說的緣起定義，佛教的一切學者都不能反對。**一切法空爲佛教實義**，眞聲聞學者也不拒絕，何況以大乘學者自居的呢？】（Y．○二，頁二五四）

此中佛說緣起定義，一切學佛者都不會反對；但釋印順以六識論爲基礎而說的「**一切法空**」，是否爲佛教眞實義？則有待商榷；因爲不能光看「**一切法空**」的口號相同就認爲符合　佛陀所說，得要看所說內涵是否符合　佛陀所說爲準。聲聞學者追求一切法空，所以不拒絕；但聲聞人不拒絕並不表示「**一切法空**」即是佛教唯一的眞實義，因此釋印順認爲大乘學者應該也不拒絕才是。然而如果大乘學者所修學的佛法，也只是「**一切法空**」，那他就不配稱爲大乘；因爲所學都是一切法空而同樣都空了，還分什麼大乘、小乘？由此可知，大乘佛法除了「**一切法空**」之外，一定還有個甚麼？聰明絕頂的釋印順，在佛法大海中鑽研久了，當然也警覺到這一點；爲了防堵破綻，唯恐有人指戳，所以他加上一個「性」字；就像圍棋活眼，自以爲「**一切法空性**」如金鐘罩一般，無人能破，豈不快哉！

但釋印順他不知道自己以六識論所解釋的「**一切法空性**」，正好破他自以爲佛教一切學者都不能反對的「**一切法空**」。印順的一切法空，就是五蘊、十二處、十八界都空，這是一無所有的斷滅空。若六識論是對的，那三界一切萬法都沒有了，連意識都滅了，這不是斷滅空嗎？

釋印順會說：「**眞空即妙有**」，故一切法空不是斷滅空。如《學佛三要》：【**這種空有無礙的等觀，稱爲中道；或稱之爲眞空即妙有，妙有即眞空。**】（Y．〇五，頁二三二）釋印順既然說眞空即妙有，那就表示他不能空盡十八界，不敢空盡十八界；不能十八界空盡，就入不了無餘涅槃，也就不能證得解脫道極果阿羅漢了。釋印順因爲怕成爲斷滅空，所以說眞空即妙有；但是眞空要成爲妙有是要有原因的，否則就會變成無中生有。無不能生有，空也不能生有，所以釋印順也對釋聖嚴說：【**空就空了，還有什麼？眞空妙有是眞常唯心論所講的。想想，既然已經眞空了，還有什麼？**】（T．〇一，頁二三三）　因此釋印順六識論的一切法空，本質上就是斷滅論；必須以八識論來看蘊處界一切法空，才不會落入斷滅論的過失，才符合 佛陀經典中所說一切法空，也才符合一切親證法界實相的菩薩們親眼所見的事實。

從 平實導師評論：【印順所倡導「一切法空、離如來藏可有緣起性空」之邪見中，皆成大乘法中之惡取空者，皆是無因論、兔無角論者。】[1] 可見佛法不是只講一切法空而已，還有一個能生一切法的空性如來藏；此空性如來藏是一切萬法之因，此因是妙有之源。其實釋印順也知道斷滅論乃是外道見，因此釋印順也無法否定這個道理，故於：

《般若經講記》云：

或者以為我法雖空而此空性——諸法的究竟眞實，是眞常妙有的。（Y．○六，頁五一）

《以佛法研究佛法》：

由三法印而開顯出來的一切法空性，即大乘所說的一實相印。（Y．○七，頁三○七）

《以佛法研究佛法》：

**現依《楞伽經》爲準，以一切法空性爲如來藏說，則如來藏始能與性空無我的一切教說相契合。**（Y．○七，頁三二二）

《無諍之辯》：

**換言之，如來藏是一切法空性（見《楞伽經》），是眾生位中（身心，特重在心）的空性。**（Y．○八，頁一六○）

從表面看，釋印順所說的「一切法空性」好像是 佛陀所說諸法實相——第八識、空性心、如來藏、阿賴耶識、眞如，但釋印順卻主張六識論，否定第八識的存在，他所說的「一切法空性」其實只是他所主張緣起性空的緣起性，不是 佛陀說的空性，他把緣起性空這個現象中的緣起性當作是諸法實相。如釋印順於《佛法概論》中說：【**緣起中道，是佛法究竟的唯一正見……。**】（Y．○一，序頁一）《學佛三要》中也說：【再從**緣起性**的平等性來說：緣起法是重重關係，無限的差別。這些差別的現象，都不是獨立的、實體的存在。所以從緣起法而深入到底裡，即通達一切法的無自性，而體現平等一如的法性。**這一味平等的法性**，不是神，

**不是屬此屬彼，是一一緣起法的本性。】**（Y．〇五，頁一二二）

然而　佛陀所說此「空性」即是如來藏，而不是一切法；一切法無空性，一切法皆是因緣所生之法，一切法皆是無常必滅故是空相而非空性，唯有第八識如來藏具有能生萬法之空性；所以釋印順說「一切法空性」是有語病的，因爲一切法沒有能生一切法的空性，只有生滅無常終歸於壞滅的空相。釋印順主張一切法空爲佛法究竟，但到最後，他還是要回歸一切法之空性如來藏，才不會落入斷滅空而成爲斷滅見外道。

再說，釋印順認爲五蘊等一切法不可得，故說一切法空；既然一切法空，則是斷滅後的空無，絕無一性可得，何來空性？若狡辯說有空性，則此「空性」亦空，如此即空無一物、空無所有矣；這不是斷滅空又是什麼？釋印順也知道這樣不行，落入斷滅空去了，因此要有個空的自性——「空性」來補上，才有佛法的樣子，他說：**【從修證上說，即以無所得慧所以能達到一切法空性。】**（Y．〇六，頁一九八）這裡他又以「無所得慧」作爲一切法空性。

那麼，什麼是「無所得」？如印順派的釋傳道解釋說：**【聞名執實，這是眾**

生不得解脫的唯一根源……。】（Y．〇六，頁一九八）若否定第八識如來藏，而以六識論來解釋，亦即「畫一個美女、畫一個羅剎，我們常常忘了它是畫，看到美女的畫就喜歡執著，看到羅剎的畫就恐怖。要知道畫是假的無實性，就不會高興和恐怖，就是『無所得』。以無所得故，無有恐怖，才能究竟涅槃。」（參見T．一三　傳道法師「般若心經講記」）這是標準的以意識心不要亂想當作無所得，偏偏凡夫眾生的意識一定喜歡美女，不喜歡羅剎；如果硬要說他不知道畫是假的，而把它當作眞實的美女，你看他的腦筋有沒有問題？就算他不分別，如果眞的不能分別，一定是屎尿不分，那生活一定出問題；如果知道是美女或羅剎而故意不作分別，則他知道畫的內容之時，已經分別完成了，「知」即是了別故；他只是不作選擇而不是無分別，意識的功能就是了別，所以想用意識的無分別而說「無所得」是不可得的。釋印順又於《般若經講記》云：

今菩薩般若以無所得慧照見五蘊等一切法空，由此離我法執而得解脫。從理論上說，以一切法本不可得，說明蘊等所以是空；從修證上說，即以無所得慧所以能達到一切法空性。（Y．〇六，頁一九八）

但是《瑜伽師地論》卷八十三云：【無所得者，謂離一切所有相故。】[2]這是說第八識如來藏乃是離一切所有相的緣故，而不是意識一念不生的無所得。

如《大智度論》卷十八〈序品 第一〉中曰：

問曰：「若無所得、無所行，行者何以求之？」

答曰：「無所得有二種：一者、世間欲有所求，不如意，是無所得。二者、諸法實相中，決定相不可得故，名無所得；非無有福德智慧、增益善根。如凡夫人分別世間法故有所得；諸善功德亦如是，隨世間心故說有所得，諸佛心中則無所得。」[3]

可見「諸法實相」才是無所得，不是把意識心的有所得轉變成不分別而說無所得，無所得慧即是證知第八識空性如來藏本來即無所得。

佛陀經典中所說的空性心是講如來藏空性之大乘法，不是定性二乘之所修；釋印順讀過這些經典，因此也是知道的；但是自己被六識論邪見所誤導而錯會，因此釋印順於《般若經講記》也跟著云：【這空、無相、無願——即空性，不是一般人所能了達的，所以極為深奧。】（Y．〇六，頁一七二～一七三）同時他於《勝鬘經講記》云：【唯識家也說，二乘人不斷所知障，所以不能通達一切法空性的圓成實。本經所說，與唯心論者相同。】（Y．〇三，頁二〇五）【然依本經，如來智即是空（性）智。】（Y．〇三，頁二二二）

從這些論述，可以確定釋印順之「一切法空性」，講的就是依據經典中文字而使用「空性、空性智、如來智、無所得慧、實相慧」這些名相；然而經論中所說都是指向空性如來藏，但釋印順卻以六識論的角度來解說；他心中是把緣起性空的緣起性說爲空性，而不是 佛陀所說第八識如來藏爲空性。又如《中觀論頌講記》：

〈觀法品〉的觀，是現觀，或正觀，就是悟入如實相的實相慧。抉擇正法的有漏聞思修慧，隨順無漏般若，也稱爲正觀。法是軌持，軌是規律或軌範，持是不變或不失。事事物物中的不變軌律，含有本然性、必然性、普遍性的，都可以叫做法。合於常遍本然的理則法，有多種不同，**但其中最徹底最究竟最高上的法，是一切法空性**。現觀這眞實空性法，所以叫觀法。（Y．〇二，頁三〇八～三〇九）

但釋印順又主張說「因空卻遍計執性所顯的空相」，說這「叫圓成實相」，如《攝大乘論講記》：

此中何者**圓成實相**？謂即於彼依他起相，由似義相**永無有性**。「於彼**依他起相**」上，因遍計性的「似義相**永無有性**」，就是徹底通達遍計性無，依他諸法**因空卻遍計執性所顯的空相，叫圓成實相**。現在，我們可以獲得三相的基本而簡單的認識：依他起是虛妄分別的心，遍計執是似義顯現的境，圓成實是因空卻遍計所執性所顯的諸法空相。（Y．○九，頁一八二）

蘊處界都是生滅無常的體性，故說其爲虛妄不實的，因此蘊處界一切法緣起性空，只是第八識藉緣生起一切三界諸法的現象；這個現象在阿羅漢入了無餘涅槃以後，只剩下第八識獨存，當「緣起性空」所依的蘊處界不存在時，緣起性空的現象亦將不復存在；因此這個緣起性空根本不是實相法。所以釋印順乃是將滅掉一切蘊處界法以後「永無有性」的斷滅空，定義爲圓成實而成爲斷滅論的支持者。釋印順曾於同書說：【離卻錯誤的認識，通達**無**義，就是**圓成實**。】（Y．○九，頁一七五）他認爲通達空無之義，就是圓成實；由此可知釋印順乃是標準斷滅論者。但他顧慮會被指控爲斷見外道，又回頭建立細意識常住說，建立細意識爲三世結生相續的常住識，回墮意識心中又成爲常見外道，因爲始終無法成立自己不可被質疑的中道思想，連我見都斷不了。

唯有第八識如來藏才是眞實空性法，才是最徹底最究竟最高上的法，才是圓成實。但是釋印順主張六識論所說的「一切法空性」，卻是虛妄無實的體性；因爲緣起性乃是蘊處界緣起緣滅的體性，屬於有爲生滅無常的體性，然此釋印順「一切法空性」乃是依據經典中描述第八識如來藏體性的文字，自己用六識論的邪見來臆測而套用這些名相，將經中所說證得空性第八識的境界與智慧套在意識上面，導致釋印順弘法七十年的結果都成爲一場誤會。經典中所說諸法實相、空性性當然是指第八識如來藏，如是則最究竟之法是如來藏而非「一切法空」應無疑義；第八識如來藏能生一切法，故爲一切法的依止處，是生死涅槃依，也應該無疑義了。若照經論文字乃是明白顯示這個道理，已無可推翻，因此釋印順有時也只能跟著經典文字這樣說；可是他心中卻不是這樣想，因此在《勝鬘經講記》另外又說：

> 「如來藏」的所以爲生死、涅槃依，不是別的，因爲它「無前際」，法爾如此，本來如此，沒有時間性的邊際。因此，如來藏是「不起不滅法」。是不起不滅的常住法，能爲生死涅槃作所依，眾生這才「得厭苦」，「樂求涅槃」。中觀和唯識宗，明一切法空性或圓成實性，也是不起不滅、無前際後際的，**然都不說爲一切法的依止處**。以常住不生滅爲所依，即眞常唯心論的特色！（Y．〇三，頁二四六～二四七）

釋印順說的「一切法空性」既是如來藏，卻又說不是一切法的依止處，這是因爲他是把六識論的緣起性空的緣起性當作如來藏，這當然不是一切法的依止處；然而經文所說的如來藏乃是第八識阿賴耶識，是一切法的依止處，因此釋印順便被六識論邪見綁死而無法解套。不但如此，釋印順又自語相違而教你不要迷於一切法空性，才不會障礙你的法空智，如釋印順在《勝鬘經講記》中說：

> 本經的無明住地，即所知障；四住地及上煩惱，爲煩惱障。煩惱障是以我我所執爲本的，由我我所執而起貪等煩惱，由此而招三界分段生死苦。**所知障，是迷於一切法空性，而不能徹了一切所知的實事實理；爲一切法空智的障礙**。煩

> 惱障是人執，所知障是法執。我執必依於法執，煩惱障是依所知障的；所知障或法執，是煩惱障或我我所執的所依，即此處無明住地爲上煩惱及四種煩惱所依的意義。（Y．○三，頁一六○～一六一）

釋印順最後跟你說白的：「空性亦不過假名而已。」被他說爲究竟法的一切法空性的如來藏，竟然只是假名而已？結果他前面所說的「眞實空性」不見了，於是他在《般若經講記》中就說：

> 世間的事物，語言思想都不能表現出他的自身，何況即一切法而超一切法的空性呢？**空性亦不過假名而已**。空性，不是言語思想所能及的，但不是不可知論者，倘能依性空緣起的正論來破除認識上的錯誤——我執法執，般若慧現前，即能親切體證，故佛法是以理論爲形式而以實證爲實質的。眞能證得空性，是即一切而超一切的……。（Y．○六，頁一八五）

於是釋印順否認第八識如來藏的尾巴就露出來了，他認爲相信第八識如來藏的人是擔草束過大火而不燒者，是計我外道，故釋印順在《成佛之道》說：

> 第二、於一切法空性立一切法，眞是擔草束過大火而不燒的大作略，原非一般

所能。但事實上，離此並無第二可爲一切法依的。所以**爲了攝化計我外道**，**就密說法空性爲如來藏**。這是好像有我爲依，而其實還是無我的法空性。對於五事不具，近於小乘的根性，經上又說：『佛說如來藏，以爲阿賴耶。惡慧不能知，藏即賴耶識』。原來阿賴耶，還是如來藏。依如來藏而有無始虛妄熏習，名阿賴耶識，爲雜染（清淨）法所依。不知其實是依法空性——如來藏；可惜有些學者，不能自覺罷了！（Y．一〇，頁三九四～三九五）

如果出生一切法的空性心如來藏，是爲了攝化計我外道而說，爲何釋印順要說「**與一切法空性**相應而修行，就一切都無所取著」？爲何要說這「是佛教授教誡的意趣所在，爲一切沙門的眞正師範」？如《寶積經講記》：

如爲勝義而修行，與**一切法空性**相應而修行，就一切都無所取著。這樣的深見，與法相應，「知一切法本來寂滅」，也就「不見有縛」——能縛、所縛、縛法；「不求解脫」。但這樣的不見有縛，而繫縛自解；不求解脫而眞得解脫，「是名實行沙門」。是佛教授教誡的意趣所在，爲一切沙門的眞正師範！（Y．〇四，頁二一一九）

由這裡就可以知道釋印順斷滅論外道的本質，因爲他認爲的一切法都是緣起性空，終究是會滅的無常性，因此一切法無常壞滅之後將變成空無，此緣起無常的壞滅的體性乃是一切法空性。但是，這已雙違經論文字的表義與眞義，於是有時候又不得不說有如來藏心，變成自己前後矛盾。所以，讀印順的書，眞是傷腦筋，他都慣用模稜兩可、似是而非的方式來論述；表面上是兩邊都寫，不偏頗，骨子裡則是叫人不要相信有第八識如來藏。但第八識如來藏是大乘經典所說的，不要相信如來藏就是不要相信大乘經；可是大乘經是 佛陀所說的，所以釋印順主張說大乘經典不是 佛陀親口所說，說菩薩講的如果符合 佛說的緣起性空，也可以說是佛經，由此確定釋印順是「**大乘非佛說**」的信徒（參見Y．一一，頁八～九）。釋印順這些自語相違、矛盾百出的說法，叫人如何相信他的話？問題都是出在他不相信 佛陀的話，所以他是妄語者而不是實語者。

釋印順認爲因緣生之義，一切法空之義，已經是佛法究竟；如果再相信有第八識如來藏，那就是實有論者；認爲主張有如來藏自性能生萬法，會有破壞一切的過失。因爲釋印順認爲一切法是從因緣所生，「**諸因緣所生而無自性的空義**」

才是「空義」；相信實有如來藏論者說一切法從如來藏藉眾緣出生，而非單憑因緣生，則破因緣生義，也破一切法空性。這個說法見於《中觀論頌講記》：

**實有論者，有破壞一切的過失；現在結責他的壞一切世俗。主張有自性，就是「破一切法」的從「諸因緣」所生而無自性的「空義」。破因緣生義，即破一切法空性，**這就不知幻有、不知眞空，破壞了二諦。（Y．○二，頁四七七）

釋印順不相信有第八識如來藏，所以他無法瞭解空性，他說【**法性、法住、法界。勝義諦不可想像為什麼實在本體，或微妙不思議的實在。**】（Y．一二，頁二一九）實在本體是很難親證，但　佛是眞語者、實語者、不妄語者、不異語者，是天人師，故　佛說的話絕對正確。佛說有眞實存在的本際，而祂是空性，所以微妙難思議；不但大乘經中如是說，平實導師在《阿含正義》中也舉出《阿含經》中的教證，證明二乘菩提也是依第八識如來藏而說的。釋印順則認爲「**不可想像爲什麼實在本體**」，那是因爲釋印順把空性當成空相去了，而且又說「**空相是空性的別名**」，那「空性」就不見了，只剩下空相，空相只是五陰等生滅法生滅無常的現象，怎麼會有實在本體？

釋印順在《佛法是救世之光》中說：

這是一點，「五蘊皆空」，是說五蘊的「自性」空：「空」是「無自性」的別名。「是諸法空相」，羅什譯本，法月譯本，般若共利言譯本，都是這樣。而智慧輪譯本作：「是諸法性相空」；法成譯本作：「一切法空性」。這是第二點，**「空相」是「空性」的別名**。這兩點，可說為了不致於誤解，而譯得更明確些。（Y．一三，頁一九一）

親證如來藏的禪宗第六祖說【何期自性能生萬法】[4]，從現代實證如來藏的菩薩們的現觀，也如是證實；則知一切萬法皆無自性，有自性而能生萬法的唯有第八識如來藏，才能說是具有能生萬法自性的空性。一切法之自性，乃是方便說，譬如金有金的自性，鐵有鐵的自性，為了名字、差別而說有金鐵之自性。方便自性不能與如來藏能生萬法之空性自性相提並論，所生的一切萬法是空相，能生萬法的如來藏是空性，如此怎麼可以說空相是空性的別名？一切法空即是一切法生滅無常的空相，但如來藏卻不是一切法所攝，而是能生一切法者；是故如來藏能攝一切法，一切法不能攝如來藏；能生的如來藏才是能生一切法的空性，被如來藏所生的五陰顯示出來的一切法空則是被生法所顯示的現象，怎能混爲一譚而說空性即是空相？而說「**空性是空相的別名**」？

第八識如來藏不生不滅，同時也不即五蘊假我，不離五蘊假我。若照釋印順的邏輯，他的意思就是「**一切法空即是一切法空性**」，就是如來藏；他認爲，一切法空是佛教唯一的眞實義，同時破斥掉一切法空性的如來藏，也達成了用藏傳佛教應成派中觀的六識論來取代佛教八識論之目的。他不知道老天有眼，護法怒目，當佛教將亡、臨危之際，平實導師適時出來弘揚了義正法，使正覺同修會諸多有慧眼者都可以拆穿他的妄言，不容這些佛門外道來毀壞佛法！

---

1 平實導師著，《入不二門——公案拈提集錦》，佛教正覺同修會，二〇一四年一月改版二刷。

2 《大正藏》冊三〇，頁七六六。
3 《大正藏》冊二五，頁一九七。
4 《六祖大師法寶壇經》，《大正藏》冊四八，頁三四九。

## 三　略論釋印順說「三法印」就是「一切法空的理性」

學佛人都應當知道「三法印」即諸行無常、諸法無我、涅槃寂靜。印順於《以佛法研究佛法》一書中說：【三法印，即就一切法空的理性作順俗的、多方面的顯示說明。】（Y．〇七，頁三〇七）他用一切法空來詮釋三法印的這種說法是不是理性？恰不恰當？實有必要釐清探究一番，因爲依於佛陀的教示，佛弟子都知道「涅槃寂靜」並不是一切法空而已！那麼，諸行無常、諸法無我是一切法空嗎？如果只是一切法空，則何異於斷見外道！善惡果報、生死輪迴之事理又當如何圓成？茲引下列釋印順於該書中所說來分析探討：

佛法有二大問題：一是生死輪迴問題，二是涅槃解脫（成佛）問題。一切佛法，可說都是在這二大問題上作反復說明。如佛法而不講這二大問題，那就是變了質的佛法。生死輪迴與涅槃解脫，並非佛教特創的教義，印度其他一般宗教中，十之八、九也都講到這個問題。但佛教與印度一般宗教所講的有所不同，那便是三法印。三法印的諸行無常、諸法無我、涅槃寂靜，是用來印定佛法的準繩，凡與這三法印相契合的，才是佛法。所以生死輪迴與涅槃解脫，均須與三法印相合，這樣的生死輪迴才是佛法的生死輪迴，涅槃還滅才是佛法的涅槃還滅。如果與這三法印不相契應，則所謂生死輪迴與涅槃還滅，都是外道的，非佛法的。**由三法印而開顯出來的一切法空性，即大乘所說的一實相印**。因爲一切法的自性空，所以一切法是無常、無我、寂靜的。三法印，即就一切法空的理性作順俗的、多方面的顯示說明。依無常、無我的法則，說明生死輪迴；依此生死而說到涅槃還滅的寂滅；這是佛教不共外道的特質。不過這無常的與無我的生死輪迴（也就是本性空的生死輪迴），是甚深的，不容易使一般人理解的，所以印度一般宗教，甚至一分佛教學者，對此曾加以詰難。如《俱舍．破我品》說：若說無我，則誰去受生死輪迴？誰去證涅槃還滅？依照一般人的想法，人生的升天界、墮地獄，此死彼生，必須有一主體的「自我」。如現在有煩惱，將來煩惱斷了，生死也了了，這斷卻煩惱與了脫生死的當體，是解脫自在的我。如說無我，則不但生死輪迴不能建立，涅槃解脫也不能成立。無常無我的生死觀、涅槃論，確是太深了，爲一般人所不易了解，所以印度一般宗教，都認爲要有一眞實的我，才能成立一切。（Y．〇七，頁三〇六～三〇八）

所謂「佛法」當然就是「成佛之法」，成佛之法分爲兩大甘露法門——解脫道及佛菩提道，所以「佛法」的目的就是要幫助衆生解決唯一的大問題——成佛！諸佛菩薩所說的一切法，都是在這唯一的問題上從不同的角度、不同的面相，更從佛菩提道不同的位階、不同的次第上，一而再、再而三不斷的如實說明，無有絲毫虛妄言語，也無有一字一句言不及義之戲論言說。而解脫道是佛菩提道中的一個小部分，二乘解脫道即使修證到具足圓滿的三明六通時，也無法涉及到成佛之道。所以，佛法並不只是印順所說的「兩大問題——生死輪迴、涅槃解脫」。因爲印順所說的只有從二乘解脫道的角度來看流轉與還滅，實際上成佛之道並不只有這樣而已。隨即印順又說：「生死輪迴與涅槃解脫，並非佛教特創的教義，印度其他一般宗教中，十之八九也都講到這個問題。」既然說這兩大問題外道十之八九也都有講，那麼講不講這兩大問題，根本就不是佛法變質與否的關鍵所在。譬如《大方廣佛華嚴經》卷二十八〈十明品 第二十三〉中開示：【知一切法非世間、知一切法不離世間；知一切法非因生、知一切法非無因生。】[1]也就是說：「一切法非佛法，佛法不離一切法。」故諸方大師所說是否爲「變了質的佛法」，其癥結應在所說的內涵義理是否變質，不應單從文字名詞表相上妄加分別。

況且，大多數世間人都知道，也都能體察到「一切諸行皆無常」的道理，斷見外道之流也各個皆言「一切諸法都無我」；再者印順又說「印度其他一般宗教中，十之八九也都講『涅槃解脫』」，如此說來「諸行無常、諸法無我、涅槃寂靜」也並非佛教中獨有的辭彙。然而，如是三法云何外道所說不能成「印」？其問題的根源就在於彼所執義理非法的緣故，此與佛世之時多有外道自稱已成「阿羅漢、如來」，然而其所證卻與眞實阿羅漢、眞實如來的所證違背。乃至末法今時更有喇嘛教—藏傳佛教—之中充斥著「活佛」、「法王」等眩惑人心的名詞，與外道如出一轍。譬如世間多有同名同姓者，然雖是同名同姓卻非是同一人，且高矮胖瘦、容貌好醜、健康壽算、心性善惡、性向差異……等，以及善惡果報都是個個不同；所以就算一切外道亦皆稱言他們所主張的內容也是用「諸行無常、諸法無我、涅槃寂靜」，仍不能認爲其所說眞的符合「三法印」，而應當檢驗其文句背後所表達的義理是否符合三法印的內涵。既然三法印「**是用來印定佛法的準繩**」，那麼認識這「**三法印**」的眞實義理就有絕對的必要，這攸關辨別諸方大師所說是否爲「**變了質的佛法**」，而成爲斷見、常見或雙俱斷常二邊等外道法！也是學人簡擇眞假善知識以爲依止的一個重要的基準。

三法印中之**諸行無常**與**諸法無我**都是在說明三**界有**的十**八界法**無常與無我。常見外道就是無知於此十八界諸法的全部內容，而於其中生起顚倒見，將無常計爲常、非我執爲我，將三界中之境界妄計爲涅槃境界，故而墮於常見外道的一邊。另一方面，斷見外道於**諸行無常**與**諸法無我**的說法上雖沒有常見外道的過失，卻落入撥無因果的「**一切法空**」邪見之中，而說**涅槃寂靜**就是一法不存的一切法空，不知**涅槃寂靜**就是第八識「**如**」的自住「**境界**」，故墮於斷見外道的一邊。於今末法之世，佛門充斥常見或斷見等外道見的「**佛門外道大師**」，不但自墮邪見，更誤導學人同墮斷常二見；自從印順學說廣弘以來，尤以斷滅邪見者爲眾。另有一分狡黠之「**佛門外道大師**」自知墮於斷見邪說撥無因果，卻不思、不願回歸中道正法，更於斷滅邪見身上虛妄安立常見之頭，而稱之爲「**一切法空之**

理性、滅相是不滅的、滅相眞如」；如是種種虛妄安立的名相，皆是依於生滅的現象界諸法而臆測，亦出於印順門下。

所以，佛法中三法印之眞實義理是不落斷常二邊而恆處中道的，其中「諸行無常、諸法無我」單從表面上的義理，就足以破除常見外道之「無常計爲常、非我執爲我」的邪見，而「涅槃寂靜」則可對治斷見外道「一切法空」的惡邪見。

《中阿含經》卷二十二〈穢品 第三〉中說：【我得究竟智：我生已盡，梵行已立，所作已辦，不更受有，知如眞。】[2] 既然阿羅漢自知自作證，確定能夠不再受後有，爲何會說「知『如』眞」？若將此解釋爲「知道那『好像』是眞的」，則此比丘言：「自知不再受後有」會有兩種狀況：一者心中有疑不敢肯定，故說「好像是……」；二者是假的，才會說「好像是眞的」。但不論是哪一種，絕對都成不了阿羅漢！是故「知『如』眞」必定別有深意。當比丘確定自己「我生已盡，梵行已立，所作已辦，不更受有」而自知自作證成阿羅漢以後，當入了無餘涅槃，十八界之一切三界有諸法滅盡無餘時，爲何不是一切法空的斷滅境界？關鍵就在阿羅漢都必定「知『如』眞」，也就是知道無餘涅槃中有「如」是眞實存在的，故能夠於內法本識未能實證、也於外法五蘊必須全部滅盡等事都無有恐怖，樂於滅盡十八界「自己」，唯餘眞正的「如」—第八識—安住於無餘涅槃之「寂滅、清涼、清淨」的眞實境界，永遠不受後有而脫離三界生死。譬如《雜阿含經》卷二中說：【自覺涅槃：我生已盡，梵行已立，所作已作，自知不受後有。我說彼識〔編案：「彼識」是指「取陰俱識」。〕不至東西南北、四維上下，無所至趣，唯見法欲，入涅槃：寂滅、清涼、清淨、眞實。】[3] 所以佛說這「三法印」就是爲了開顯出這個「取陰俱識——第八識」，也就是眞實自在的「如」，也就是這唯一的眞實相「一實相印」，而不是斷見外道所說的「一切法空」。阿羅漢們「知『如』眞」，也就證實阿羅漢們都信受這個「如」是眞實而非施設。

故印順說：「因爲一切法的自性空，所以一切法是無常、無我、寂靜的。三法印，即就一切法空的理性，作順俗的多方面的顯示說明。依無常、無我的法則，說明生死輪迴；依此生死而說到涅槃還滅的寂滅，這是佛教不共外道的特質。」如此說法同於斷見外道所說，根本完全不知「佛教不共外道的特質」何在。因爲，三界一切法空無自性，都是無常、無我的，都是不寂靜的；「三法印」就是依於涅槃寂靜之如來藏「識」的如實語，也是依於這個「眞常」的如來藏「眞我」而說三界諸法都無常、無我，更是依於這個「持種識」執持善業、惡業、無記業等等一切諸法種的如來藏識，才能圓滿一切業果而無謬失，諸佛菩薩決不會如同印順說的為了「順俗」而顚倒說法。

再者，有生有死的是五陰身，五陰身是無常的、是無我的，五陰身死後即滅，無法去至未來世，這個不能去到未來世的斷滅法，如何能說有「輪迴」？既然五陰身只能存在一世，後世所出生之無常、無我的五陰已非此世之五陰，當然輪迴者決非此無常、無我的五陰，這是很淺顯的邏輯道理，並不難理解。困難的是如何參透實證那出生輪迴現象的主體，也就是「如、涅槃本際、阿賴耶識、異熟識、第八識、持種識……」等等有無量名的**如來藏**。姑不論聲聞法的《俱舍論》所說，單就印順所言「一般人」的想法，也就是以「腦子能正常運作之人」的想法來說，都能夠知道必須有一個非斷滅法的主體，才能夠說有輪迴的現象，否則就如同無情生的草木一般，只能說它有生有滅而不能說它有輪迴。這麼簡單的道理印順竟然想不通，還自以為是的說：「無常無我的生死觀，涅槃論，確是太深了，為一般人所不易了解，所以印度一般宗教，都認爲要有一眞實的我，才能成立一切。」從他這句話可以知道，此處他所鄙視的「印度一般宗教」指的是與他落處相反的「常見外道」，然其所知所見的邏輯水準卻顯然超過印順很多。常見外道之所以會稱爲常見外道，問題不在於說「要有一眞實的我，才能成立一切」，他們的問題是錯將無常的識陰意識假我當作眞實我，錯將五陰等生滅法當作常住法，也就是「無常計爲常、非我執爲我」而成爲常見外道，不是以他們的理論有錯誤，更不是依他們有沒有出家修行或剃髮著染衣進入佛教爲標準，而是以他們的所說所見的內涵來作判斷，所以才會說有「佛門外道大師」。譬如大慧 宗杲菩薩曾說：【今時有一種「剃頭外道」，自眼不明，只管教人死獦狚地休去歇去。若如此休歇，到千佛出世也休歇不得！】[4] 此一如雷貫耳的慈悲法語，不知諸方「大師」們如今還有人願意聽聞否？印順派「大師」們尚有聽聞否？

所以，印順說：「依照一般人的想法，人生的升天界，墮地獄，此死彼生，必須有一主體的『自我』。」這是理所當然的，常見外道這個主張沒有錯，錯的只是他們無常計常。但是印順說：「如現在有煩惱，將來煩惱斷了，生死也了了，這斷卻煩惱與了脫生死的當體，是解脫自在的我。如說無我，則不但生死輪迴不能建立，涅槃解脫也不能成立。」此中則有淆訛應當釐清，因爲印順說的「有煩惱、斷煩惱、了生死」得「解脫自在的我」，都是五陰的「無常假我」，與常見外道的無常計常相同無異；而出生世世不同五陰導致輪迴現象的「主體」，卻是本來自在無需解脫、本來常住無有生死的—如來藏—「眞我」，這才是眞正的常。如果沒有如來藏就不會有世世新生的不同五陰，就如同草木土石，當然「不但生死輪迴不能建立，涅槃解脫也不能成立。」如《大般若波羅蜜多經》卷五百六十六〈通達品 第二〉：

> 若菩薩摩訶薩修學般若波羅蜜多，則能行智波羅蜜多。謂諸菩薩觀察五蘊生非實生、滅非實滅，思惟五蘊皆畢竟空，無我、有情、命者、生者、養者、士夫、補特伽羅。愚夫顚倒虛妄執著，不如實知諸蘊非我，蘊中無我；不如實知我非諸蘊，我中無蘊，由斯諸趣生死輪迴，如旋火輪愚夫妄執。然一切法自性本空、無生、無滅，緣合謂生，緣離謂滅；實無生滅，性非無故不可說生，性非有故不可說滅。[5]

此中義理千萬不可混淆不清，更不可如同印順一般「自眼不明」，執「一切法空」之斷滅見起增上慢，而非議「錯認真我」的常見外道，還要誤導眾生同墮難可救治的斷滅見中。如《雜阿含經》卷六中說：【爾時，世尊告諸比丘：「何所有故？何所起？何所繫著？何所見我？令眾生無明所蓋，愛繫其首，長道驅馳，生死輪迴，生死流轉，不去本際？」】[6]《入楞伽經》卷五〈佛心品 第四〉中說：【大慧！我依此義餘經中說，寧起我見如須彌山而起憍慢，不言諸法是空無也。】[7]《大乘寶雲經》卷七〈寶積品 第七〉中說：【善男子！寧起我見積如須彌，莫以空見起增上慢。】[8]

故以印順六識論「一切法空」的這個大前提之下，三法印是不能成立的；其簡單的道理就是印順引用《俱舍》〈破我品〉而說：「若說無我，則誰去受生死輪迴？誰去證涅槃還滅？」所以印順說：「三法印，即就一切法空的理性，作順俗的多方面的顯示說明。」實在一點也不理性，因為三法印並不是教示「一切法空」，何況會是依於「一切法空」所安立的假「理性」。印順的無明是在於否定了升天界與墮地獄，必須有一主體的「自我」；不知斷卻煩惱與了脫生死的當體而得解脫自在的我，一切都必須有這個「眞我——如來藏」的眞實存在，才不會讓「死後不受後有」落入斷滅空的外道見中；而三法印所說並不是「一切法空」的斷滅外道見，涅槃乃是不生不滅、常住不變，不是只有不生，還要有不滅；若以印順的六識論來說「一切法空」，那就變成唯滅非不滅。因此三法印中說「涅槃寂靜」就是彰顯不生不滅的正理，印順既否定眞實的如，所以要印順相信三法印眞實義理是很難的。譬如印順於他的《勝鬘經講記》中云：

**大乘法中，有的以為**：一切法空與涅槃空寂，與無常、苦、空、無我及無常、苦、不淨、無我的空、無我不同。法性空寂，是離戲論的平等法性；而空、無我，但約五蘊和合無我、我所說。所以，二乘的空智，「於」無常、苦、無我、不淨——「四不顚倒境界轉」，即離四顚倒（無常計常，苦計爲樂，不淨計淨，無我計我）而轉起的，不能證入如來藏智。（Y．〇三，頁二二五）

由上摘錄印順所說的「法語」清清楚楚地證明，他正是大慧宗杲菩薩所破斥之不折不扣的「**剃頭外道**」；他不但堅固執著「一切法空」的斷滅見，就連佛語經典的開示也不承認，所以他才會說：「**大乘法中，有的以為**：一切法空與涅槃空寂，與無常、苦、空、無我；及無常、苦、不淨、無我的空無我不同。」他所要表達的就是「大乘法中，有的以爲……如何、若何，但事實並不是那樣的！『一切法空』才是佛法的唯一眞理。」然而，因爲三乘法都是依於「唯一實相——第八識如來藏」所開演出佛法的眞實義，不單是初轉法輪時期著重於「現象界中五陰十八界的無常、苦、空、無我」所說的二乘法解脫道；所以印順堅固執著的「一切法空」斷滅見，完全沒有機會混淆視聽，他就索性將三轉法輪的大乘法，冠上「大乘非佛說」這種莫須有的大帽子，這樣他就能繼續在佛門之中翻江倒海，優游於他的斷見法海數十年之久。縱然他也不能逃避說法因緣或應徒眾之要求，而解說開講很多大乘經論，但他能夠曲解的就極盡所能曲解，沒機會曲解的就依文解義草草帶過，並儘可能加入這類「大乘法中，有的以爲」之否定大乘法之論調。但印順怎樣都想像不到，聲聞阿羅漢們結集的四大部阿含諸經中，卻已處處隱說了八識論的正理；當平實導師提出具體證據時，就令他百口難辯了。

甚至爲了方便否定經中開示的義理，印順更不惜謗佛、謗法以及毀謗菩薩藏。譬如他在《以佛法研究佛法》中這樣說：

對佛法的理解，是與一般世學多少不同的。**經裡的法義，不一定可依照字面上去理解**。依佛法說，佛菩薩的說法，目的在化度一切眾生，所以**佛菩薩的說法，只要達到這一目標，有時可能將沒有的說成有**。如《法華經》說，房子外面有許多華麗珍貴的牛車、羊車、鹿車，可是等到走出房子一看，外面只有牛車，並沒有羊車與鹿車。**這是佛經中將沒有的而說成有的例證。無的可以說為有，此的可以說為彼**，所以對佛法，不能望文生義，聽說什麼就執有一眞實的什麼，而應了解佛法說它的根本意趣何在。這樣，**聽到如來藏這名詞，不要先執著有一真實的如來藏**，而應探討爲什麼說如來藏，如來藏究竟是什麼意義，由此始能了解經說如來藏的眞義。（Y．〇七，頁三〇六）

像這樣摘錄標示出來，佛弟子或印順派的學人們讀了以後，稍有慈悲心者難道不會替印順感到腳底一陣寒涼！接著我們來分析如下：

「**經裡的法義，不一定可依照字面上去理解**。」這句話表面上看並沒有問題，因爲大乘佛法無量無邊，深不可測，就像初機學佛人，課誦經典到滾瓜爛熟乃至倒背如流，經典中每個字都認得甚至還可以默寫出來，但是由這些字組合而顯示出來的經典義理卻是一句也不懂，這種情形相信大家屢見不鮮。乃至學佛數十年的老修行或諸方大師，連自以爲簡單易懂的《心經》、《金剛經》也只會依文解義，經文雖然很短乃至只有幾百個字，但讀來卻是左沒路、右無橋、前撞牆、後碰壁，根本不能貫通經文中之義理。而印順說這句話的目的，就是爲了要給自己一張曲解經典義理的護身符；學人自己無法理解經文義涵，只能由著印順胡扯甚至受其誤導。

譬如印順說：「**佛菩薩的說法，只要達到這一目標，有時可能將沒有的說成有。**」這句話可是印順自印的無間地獄入場劵，他把諸佛菩薩說成是爲達目的可以不擇手段、沒有的事也可以說成是有的，來欺矇眾生的妄語者。甚至更曲解所謂諸佛菩薩的「方便施設」！《金剛般若波羅蜜經》說：【**如來是眞語者、實語者、如語者、不誑語者、不異語者。**】[9] 怎麼可能會將「沒有的說成有」？別說是佛，就連菩薩都不可能會「將沒有的說成有」。不論是「將沒有的說成有」，或「將有的說成沒有」，都是妄語；如果諸佛菩薩眞的像印順所說「將沒有的說成有」，那連學佛最基本的、也是佛弟子應當持守的五戒都守不住，何況是更微細的菩薩戒？故意妄說法義，是違犯了妄語的重戒，如何能夠稱之爲菩薩？何況能夠成爲究竟清淨的佛！《金光明最勝王經》卷八〈大辯才天女品 第十五〉：

> 過去現在十方諸佛，悉皆已習眞實之語，能隨順說當機實語，無虛誑語；已於無量俱胝大劫常說實語，有實語者悉皆隨喜。以不妄語故，出廣長舌能覆於面，覆贍部洲及四天下，能覆一千、二千、三千世界，普覆十方世界，圓滿周遍，不可思議，能除一切煩惱炎熱。敬禮敬禮一切諸佛如是舌相，願我某甲皆得成就微妙辯才，至心歸命。[10]

可知諸佛菩薩凡有所說必定是如實語。印順舉《法華經》中三車譬喻的例子說：

**「這是佛經中將沒有的而說成有的例證。無的可以說為有，此的可以說為彼……」**

印順所舉這段經文是《法華經》卷二的〈譬喻品〉，乃我 世尊爲令學人更易理解「佛菩薩大慈大悲，視眾生如己出，爲善導無知小兒們迅速出離三界火宅，更是要幫助這些小兒們發大悲願，行菩薩道生生世世救護眾生。」所作之「**譬喻**」，學佛人也應該都聽過以「三車之喻」來說明三乘佛法救度眾生之差別，以經文中譬喻之大富長者其財寶無量，雖然告訴小兒們說有羊車、鹿車、牛車可以賞賜給他們使用，然而大富長者結果是每個人都給最豪華的大車（牛車），羊車、鹿車乃是含攝於牛車之中，如同俗語說的「要五毛給一塊」，佛陀所教三乘菩提的法道之中，二乘解脫道乃是含攝於大乘佛菩提道之中，這樣慈悲無限的法施，卻被印順批評爲「說謊」的行爲。試想大富長者既然財寶無量、能給每個兒子最好的牛車，難道會沒有較差或更差的鹿車與羊車嗎？任何父母當然應該都會盡力給孩子們最好的，這麼簡單的道理印順難道會不知道？況且經文中 佛也擔憂無知眾生會像印順一般，毀謗說諸佛菩薩或經文「將沒有的說成有」，而成爲毀謗三寶者，還特別要舍利弗加以說明，例如《妙法蓮華經》卷二〈譬喻品 第三〉：

「舍利弗！於汝意云何，是長者等與諸子珍寶大車，寧有虛妄不？」舍利弗言：「不也，世尊！是長者但令諸子得免火難，全其軀命，非爲虛妄。何以故？若全身命，便爲已得玩好之具，況復方便於彼火宅而拔濟之。世尊！若是長者，乃至不與最小一車，猶不虛妄。何以故？是長者先作是意：『我以方便令子得出。』以是因緣，無虛妄也。何況長者自知財富無量，欲饒益諸子，等與大車。」佛告舍利弗：「善哉！善哉！如汝所言。舍利弗！……」11

經文中已經特別加以說明了，印順竟視而不見，或是爲了曲解經典義理而刻意斷章取義。但不論是哪一種，印順自己造惡讓前面所說的「無間地獄入場券」再加碼也就罷了！但如果是他的徒眾或讀者，看到他這樣的說法，卻因爲他是佛教界很多人所稱呼的「導師」，而未經查證就跟著爲人講說，也同樣成爲謗佛、謗法、謗僧的「無間地獄會員」，那豈不冤枉可憐！

從印順說：「**聽到如來藏這名詞，不要先執著有一真實的如來藏**」，就可以知道印順費盡心思所做的這麼多鋪陳，其目的就在這裡；他不惜謗佛、謗法，斷章取義、曲解經文就是爲了要「**否定如來藏**」，來成就他的六識論歪理，而說如來藏是佛菩薩的「**方便說**」，說如來藏是「**外道神我思想**」，使他成爲毀謗菩薩藏的一闡提。印順先爲自己及徒眾準備了「**無間地獄入場券**」，然後再不停地加碼，最後竟成了「**無間地獄最大股東**」而求出無期；一世出家，一生學佛，最後竟落得如此下場，實堪憐憫！究其緣由，確是因爲受了「**藏傳佛教**」宗喀巴《廣論》的六識論應成派中觀邪見「**緣起性空**、**一切法空**」的毒害與影響。

事實上蘊處界一切法空的「**無我**」，是指五陰十八界沒有一個是眞實不壞的我，在色受想行識這五陰中，沒有任何一陰是不變異、不生滅而能永恆存在的，故《心經》云「**五蘊皆空**」。五陰是虛妄的，而無明眾生卻總把無常的五陰我，執著爲永恆不滅的我，因此就煩惱痛苦地不斷流轉生死。涅槃空寂是說蘊處界無常、苦、空、無我之時，同時還有一個眞實常住、不生不滅的**本識**，祂叫**如來藏**；祂不在六塵上起見聞覺知，所以祂是寂靜的。如來藏不是性空唯名，不是假名施設，因爲祂是出生五陰的眞我；世尊在《阿含經》中稱之爲入胎出生名色的識；大乘證悟者都可以證實祂是眞實存有，故也稱之爲**眞實如來藏**；祂就是我們的生命實相本體。如果認爲一切法空而沒有如來藏，那就是斷滅見外道的斷滅空思想；這種外道邪見絕對不是佛法，所以三**法印**不是一切法空的理性，而是以如來藏非空非不空的體性，才能成就「**諸行無常、諸法無我、涅槃寂靜**」的正理。

印順說：「**依無常、無我的法則，說明生死輪迴**」，這又是他倒因爲果的具體明證之一，無常、無我的法則如何能說明生死輪迴？反倒是因爲有生死輪迴這個生滅現象的事實存在，才會說有這個無常、無我的**法則**，更不會因爲沒有建立這個「**無常、無我的法則**」，生死輪迴就沒有所依而停止這個生滅現象。印順這種倒果爲因的荒謬邏輯，以及顛倒黑白的手法，完全類同於他建立的「滅相是不滅的」這種荒謬說法。印順說：【滅相法，卻是不滅的。滅相是不滅的，……有爲法是實有自性的，滅入過去，只是與滅相相應，而不是沒有了。】（Y．一一，頁七三三）正常人都知道滅相是依所滅之體才能存在，體滅盡已相何所附？譬如有人死後，不論是火化灰散或土葬爛壞，死相滅盡能說他不會再死了，也不是沒有了，所以他就得「永生」了？若是如此，則印順早該告訴那些每天辛苦禱告，祈求上帝眷顧，甘爲上帝奴僕、以求能生天國而得永生之人，只要趕快去死就能得「永生」了！或是彼人對摯愛說：「你永遠活在我的心裡。」而說這就是「與滅相相應，而不是沒有了」？殊不知這滅相只是存在意識心中，乃意識心相應的記憶，而且還不是死者的意識心，因爲死者的意識心已滅，無法相應這個滅相；我們姑且就先假設，這就算它是「滅相是不滅的」好了！但是，當這些與此滅相相應的意識心都滅盡了，或是悶絕、眠熟失去意識而沒法再與此滅相相應了，那個滅相還能繼續存在嗎？印順竟能建立這種「滅相是不滅的」荒謬說法，還真不是正常人能說得出口的，當然如果會相信印順這種說法而不懷疑的人，那其無知可就比印順更嚴重了！

佛教是智信的宗教，二乘解脫道不必實證生命的實相，只求斷盡我見、我所執、我執；但佛法說的是生命的實相，是要實證法界生命眞相，是教示三界萬有生住異滅的眞理。眞理不是迷信，而是可以經得起一再檢驗與親證的；眞理是事實的存在，不是因爲印順認同才存在，也不會因爲印順否定而消失。眞理也不是民主投票產生的，不是多數人贊同的叫作眞理，也不是多數人否定的就不是眞理；眞理是要經過智慧判斷與事實驗證，才能夠發現與確認的。譬如，過去歐洲在基督教掌權下，若有人說地球是圓的、地球是環繞太陽旋轉的，雖然這是現象界可見的眞理，但當時社會受到錯誤的教導，幾乎所有人都認爲那是邪說，說出眞理的人甚至會被打殺殞命。但是，地球不會因爲多數人認爲它是平的，它就變成平的；也不會因爲大家反對地球繞著太陽轉，地球就不繞太陽轉了。生命的實相也是如此，你只能去親證祂，卻不能增加祂或減少祂，祂就是我們各個有情本有的第八識如來藏。這個法界中本就存在的事實，不是學術自由思想可以改變的，也不是討價還價可以增減的，更不會因爲你不相信祂是你的「唯一眞主」祂就棄你而去。然而，印順卻認爲第八識如來藏是「方便說」，這使得他對世間法、出世間法都不得不錯解，因此無法通達，更遑論能相信菩薩道的世出世間法。如印順於《以佛法研究佛法》中說：

又佛法所講的無常，一切法剎那生滅，在一般宗教及一分佛教學者間，也認爲不能建立生死輪迴與涅槃解脫。比如由業而感生死之果，假如生死是無常的、剎那生滅的，則業滅後誰感生死？無常的也即是無我的，所以不能成立生死輪迴與涅槃還滅。如佛弟子以爲無我不能成立生死與涅槃，無常也不能成立生死與涅槃，這種見地，與世俗的見解極爲相似。因爲一般眾生的根性如此，對無常無我的甚深義理不能信受，**佛陀爲了隨順眾生的心境，使其接受佛法，次第引導，令得佛法的功德，因此方便說如來藏**。一般聽到如來藏，即認爲是佛性，只記得成佛涅槃的一面，而忽視生死輪迴的一面。其實，如來藏不僅爲成立成佛涅槃，也是成立生死輪迴的。在了解如來藏之前，必須先了解佛陀說如來藏的這一根本意趣。**如來藏爲眾生不能了解一切法空的甚深真義，佛陀所開示的另一方便教說……**。（Y．○七，頁三○八～三○九）

印順說：「如來藏為眾生不能了解一切法空的甚深眞義，佛陀所開示的另一方便教說。」顯然，印順把諸佛菩薩的「方便說」認為是「說假的」、是「虛妄語」，事實上諸佛菩薩的「方便說」仍然都是眞實語、如實語，決無絲毫虛假。譬如二乘「解脫道」是佛法中的「方便說」，但因為眞實有解脫道可以親證，佛世之時也有很多慧解脫、俱解脫阿羅漢確實證得，所以這「方便說」確實是眞實語、如實語、不虛妄語。或許有人會問既然是如實語，為何又是「方便說」？因為佛陀示現降生人間，是為了要幫助眾生能夠成佛，所以為眾生開示悟入成佛之道，不是為了教導眾生二乘解脫道而來，因為解脫道非究竟法，不能令眾生成佛故。但是，成佛之道要經過三大阿僧祇劫，完成佛菩提道五十二位階的修證，還要再經百劫修相好，廣修無量福德，當福慧具足圓滿後才能成佛！若不是已發大悲宏願的久學菩薩，聽到這樣的說明不手腳發軟才怪。再者，佛菩提道不但有成佛必修學的一切種智智慧法門，更包括解脫道及四禪八定、四無量心、五神通……等，一切應當修集的福德與智慧法門，要歷經三大阿僧祇劫才能完成。然而解脫道的修證，若依正確的方法與行門，可以在一世之中完成。況且，佛世已有很多外道修行者，雖缺乏正知見而未能斷我見，未證解脫道，但已能多分少分伏除三界愛之性障，證得禪定乃至有發起神通者，對這類人，《阿含經》中常有記載，佛陀只消一句：「**善來比丘！**」當下學人即成無學阿羅漢。這樣想要修學解脫道的學人，必定各個深信佛語信心堅定，乃至對佛菩提道產生嚮往及信心，所以因應眾生根性及因緣，佛陀初轉法輪時期，先將解脫道從唯一佛乘的佛菩提道中，先「方便」析出教導眾生修學與親證，再幫助他們迴小向大修學成佛之道。是故，說二乘解脫道是「**方便說**」。

眞實如來藏乃究竟說，不是方便說，如來藏不是印順所說的「**一切法空**」，因爲如來藏是能生蘊處界的眞實法，祂不是蘊處界等因緣所生之法，一切法空是因爲蘊處界的諸法緣滅則空不能自在，如來藏是法爾如是本來自在的金剛心。學人千萬不可隨著印順起舞，不知輕重而跟著毀謗三寶；就算尚未歸依三寶者，純做學術研究而不是佛弟子，也千萬謹愼不要跟著印順妄謗三寶，未來世的果報不會因爲你不是三寶弟子就沒事，未來世的果報一樣是難以承擔的，這就是法界的定律，玩笑不得的。所以，佛弟子萬萬不可如同應成派中觀等斷見外道一般，像印順一樣聽見「有眞實我」就指控爲方便說，就說「一切法空」才是正確的。應當依照 釋迦世尊及諸大菩薩之聖教以及法界的事實來檢驗，才不會受人誤導而造下毀謗三寶之大惡業，才不會受人誤導成爲斷見外道、常見外道而不自知。最後以這首偈頌供養諸位讀者：

**諸行無常顯真常，諸法無我有真我；**
**涅槃寂靜示本際，三法俱證方為印。**

1 《大正藏》冊九，頁五八〇。
2 《大正藏》冊一，頁五七〇。
3 《大正藏》冊二，頁九。
4 《大慧普覺禪師語錄》卷二五，《大正藏》冊四七，頁九一八。

5 《大正藏》冊七，頁九二五。

6 《大正藏》冊二，頁四一。

7 《大正藏》冊一六，頁五四二。

8 《大正藏》冊一六，頁二七八。

9 《大正藏》冊八，頁七五〇。

10 《大正藏》冊一六，頁四三七～四三八。

11 《大正藏》冊九，頁一三。

## 四　略論釋印順說「佛教的核心是緣起」之謬

緣起法是不是佛教的核心？佛教正覺同修會已有多篇論文評述。本文僅從一位學佛者的觀點，以短文來辨正釋印順說「佛教的核心是緣起」，到底對不對？

釋印順在《唯識學探源》說：

《解深密經》的以緣起因果爲依他起，作爲染淨迷悟的所依。這些大乘經，都是以緣起爲宗要的。大乘論方面，也大抵如此。特別是龍樹菩薩的開示性空的緣起，反覆的讚揚緣起，說它是佛法的究竟心要。《中觀論》的八不頌是如此，《六十如理論》也說：「爲應以何法，能斷諸生滅？敬禮釋迦尊，宣說諸緣起」！《七十空論》也說：「以諸法性空，故佛說諸法，皆從因緣起，勝義唯如是」。從三乘聖者的自證方面看，從佛陀的言教方面看，從大乘論典方面看，處處都足以證實緣起是佛法的心要。所以我說原始佛教的核心，是緣起。（Y．一四，頁九）

學佛者都會去探討：所依是什麼？如兒女之所依是父母，父母之所依是祖父母，再往上推就是曾祖、高祖、天祖、烈祖、太祖，七祖想完了只有遠祖、鼻祖，再往前推，那就是人類的祖先從何而來了，這可是傷腦筋的事！所有的宗教除了佛教以外，其實沒有人搞清楚人類是怎樣出生而有的。從前科技不發達是如此，現在科技發達了也是如此，千年萬年後還是會如此。為什麼會如此？因為它超越了人類頭腦的想像，無法思惟。您若輸入超級電腦求答，它會給您「**尚無資訊，無法回答**」。

基督教不是講亞當跟夏娃嗎？回教也講亞當、夏娃，可是兩教卻水火不容。為什麼會有宗教戰爭？因為這邊的亞當說上帝叫耶和華，那邊的夏娃說上帝叫阿拉。人類若是依於上帝而有，那到底是哪一個才是上帝？還真搞不懂呢！

釋印順說原始佛教的核心是緣起，然則大乘就不講緣起嗎？其實還是不離緣起，所以說緣起法是佛教的「**核心之一**」是可以的；若說是「**唯一的核心**」則不對，因為「**緣起**」還有所依。釋印順自己認為《解深密經》是說「**緣起因果為依他起，作為染淨迷悟的所依。**」也就是說，釋印順認為這個「**緣起**」乃是因果的根源，而且他也認爲這個緣起因果是一切染淨迷悟的所依。但是，《解深密經》的經文中，明明沒有這樣說，這是釋印順自己妄想所說的意思，再附會爲《解深密經》所說，這是不誠實的行爲。佛陀於《解深密經》開示諸法生無自性性時說：【云何諸法生無自性性？謂**諸法依他起相**。何以故？此由**依他緣力**故有，非自然有，是故說名生無自性性。】[1] 這是說緣生法都是**依他緣力**的緣故而有，並不是自然有。但是，只有眾緣和合的依他起就是染淨迷悟的所依嗎？事實不然！這是釋印順所不知而覺得難解的，因爲經中說：【云何二難解法？**有因、有緣**，眾生生垢；**有因、有緣**，眾生得淨。】[2] 並且也說：【**有因、有緣集世間**，**有因、有緣世間**集；**有因、有緣滅世間**，**有因、有緣世間滅**。】[3] 經文已經告訴他，緣起因果的法則是要「**有因、有緣**」，緣即是各種藉緣，因即是第八識如來藏，不是只有眾緣和合而已；乃是「有因、有緣」，在藉各種緣來生起諸法、生起五陰之前，要先有這個根本因爲依，釋印順卻不知道這個根本因，不知道祂是誰？不知道也就罷了，不必苛責釋印順，但就是不能否認祂。只要釋印順不否認祂，我們就不會辨正他，而他也一定不至於錯會緣起法，問題就這麼簡單。

緣起離開了它的所依，緣起法能獨自存在嗎？答案是：不能！緣起的現象必須是依於這個根本因而存在。如果緣起能獨自存在，那麼它本身就成爲非緣起。有一個「**諸法能共生**」的非緣起的存在，那其他的緣起法顯然是依於「**非緣起**」而有。我們說水的緣起是氫和氧，那麼氫和氧是本來就存在的嗎？如果氫與氧是本來就有的東西，那氫氧就是**非緣起**的了。人的色身是地水火風合成的，是緣起。那心呢？第六識、第七識、第八識都是心。第六識意識心是緣起，是第七識意根緣於法塵而有意識產生；意根是因爲無明的緣故，才會依於第八識阿賴耶識而有；阿賴耶識又名如來藏，祂—第八識阿賴耶識—不但無所依，而且還能生萬法；蘊處界中的一切萬法依祂而有，一切萬法莫非緣起，而緣起法是因祂而有，所以祂非緣起，這是所有實證第八識的菩薩們都能證實的眞理，除非是打探密意而無法出生智慧，以致於無法親自證實這個眞理。而第八識不是因緣所生的法，緣起法必須有第八識這個第一因，然後加上其他的助緣，才會有一切萬法的出生和消滅。

有人反對這樣的見解，認爲這是第一因外道見，這是批判佛教正統教義的釋印順等一派人的共同見解。然而，一神教的上帝思想才是第一因外道見；上帝—

不管是阿拉還是耶和華—本身就是蘊處界法，他不能與第八識如來藏相提並論，其實沒有出生眾生的能力。如來藏若是因緣所生，則緣散必滅，這是一定的法則。如來藏若滅，萬法將空無所有，即是斷滅。斷滅非佛法，乃是斷滅見外道。所以第八識才是法界萬法的第一因，由祂出生一切法；一神教的上帝宣稱是有情及萬法的第一因，事實上無法驗證，只是虛妄想。但如來藏是萬法的第一因，是可以由佛及諸菩薩乃至現代的證悟菩薩們重複證實，所以如來藏作為萬法的第一因，不同於外道說的第一因，釋印順等人誤會正法等同於第一因外道，是因為他們自己不懂佛法所致。

緣起法能成立的前提是緣生緣滅之中必定有一個不生不滅的法，才會有緣生緣滅的萬法出現，才不會落入斷滅空。不然一切空無所有之中怎麼會突然生出萬法來？無因而有萬法，就是 龍樹所破的**諸法無因生**，那這個緣起法就不能成立。所以緣起法不是佛法的核心，反而緣起法的所依—不生不滅的第八識如來藏—萬法根本因的如來藏才是佛法的核心！釋印順所說的乃是六識論的緣起，墮入 龍樹所破的「**諸法共生、諸法無因生、諸法能自生**」的邪見中。

釋印順為了主張佛教的核心是緣起，而說：

只要真正理解緣起性空的真義，無常無我而能成立生死與涅槃，何必再說如來藏與阿賴耶識？只因眾生根鈍，所以為說如來藏或阿賴耶識法門，使其確立生死輪迴與涅槃還滅的信念，能在佛法中前進，這是極好的妙方便了。（Y．〇七，頁三四一）

釋印順這種說法，正是沒有真正理解緣起性空之真義的人才會這樣說。無常無我如何能夠成立生死與涅槃？生從何來？死往何去？不可以只說生從無常來，死了就是無我而去，來處與去處都沒有交代，這樣不是究竟而且了義的佛法；世俗人以為死了就一了百了——解脫了；其實不但沒有「了」，而且也沒有解脫。無常無我並不能解釋生死的由來，因為那是違背三法印的聖教。三法印中除了「諸行無常、諸法無我」之外，明明還有「涅槃寂靜」，而這三法印是不應該切割為各自獨立的。那麼，無常無我就是涅槃嗎？也不對！涅槃的意義與內涵是 平實導師出來弘法後大家才終於清楚明白，原來涅槃就是要把十八界滅盡；如果只有六識，把十八界都滅盡時識陰六識就斷滅了，那不是空無所有、一切法空了嗎？一切法空而無所有，那就是斷滅空呀！斷滅空怎麼會是眞實、寂滅、清涼、常住不變的涅槃？這個問題，阿羅漢當時就請　佛開示過了，佛說阿羅漢入無餘涅槃不是斷滅空，因爲還有本際在，本際即是第八識如來藏。無餘涅槃就是只有第八識獨自存在，沒有蘊處界一切三界法，這個如來藏才是眞正的「**涅槃寂靜**」啊！從這裡可以知道六識論的無常無我與緣起法是不可能成立生死與涅槃的。釋印順想要從六識論緣起法中的無常無我來成立生死與涅槃乃是妄想；沒有第八識如來藏如何能夠成立緣起法而有生死與涅槃？所以釋印順說：「**只要眞正理解緣起性空的眞義，無常無我而能成立生死與涅槃，何必再說如來藏與阿賴耶識？**」這是極爲嚴重的錯誤說法。

想要眞正理解緣起法是不容易的，當初阿難認爲十二因緣法很簡單，佛就呵斥他說：「**緣起甚深極甚深。**」爲什麼緣起會甚深？這就要從十因緣法來探討十二因緣，十因緣法中探究名色從何處出生時說「**齊識而還，不能過彼**」，明確指出名色由「**識**」出生，此「**識**」即是第八識如來藏，因爲「**名**」已函蓋七轉識了，當然不可說此「**識**」是意識；由於有如來藏出生緣起法，而如來藏出生緣起法的境界很難證實，隨佛修學的眾人之中只有極少數人能夠實證，所以說緣起甚深極甚深。相信有第八識如來藏的人，絕對不是釋印順所說的根鈍之人，反而是知道諸法不無因生的極有智慧而願意相信佛語之人；此人現在當來必定得解脫乃至得佛菩提，功德極大，怎麼可以譏之爲根鈍之人？如是甚深極甚深的第八識如來藏，才是眞正佛教的核心！

把現象界所攝的緣起當作佛教的核心，都只能理解現象界的局部，更不可能有智慧理解實相法界。誤認六識論的緣起是佛教的核心，其實並非釋印順新發明之創見，它老早就是行雙身法的藏傳佛教應成派中觀之邪見。釋印順食人涎唾猶沾沾自喜，還被無知的人恭敬推崇爲佛學界泰斗，也被佛教界某些無知的人推崇爲佛教導師，而印順自己甚至以凡夫身默許人家視其爲佛，默許人家把他的傳記稱爲「看見佛陀在人間」〈編案：釋印順在世時，同意潘煊爲他寫傳記，而書名爲「看見佛陀在人間」〉。佛陀在人間不可能只講緣起而不說明爲何有此緣起。緣起法從何而來？因何而有？佛智無所不知，一定會講清楚，這已經在四大部《阿含經》中分明顯示出來了。

在《阿含經》中的十因緣法中說「齊識而還，不能過彼」，教示我們諸法的根源是如來藏心，過此第八識就無法可尋可證了。所以因緣法要推究名色等萬法的根源，就推究到這「**識**」為止；既然不能超過此「**識**」——如來藏，則當知名色萬法的緣起是從第八識法身如來藏而來。但釋印順為了要把緣起當作佛教核心，竟然顚倒說法身是緣起的，他說：**【因為，法身是緣起無性的，法身所有的相好，也是無性緣起的。】**（Y．〇六，頁一二八）緣起不論有性無性都不可能出生法身，因為緣起是由名色萬法所顯示的，而名色萬法都源於如來藏法身。至於法身如來藏自體無形無色怎麼會有所有的三十二相好？當然得要由法身如來藏出生的名色來顯示三十二相好，而三十二相好的種子含攝在緣起法的根本識如來藏中。可見釋印順亂說法，而會胡亂說法的原因是他始終沒有找到佛教究竟了義正法的核心——第八識如來藏。可是經典俱在，而且已經明白告訴我們：

**如是我聞，一時佛住舍衛國祇樹給孤獨園。爾時世尊告諸比丘：「我憶宿命未成正覺時，獨一靜處，專精禪思。作是念：『何法有故老死有？何法緣故老死有？』即正思惟生，如實、無間等：生有故老死有，生緣故老死有。如是，有、取、愛、**

受、觸、六入處、名色；『何法有故名色有？何法緣故名色有？』即正思惟，如實、無間等生：識有故名色有，識緣故有名色有。我作是思惟時，**齊識而還，不能過彼**；謂緣識名色，緣名色六入處，緣六入處觸，緣觸受，緣受愛，緣愛取，緣取有，緣有生；緣生，老病死憂悲惱苦，如是如是純大苦聚集。……」[4]

既然緣起的推究是從名色而有，而名色等萬法的推究是從萬法第一因的根本識如來藏而來，不能超過第八識如來藏，則當然以如來藏為佛教了義正法的核心。如來藏即是涅槃之本際，宇宙中，世出世間一切萬法都無有勝過涅槃者。若有人誇稱他有一法能勝過涅槃，那是不可能的事；因此《大般若波羅蜜多經》卷四百九十九說：【設更有法過涅槃者，我亦說為如幻如化、如夢所見。】[5]《小品般若經》卷一亦說：【設復有法過於涅槃，我亦說如幻如夢。】[6]信受佛語、於經文不懷疑的佛弟子，經由眞善知識的教導，都可以找到佛教的核心就是第八識如來藏。為何釋印順被四大部阿含諸經佛語聖言量教導八十年以後還無法通達？為何他被稱為泰斗了竟還找不到這個眞理？筆者只能說他是阿斗，沒有一點點泰斗的本質，這都是不信佛語的後果。

1 《解深密經》卷二〈無自性相品 第五〉，《大正藏》冊一六，頁六九四。
2 《長阿含經》卷九，《大正藏》冊一，頁五三。
3 《雜阿含經》卷二，《大正藏》冊二，頁一二。
4 《雜阿含經》卷一二，《大正藏》冊二，頁八〇。
5 《大正藏》冊七，頁五四一。
6 《大正藏》冊八，頁五四〇。

## 五　論法爾常住——評釋印順從諸行無常看佛法的演變之謬誤

「**諸行無常，是生滅法；生滅滅已，寂滅為樂。**」這四句偈表面上看來只有簡單的十六個字，但已充分顯示了世間法、出世間法乃至世出世間法之究竟正理。一般通俗的說法都把「諸行無常」解釋爲「人人都應該把這世上的一切看淡、看破、看空，不被生滅、無常的假相所迷惑。」電視台上很多法師就是這樣教人學佛法的！這類的說法表面上看來似乎沒錯，但這卻只能說是世俗法，只有消極的一面，而缺少佛法積極的另一面。

「**諸行無常，是生滅法**」這八個字的意義，通常也說爲「**諸法無常**」，諸法的這個「**法**」指的就是世上形形色色、般般樣樣、山河大地……，森羅萬象的一切法；故「諸行無常」的這個「行」也函蓋於「諸法無常」的這個「法」中。釋印順認爲「**佛法**」也不能外於這些「**法**」的宿命—**都是無常的**—所以他認爲佛法也是無常、不斷地在演變中，然而他這種說法是嚴重錯誤的，因爲 佛陀在般若諸經中處處開示佛法是「法爾常住」的。所以，眞正的佛法不曾演變過，釋印順從聲聞部派佛教的凡夫僧弘法內容不斷演變等事相，以及社會歷史文化變遷的角度看待佛法而說佛法有演變，這是十足的凡夫邪見。本篇將略舉他在《以佛法研究佛法》一書中的說法來作辨正。

爲何說諸行是無常的呢？因爲世上所有的事物，時時刻刻、分分秒秒、剎那剎那都在變動，沒有一法是常住不變的，所以說「諸行無常」；世上形形色色的諸法（也就是萬事萬物）均是無常、均是有生有滅的，所以說它「是生滅法」。但是，只說這些生滅法的無常並不能算是佛法，最多只能算是聲聞法，因爲眞正的佛法不是只說這些生滅法「五陰十八界」的無常；出生五陰十八界之「本自清淨、本不生滅、本自具足、本無動搖」的眞實法「如來藏」，依祂而有的第一義諦才是眞正的佛法，故說如來藏是佛法的根本。這個佛法的根本—如來藏—從無始以來就沒有演變過，因此依祂而說的第一義諦當然也不可能有所演變，所以《大般若波羅蜜多經》中說：【然一切法，法住、法定、法性、法界……法爾常住。】[1] 這常住之法指的就是如來藏。因此，下半偈說「生滅滅已，寂滅爲樂」，這後半偈

正是說明　佛陀以過去無量世難行苦行圓滿修證而獲得究竟的常、樂、我、淨。這個常、樂、我、淨的如來藏，因地所含藏的種子雖然有變異，但其本體從因地到佛地從未演變過，故說「**法爾常住**」。眞正的佛法是不可能會演變的，始從佛世，傳至今時的正覺同修會中，皆法同一味而不曾有所演變；凡是有所演變的佛法都是錯誤的、想像的假佛法，因爲佛法的演述與實證都以實相心如來藏爲主體，而如來藏心是無始無終而不會有所演變的，這是極爲尊貴與稀有難得的常住佛法。但釋印順卻用他的世間凡夫邪見強誣佛法是有演變的，釋印順在他的書中是如何說呢？譬如第三頁中他說：

一、諸行無常法則：**佛法在不斷的演變中，這是必須首先承認的**。經上說：「若佛出世，若不出世，法性法住」，這是依諸法的恆常普遍性說。一旦巧妙的用言語說出，構成名言章句的教典，發爲思惟分別的理論，那就成爲世諦流布，照著諸行無常的法則而不斷變化。（Y.〇七，頁三）

印順雖然飽覽經論，卻因爲專作學問之研究而不在修證方面下功夫，所以聞見祖師開示云：「佛法在世間，不離世間覺。」又再錯會了佛菩薩的開示：「若佛

**出世，若不出世，安住法性、法住、法界。**」就用他那不如理作意的思惟研究，而產生了這種**謗法的結論**說：「**佛法在不斷的演變中，這是必須首先承認的。**」事實上，佛法不但是從過去無量劫以來不曾改變，乃至去至未來無量劫以後也是不會改變，會演變的只是弘法的事相、人物，或是凡夫僧不斷地改變所說法義內容等。因爲眞實**佛法**說的就是一切有情的生命實相，祂就是六祖慧能所說：【**何期自性本自清淨，何期自性本不生滅，何期自性本自具足，何期自性本無動搖，何期自性能生萬法。**】[2] 也就是十方三世一切如來成佛的根本——**如來藏**，也就是一切有情的第八識——阿賴耶識；而此識從來不曾演變過，現在、未來也一樣永遠不會有所演變，以此識爲主體而演說、而實證、而弘傳的佛法自然也不可能有所演變。不但佛法是依此本識而開演，即使是二乘解脫道的羅漢法、辟支佛法，也都必須依此識所施設的涅槃本際而說；乃至世間生生滅滅的一切法，都不能外於祂所出生的「**五陰十八界**」。可見佛法不是只有諸行無常而已。諸行無常是苦，寂滅無苦故樂；諸行無常是生滅法，故不斷的演變；生滅滅已、寂滅爲樂是常住法，常住法不生不滅，無有變異，故不會演變。

釋印順以爲祖師說「**佛法在世間，不離世間覺**」，所以佛法不離世間法、等於世間法；而他觀察世間法種種事相都是不斷地演變，故認爲佛法的實質內涵也是在不斷地演變中，於是就肆無忌憚地說：「**佛法在不斷的演變中，這是必須首先承認的。**」他完全不懂佛菩薩開示的經論中，不論是如何使用語言文字，不論是用哪種語言文字，也不論是從哪個角度用語言文字來說明，更無論所使用的一切語言文字如何變化，然而這些語言文字所要表達的內涵—**佛法**—卻從來不曾改變。此界**佛法**始從　釋迦世尊三轉法輪金口宣說，次由弟子集結記載流傳，乃至口述傳誦，以及後時從梵文翻譯爲中文，或是再由中文翻譯爲日文、韓文，乃至輾轉翻譯爲英文、法文、德文……等，但不論弘法事相上面如何的演變，演變的永遠是語言文字而不是**佛法的實質內涵**。在佛法的流傳過程中，不論是哪個階段，不論語言文字如何轉變，都必須依據　佛陀的至教，不應該也不可以改變所要表達實證的內涵；如果在改變語言文字的同時，如同聲聞部派佛教的凡夫僧一般，不證大乘法也不懂大乘法的皮毛，把所要表達的內涵也給改了，那就不能再稱之爲佛法了，因爲已經變質了！譬如翻譯文章，如果翻譯後的內涵與原文不同，那就不能稱為翻譯而是創作了；乃至有更不入流的如藏傳「佛教」者，所用文字名相抄襲自佛法，但所表達的卻是全部與佛法不同的內涵，那種只能算是竊用、竄改的邪行，是冒用佛法的語言文字名相所「演變」出來的怪胎宗教，根本就不是佛教。

學人當知，名言章句之教典所闡揚的眞實義理始終如一，從無演變！而釋印順卻說：「**一旦巧妙的用言語說出，構成名言章句的教典，發為思惟分別的理論，那就成為世諦流布，照著諸行無常的法則而不斷變化。**」然而，諸行儘管無常，但佛法義理並無演變改易；至於事相上的制度、叢林規矩因時因地制宜，這只能稱為制度、規矩等弘法事相有演變，不能謗為佛法在不斷的演變中。

佛教所說的法義是本來自在的究竟眞理，究竟的眞理有可能演變嗎？會演變的一定是生滅法，可以稱之為究竟的眞理嗎？釋印順是把佛法當作思想理則來研究，然而依於意識思惟、分析、歸納、統計……而產生的「思想理則」，就必須依附於意識的存在與運作才能存在，所以「思想理則」不可能離開意識而自己存在。五陰都不能外於諸行無常法則，何況是依於五陰而有的「思想理則」，又如何能外於無常法則？所以印順不懂這個道理，就大膽的說：「**佛法在不斷的演變中**」；因爲他否定第八識是眞實的存在，當然也更不會知道佛法的義理都是依於此第八識如來藏而作淺深廣狹之開演。所以佛法義理的部分是不會演變的，因爲佛法義理只要有改變就會變成外道法，就不是佛法，因爲不符合法界事實；看看弘傳雙身法的喇嘛教說他們是藏傳佛教，就可以知道這問題有多嚴重。

世間的思想、制度等等的流行，都是蘊處界所含攝之法，因爲眾生根器及種種共業因緣的不同，這些事相當然是一定會演變；但佛法如果是不斷的在演變，那就表示佛法並不是究竟圓滿的法，不是究竟圓滿的法如何能夠成就究竟圓滿的佛果？或者是印順認爲　佛陀並非究竟圓滿的？

所以，印順說「**佛法在不斷的演變中**」，只要是身爲正信的佛弟子們，都絕對不能接受他這種嚴重誤導眾生之謗法言論！想要修學佛法的善男子、善女人們，當審愼思惟簡擇眞善知識，對這種似是而非的論說，千萬要提高警覺避免受其誤導而被引入岐途；浪費一世的生命事小，若再隨彼言論而一同謗佛、謗法、謗勝義僧，以致斷送自家法身慧命、長劫淪墮三塗，如此豈不冤枉大了！

最後再恭錄　佛陀開示的一段經文，正好是針對釋印順這類邪說、邪見而做的預先破斥，讀者閱後思惟即可了知。《勝天王般若波羅蜜經》卷三〈法性品 第五〉：

大王！凡有言說，名爲世諦，此非眞實；若無世諦，第一義諦則不可說。菩薩摩訶薩行般若波羅蜜，通達世諦不違第一義諦，即通達之。知法無生、無滅、無壞，無此無彼，悉離語言文字戲論。

大王！第一義者離言寂靜，聖智境界無變壞法，若佛出世若不出世，性相常住。是名菩薩通達第一義諦。[3]

1《大般若波羅蜜多經》卷三百三十五，《大正藏》冊六，頁七一七。
2《六祖大師法寶壇經》，《大正藏》冊四八，頁三四九。
3《大正藏》冊八，頁七〇二～七〇三。

## 六　略論釋印順說「諸法的恆常普遍性」——以無常為常

學佛人都曾聽說過乃至能朗朗上口的「佛佛道同」、「眾生平等」，這中間顯示出必定有「恆常普遍性」的「法」平等存在，也就是說每一尊佛都有一相同究竟圓滿的「恆常普遍性」之法，一一眾生也都有一本自具足的「恆常普遍性」之法，這樣才能說是「佛佛道同」與「眾生平等」。然而，蘊處界諸法是否有「恆常普遍性」？具有恆常普遍性的「法」是什麼？我們來看看釋印順如何說？

他在《性空學探源》一書中說：

理性是事相的對稱，是一切現象中內在的不變性，含有**恆常普遍性**的。空可以是理性的一種，理性卻並不就是空。一般學說所謂的理性，多解釋作公理，合乎佛法所謂「法性法住法界安立」的定義。（Y．一五，頁二〇四）

但印順卻不知道不論世間出世間法，三乘或五乘，佛法都函蓋諸行無常的生滅法和寂滅為樂的不生滅法，這樣才是圓滿的佛法。

又如印順在《以佛法研究佛法》一書中說：

一、諸行無常法則：佛法在不斷的演變中，這是必須首先承認的。**經上說：「若佛出世，若不出世，法性法住」，這是依諸法的恆常普遍性說**。一旦巧妙的用言語說出，構成名言章句的教典，發為思惟分別的理論，那就成為世諦流布，照著諸行無常的法則而不斷變化。（Y‧〇七，頁三）

由上所舉釋印順著作中的說法可知，他所說的「恆常普遍性」是植基於現象界的「事相」而衍生出來的「事相的對稱——理性」，也就是在生滅的蘊處界法上思惟觀察而施設的「理性——公理」，他甚至更說這就是「法性法住法界」的定義，這眞是牛頭逗馬嘴，「以無常為常」的外道邪見。譬如數學、物理、化學、生物醫學……等「科學的定理——公理」，這些「公理」是必須依附於蘊處界諸法才能存在，如果沒有粗重的欲界人間諸法，這些科學家研究出的「理性」就沒有存在的依處，何況這些「事相的對稱」尚且不能遍存於色界，更不能存在於無色界，不能遍於三界中一切處，更甭說它是能夠存於滅盡十八界諸法而出三界仍能自在於無餘涅槃的「恆常普遍性——法性、法住、法界」！所以，印順是將各式各樣的「公理」

統稱爲「恆常普遍性——理性」，才會說出「空可以是理性的一種，理性卻並不就是空」的這種言不及義的世間言說。若問「諸行無常」會不會不斷地演變？其實諸行無常永遠是諸行無常，不會演變爲常，因爲諸行無常所指涉的對象全都是有生必滅的一切法。又如歸依三寶會不會演變？也不會演變，因爲三寶所指涉的對象是以自心如來第八識的恆住不變而建立的，不是依生滅的蘊處界等諸行無常來建立的。

釋印順在《性空學探源》一書中接著又說：

> 釋尊出世說法最重大的意義，**是從自悟中提供出一種必然理性為大家共遵共行**，這就是緣起與聖道。緣起與聖道，根本聖典中稱歎之謂「**法性法住法界安立**」，「**古仙人道**」等，**都是說它有一種必然的不可改變性**。又如佛說四諦，諦是諦實不變，苦確實是苦，乃至道確實是道，**這也是諸法的真理**。這苦諦的苦，已不是尋常經驗上所感到的苦了。不過釋尊對這因果理則，還是從現實經驗爲出發說明的。
>
> 一、緣起支性無爲——阿含經中明緣起與緣生的差別，說緣起法是「法性法住

法界安立」。說一切有部偏重在具體事實因果上立論，所以解釋爲緣起是因、緣生是果。直到大乘唯識學，還是承襲這一思想，如《攝論》所知依說緣起、所知相說緣生；所說雖與有部有所不同，卻都同是在具體因果事實上說明的。

（Y．一五，頁二一四～二一五）

諸佛出於世間示現成佛度化眾生，無非就是讓眾生「開示悟入」佛陀的所知所見，而其究竟之目的當然是爲令眾生成佛！但是，能令眾生成佛唯一的路就是菩薩道——佛菩提道，而此佛菩提道從初發菩提心—發願成佛—到福慧究竟圓滿的清淨佛地，需歷經菩薩五十二位階的修證，那是要經過三大無量數劫——無量無數不可思議次的生死才能成就。如果只告訴眾生如何行能夠成佛，而不告訴眾生爲何如是行能夠成佛，不讓眾生次第親證菩薩道一一位階，頗有眾生能經「三大無量數劫」而無退失發願成佛之心？因爲即使是微少時間就能驗證的世間法，若是不能讓眾生次第驗證，那麼一般人尚且都無法接受，何況是要經過無數生死的佛道修行！譬如說，某人在一個陌生之地迷途而問路於人，有人告知如何轉折前行經久可達目的地，然卻未告知目的地所在的方位，以及將會經過的各個轉折的階段地標，除非該處疾時可達，否則彼行人經久未達必定心生「此路究竟正確否？」之疑惑。

所以，釋迦世尊出世說法最重大的意義不是「提供一種必然理性讓大家共遵共行」，而是開示悟入讓眾生瞭知：爲何眾生能夠成佛？眾生要如何修行才能成佛？在成佛之道上的一一階段如何親證？如何圓滿各各位階所需的福德與智慧？而這個眾生都能成佛的根本因，就是「法性、法界、法住、實際、清淨」個個有情本自具足的第八識如來藏，也就是諸緣得以生起之法；而這成佛之道才是聖道——「古仙人道」，卻不是說「它有一種必然的不可改變性」，如果它是不可改變性，那麼個個有情佛菩提道的修證法門就不應有無量差別，十方世界佛土也應唯有一種，而不應有淨穢土之差異。

再者，學人修學佛法時，若於法上有疑惑，當尋眞善知識解惑，不可妄自否定經論之開示，更不可妄評諸經論中有矛盾衝突，除非已有法眼而能判別眞經與僞經，並解釋其所以然。因爲，除了喇嘛教等外道自創的僞經、僞論以外，對於諸佛菩薩開示的經論眞義，多數人是無法眞解，尤其是不事眞修實證只作佛學研究之「學者」——如釋印順等學問僧，唯是意識思惟便恣意妄解，而成就謗法之惡業，實堪憐憫！譬如釋印順說：「阿含經中明緣起與緣生的差別，說緣起法是『法性法住法界安立』。」也就是說《阿含經》中說：緣起是「法性、法界、法住、實際、清淨……」，但是 佛陀所說的就是第八識如來藏眞實常住，三界一切萬法乃是第八識如來藏藉緣生起，而緣生當然指的就是所生的「十八界諸法」。

佛法的三乘菩提全部都是以如來藏—涅槃本際—爲根本所依而說，本質上並沒有衝突矛盾之處，只是因應眾生根性與說法之時節因緣不同，而從不同的角度面向來做詮釋。所以釋印順自己不能通達三乘經論義理，又不知尋覓眞善知識開解無明，竟妄評諸佛菩薩開示之經論，成就毀謗三乘菩提之一闡提種，以致他研究佛學數十載竟換得長劫尤重純苦之不可愛異熟果報，實堪哀憫！然究其所由，乃因慢心之所障道，學人當以彼爲借鏡，愼莫蹈彼之覆轍！

再者，印順說：

總之，佛法的思想、制度，流行在世間，就不能不受著無常演變法則所支配。若把它看成一成不變的東西；或以爲佛世可以變異，後人唯有老實的遵守，說什麼「放之四海而皆準，推之百世而可行」；或以爲祖師才能酌量取捨，我們只有照著做：這就是違反了佛法——諸行無常法則的佛法。（Y．〇七，頁四～五）

印順把全部佛法都看爲思想，然後把這個「思想」列入諸行無常法則，故言「佛法不斷的演變中」，他不知道只有弘法事相部分會演變，而佛法的義理部分是不會演變的；佛法義理只要一演變，都會變成外道法，因爲不符合法界的事實；看看雙身法的喇嘛教也能自己說他們是藏傳佛教，就會知道演變的問題有多麼嚴重。佛教有可能從單身出家修行演變成雙身法輪座雜交的藏傳佛教嗎？在家居士都不可以搞婚外情的雙身法了，何況是出家人？人間的思想、制度、流行都是蘊處界之法，一定會演變，流行更是會演變，否則怎能稱爲流行？但是這些思想、制度、流行都不是佛法的實證內涵。因爲釋印順沒有實證法界實相，只能從生滅無常的蘊處界中去猜測，又誤會了聲聞緣覺菩提的內涵，誤以爲二乘菩提可以演變，又誤將聲聞凡夫僧所說的二乘菩提誤會爲佛法，所以才以爲佛法一直在演變，釋印順說「法義不演變是違反諸行無常的法則」，這種說法正是「以無常爲常」的外道見，這是嚴重扭曲佛法的。

佛法若是至今還在不斷的演變，那就表示 世尊傳下來的佛法尚未到達究竟，至於何時究竟而不演變則不可知。然而從事實以觀，卻不是印順所強調的演變說，佛法如果是印順所說的這樣演變，那就表示 釋迦世尊的修證並未圓滿，尚未成佛，但這是謗佛。而學佛的人也會學得很痛苦，因爲佛法至今還沒有定論，這就表示佛所開示的「**古仙人道跡**」是妄說，但這又是謗法。而事實上 佛陀乃是無上正等正覺，佛陀所開示的佛法乃是究竟圓滿，亦是可知可證的，法界的事實也是確定不移的。因此可知，印順所說乃是違背 佛陀的開示與法界的事實。

釋印順要用蘊處界法的六識論諸行無常拿來解釋佛法法義並不正確，佛法自始至終都是八識論，只有隱說和顯說的差別，不可能從六識論演變爲八識論，或從八識論演變爲十識論；就像佛法不是從小乘演變爲大乘，佛陀只是因應眾生根性，從一佛乘中加以分析之後，先說小乘後說大乘；說法雖因根器時節而有方便施設等次第差別，但法義核心卻從來沒有改變；就像成佛必須圓滿修證的一切種智不會改變，必須累積的無量福德也不會改變。所以，千萬不可以跟著印順毀謗 佛陀說「**阿羅漢就是佛**」，更不可如修雙身法的藏傳佛教說他們修的雙身法「**抱**」身佛就是報身佛；因爲佛法中的報身佛絕對不可能演變爲喇嘛教的抱身佛，這些都是把佛法不變的法義不斷的恣意演變而變生爲邪法怪物，結果眞正的佛法幾乎要被他們淹沒不見了。學人若欲眞實理解如是正法義理，當依止佛菩薩開示之經論，尋求眞善知識開解無明，莫受邪師誤導斷送法身慧命出生之因緣。因爲，眞正的佛法─法界的實相─何止「放四海皆準，推百世可行」，事實上卻是「放諸十方世界皆準，推之無量世而可行」！譬如，從蘊處界法來觀察諸行都是無常的，意識心：前念滅、後念生，前念、今念及後念，念念生滅遷流，故云：「諸行無常，是生滅法。」然而，在此無常生滅現象的同時中，有個不生滅的第八識如來藏，祂能生蘊處界萬法，本身卻是不生不滅，這一點卻是執六識論邪見的人很難信受的。但其實這也不難體會；我們念念變遷的心念並不是本來就有，祂是「意（根）、法（塵）爲緣」才能從第八識如來藏中出生。第六意識是生滅法，祂是一直在不斷的演變，前念意識滅了，還會有後念意識出生，乃至每晚睡著以後意識滅了，隔天睡醒時能夠再出生意識。這都是因爲有不生滅的第八識如來藏才能再出生意識；若無如來藏，則意識心等十八界諸法生滅滅已之後，將成爲斷滅而非「寂滅」

的涅槃境界，「寂滅」就是指永不壞滅之空性心如來藏的自住境界。

六識論者不承認有第八識如來藏，但他們也知道不能沒有「寂滅」的常住法，不然就變成斷滅論了，於是他們就把意識細心當爲「寂滅」的不生不滅法；然而意識心不論再怎麼細還是意識心，永遠都是生滅法，不可能從生滅性轉變成寂滅的不生不滅法。第六意識是第八識如來藏所生，所生法的意識不能出生萬法，只有不生滅的本住法才能出生名色等萬法；第八識如來藏能出生諸行，而諸行不能出生如來藏，故**不可把如來藏攝入諸行中**；若把第八識如來藏攝入諸行中而說佛法是不斷的演變中，甚至說如來藏是生滅法，那就大錯特錯了！因爲，有如來藏眞實存在才有諸行無常的現象，而如來藏卻非常、非無常，空寂無生無滅，非諸行所攝之無常法。瞭解這個義理就該知道，佛在初轉法輪的二乘解脫道時期，講諸行無常、諸法無我，到了大乘《法華經》中則爲菩薩說：【一切諸法，皆悉空寂無生無滅】[1]、【諸法從本來，常自寂滅相】[2]，並無衝突矛盾；二乘法是從蘊處界的生滅性來觀察，佛法則是從如來藏來看待，證實三界一切諸法都是第八識如來藏藉緣而生，全部攝歸本住法如來藏中，因此以如來藏本來空寂無生無滅，而說一切諸法皆悉空寂，無生無滅；通達了這個義理，就不會無知的誹謗說「**大乘非佛說**」，也不會只看到諸行無常的一邊而說「**佛法是不斷的在演變中**」，更不會胡亂地自創「**佛法**」，將無常的軌則說為「**恆常普遍性**」之法。然而無常的軌則並非蘊處界諸法的本身，它只是蘊處界諸法運作時所顯之法，是附屬於蘊處界諸法而顯，並無三界中的任何作用，故稱為「**心不相應行法**」。這個無常的軌則是附屬於蘊處界，以蘊處界為其所依，連蘊處界諸法都不是了，怎麼會是出生蘊處界諸法的「**恆常普遍性**」之實相法界？如是「**以無常為常**」之邪見，這是以斷為常，正是佛陀早已廣破之斷常二邊邪見。倘若印順說「**諸行無常**」是永恆不變，則印順應改口說「諸行是常」。倘若印順說「**諸行無常**」亦是無常，則表示印順主張諸行有常，也有無常，則印順《妙雲集》中的說法應該再加以演變，才符合自己所說。那麼印順的主張必然演變為「**諸行無常**」即非法印，並非真理。這六識論者對此問題無解，如印順之流將蘊處界諸法的「**無常**」現象，認作是永恆的「**恆常普遍性**」之法，把這個必須依附蘊處界才能存在的「**現象**」當作是「**常**」，更用這樣的歪理來換取名聞利養而誤導眾生，其業非輕。

《佛說如來不思議祕密大乘經》卷十九開示說：【今此正法即是文字所成，而彼文字無生無盡亦不隱沒，以其文字及所說義不能隱故，如來此說甚深正法亦不能隱。】[3] 爲何蘊處界法的文字會是「無生無盡」？那是因爲「名能顯義，義能示名」，此義即是如來藏義，如來藏永恆不滅，而如來藏的名與如來藏的義非一非異，故如來藏名（文字）亦無生無盡。所以，沒有如來藏就不會有諸行之運作，也不會有諸行運作時的無常相，這才是佛法的眞諦。如來藏是不生不滅，非常非無常，離於兩邊之中道義。從這裡也可以知道佛法一定是八識論，因爲意識於五位斷滅非是常住之法，第七識末那於無餘涅槃位亦是可斷之法，非永不生滅；只有生滅與不生滅和合的第八識如來藏，才能成就此第一義諦中道義。是故，佛法絕非如印順以及應成中觀派等人，邪思邪見憑空臆想所說的六識論外道法，而是可知可證的第八識如來藏的實體法。而名爲藏傳佛教的西藏密宗，無論是應成派或是自續派全部都是六識論者，更嚴重的是其根本教義全部都是男女雙身邪淫法。如是邪惡之西藏喇嘛教，只因冠上佛法的名相，便稱爲藏傳佛教，猶如盜賊穿上警察的衣服，到處詐欺行騙。所以，修雙身法的藏傳佛教根本是佛法中賊，藏傳佛教是喇嘛教，不是佛教。是故，修學佛法首應具足正見，明辨正邪，方不至於唐捐其功之外，復因無知而跟隨惡知識謗法並造下邪淫業，如是成就地獄尤重純苦之惡業果報。

佛法必以成佛之道為標的，故唯有不生不滅、不來不去、本自具足、本來自在……能生萬法的根本識——如來藏，才是「恆常普遍性」之法，才是遍一切界的常住法，這個常住法就是唯一佛乘之第八識如來藏心，祂函蓋二乘解脫法及所有一切法，故云「三乘同歸一佛乘」，也顯示出「三界唯心，萬法唯識」之眞實義。學人若欲親證此實相法，欲了知佛法的究竟義，請到佛教正覺同修會參與共修課程，建立佛法的正知正見，鍛鍊參禪看話頭的功夫定力，待明心開悟的福德因緣具足後，一念相應就能照見您父母未生前的本來面目—「恆常普遍性」之法—第八識如來藏，爾後漸次通達經中眞實義理，也能辨別印順所說的錯謬所在，如是方為眞修實證佛法的正行。

1 《妙法蓮華經》卷二，《大正藏》冊九，頁一八。

2 《妙法蓮華經》卷一，《大正藏》冊九，頁八。

3 《大正藏》冊一一，頁七四六。

## 七 論釋印順以「四大」為「能造」

四大即是地水火風，是組成物質世界的四大元素；釋印順認爲此四大爲能造，稱爲「能造四大」。西藏喇嘛教認爲我們和宇宙一樣，都是由胎藏與金剛藏組成。喇嘛教的根本思想是曼荼羅，曼荼羅可以用體、相、用來說明；體指的是六大，即地水火風空識六大，其中地水火風空稱爲五大，屬於胎藏界，識屬於金剛藏界。胎藏界是理、是色、是因，金剛藏界是智、是心、是果。其中胎藏金剛藏、理智、色心、因果，兩界一體而不二，冥一而如流。

但喇嘛教的這種說法根本不是佛教的說法，佛教的金剛界是指如來藏的法性是空性，其性如金剛，不可破壞，故一切有情之實相法界爲金剛界。一切胎藏界有情皆由金剛界出生，卵生界、濕生界、化生界亦復悉由此金剛界出生，不只是胎藏界。釋印順由於相信喇嘛教，以爲喇嘛教就是佛教，所以對喇嘛教錯誤的思想照單全收，並且把它寫入著作中，教大家也來相信喇嘛教，並美其名爲「藏傳佛教」。譬如釋印順在他的《佛法概論》中有這樣的一段話：

佛陀既採用四大為物質的特性，因素，應略為解說。地、水、火、風，為世間極普遍而作用又極大的，所以也稱為四大。人類重視此常識的四大，進而推究此四大的特殊性能，理會到是任何物質所不可缺的，所以稱為**能造**。這辨析推論所得的**能造四大**，為一般物質——色所不可缺的，所以說「四大不離」。地即物質的堅性，作用是任持；水即物質的濕性，作用為攝聚；火即物質的暖性，作用為熟變；風為物質的動性，作用為輕動。隨拈一物，莫不有此四大的性能，沒有即不成為物質。（Y．〇一，頁六二～六三）

一般而言，四大的現象，世人皆能體會，各種物質悉皆不離此四大；然若說四大為能造，則一神教者又何須上帝呢？四大極微即是元素，科學家說元素是最基本的要素，也就是說科學家在找到元素之後，應該就可以創造萬物了，然而事實上卻是不可能的；假使能的話，科學家早就可以把已經滅絕的恐龍再創造出來了，那世界上也就沒有物種會消失了。

在中世紀時，「四元素說」曾經作為煉金術的理論依據。煉金術士們認為：只要改變物質中這四種原始性質的比例，即可使普通金屬變爲黃金。「四元素說」承認世界的物質性，是其進步的一面，但卻因此而使化學的發展受到長期的阻礙，直到愛爾蘭在化學和物理學上都有貢獻的哲學家羅伯特．波義耳否定了四元素創造萬物說，才使得化學得以迅速發展。

釋印順在《佛法概論》中又說：

地、水、火、風四界，爲物質的四種特性。《雜含》（卷三．六一經）說：「所有色，彼一切四大及四大所造色」。一切物質，不外乎四大界及四大所造的五根，五塵。四大說，印度早就盛行，希臘也有。（Y．〇一，頁六二）

釋印順引用經文卻又不信受經文，表面上引經據典，誤導大眾以爲他所說的就是經文的眞義，而實際上他的解釋卻是違背經義的。《雜阿含經》卷三第六一經說：【所有色，彼一切四大及四大所造色】[1]，指的是地水火風以及此四大所構成的色，「四大所造色」並不是「四大能造」等四大元素。他著書常說能造色是四大種，如《華雨集》第四冊：

然五蘊中，識於法取著，立「四識住」——色識住、受識住、想識住、行識住。

色蘊中，能造色是「四大種」——地大、水大、火大、風大；或名為「四界」。（Y．一六，頁二二九）

釋印順認為「四大所造色」就是地水火風所創造的物質，那就等於「四大能造」了，但是這樣的說法嚴重違背 佛陀聖教。「能」與「所」是不一樣的功能差別，如眼見花，眼（勝義根、眼識）為能見，花為所見。同樣的道理，四大是所造的物質，物質以四大為緣而出生，不是只有四大就能出生物質，四大還要有一個根本因才能出生物質。猶如泥土可以造成陶器，但泥土自己不可能造成陶器，得要有「人」施加工作才能成為陶器，「人」才是泥土造成陶器的根本因。《大佛頂如來密因修證了義諸菩薩萬行首楞嚴經》卷三云：【若見聞知性圓周遍，本不動搖，當知無邊不動虛空，并其動搖地水火風，均名六大，性眞圓融皆如來藏，本無生滅。】[2]所以四大依無明而有，但無明還是要依於第八識如來藏，因此如來藏才是根本因。無明為煩惱之別稱，對解脫及實相不如實知見之意：即闇昧於事物，不通達眞理與不能明白理解事相或道理之精神狀態；亦即不達、不解、不了，而以愚癡為其自相；泛指無智、愚昧，特指不解佛教道理之世俗認識，為十二因緣之一。十二因緣法乃是依於十因緣法而有，十因緣法說「齊識而還，不能過彼」，即是因緣法的探究不能超過第八識，從名色向前探究的結果就是第八識，名色是從第八識中出生的；所以第八識是萬法的根本，再往前即無法探究到任何一法的存在了。一切萬法的發生都不能超越第八識，所以第八識如來藏是萬法的根本因、第一因。四大從何而來？因何而有四大出現？其實，這個因就是第八識如來藏。然而，如來藏爲什麼能出生四大呢？那是因爲如來藏有七種性自性的關係，所以能出生四大；因此說四大是如來藏所生，然後一切物質以四大爲緣，依如來藏爲第一因而出生色身及覺知心等六識。（詳見平實導師《楞伽經詳解》）

釋印順自己錯說佛法，卻栽贓給 佛陀，把自己錯說的法義栽贓說是佛說的，舉證如下：

《中觀今論》：

《大智度論》曾分爲五法：地、水、火、風、識。佛於餘處說四大爲能造，色等爲所造，這是約物質方面說的。約精神說，則總名識，心所等即心識所有的作用。此精神、物質的五法，可作爲萬有的基礎，但此五者也是假施設的，即是法假。《大智度論》所明的三假，是顯示修行次第的，即由名假到受假，破受假而達法假，進破法假而通達畢竟空。（Y．一二，頁一七八）

四大既然是由如來藏所出生，當然不能說四大是能造，乃至四大所輾轉出生的物質，也不是只有四大就能造，它還是需要如來藏為第一因，而以四大為緣，方能輾轉出生。譬如您繪畫要畫在紙上，寫粉筆字要寫在黑板上，紙、黑板就是第一因。您說我不要紙、不要黑板，我要寫在沙灘上，那沙灘還是第一因。您說我寫在虛空中好了，那麼虛空還是第一因，只是虛空中沒有人能看見您寫的字而已。吾人若能了知虛空雖大，但在如來藏中卻猶如片雲點太清，如是則不難體會四大其實不是能造，而是如來藏所造，應如是說才是不謗佛法者。

在古印度和埃及醫學中，地水火風四大元素的重要性如同我們中醫的陰陽五行一樣，都是醫學理論的基礎。在人智醫學中也沿習著四大元素的論點，來觀待人體的器官組織之運作、人格氣質之展現、自然藥劑之取材等，藉以制定診療方案及使用之自然藥方或藝術療方。

釋印順在《佛法概論》中說：

進一步說：有情爲了解決痛苦，所以不斷的運用思想，思想本是爲人類解決問題的。在種種思想中，窮究根本的思想理路，即是哲學。但世間的哲學，或從客觀存在的立場出發，客觀的存在，對於他們是毫無疑問的。如印度的順世論者，**以世界甚至精神，都是地水火風四大所組成**；又如中國的五行說等。他們都忽略本身，直從外界去把握眞實。這一傾向的結果，不是落於唯物論，即落於神秘的客觀實在論。（Y．〇一，頁四七）

世界是四大所組成，這個容易體會；但若說精神也是四大所組成，則不易體會。因爲精神是心法，四大所組成的是色法，色法不可能出生心法，無情不可能出生有情；因此應該說，四大組成身體之後而有精神出現，四大組成的身體只是精神在身體中出現的藉緣，不是精神的根本因。有精神出現就有見聞覺知，見聞覺知不離意識，而意識是「**意**（根）、**法**（塵）**爲緣，生意識**」，也就是意根接觸法塵的時候，從如來藏中流注出意識種子才有意識出現，所以意識精神也是從如來藏中出生，並不是四大可以出生意識精神。

《華嚴經》說「**一切唯心造**」，而不是「**一切唯四大造**」，服膺喇嘛教六識論的印順，不知道「**唯心**」要唯哪個心？其實，六識論的人也只有「**唯意識心**」，但意識不可能造出山河大地和我們的身心；所以六識論者想到四大極微應該可以造出山河大地與身心，然而那是妄想；由此可以看出六識論者的窮途末路，無法解答宇宙的根源。平實導師在《楞嚴經講記》第五輯中詳述如來藏爲何可以出生四大元素以及攝持四大元素，乃是如來藏有大種性自性可以出生色法及執持色法。如來藏自體猶如虛空一般，但是卻含藏著眞正的色法，這種「**性色眞空、性空眞色**」[3] 的微妙甚深無上法，是印順以及那些六識論的喇嘛們所難以想像而不願信受的，所以才會想出「**四大能造**」的歪理。由此證明，四大能造是邪見，不是佛法。

1 《大正藏》冊二，頁一五。

2 《大正藏》冊一九，頁一一八。

3 平實導師著，《楞嚴經講記》第五輯，正智出版社，二〇一六年十一月初版六刷。

## 八　論釋印順說念佛與神教沒有差別

讀印順的書（如《佛法概論》第二一三頁），總覺得他對念佛人有著輕視的意味，且先不說他不相信有西方極樂世界，就算他相信有 阿彌陀佛，他也認爲念佛跟一神教（簡稱神教）的原理是一樣的，沒有什麼差別。眞的沒有差別嗎？極樂世界跟天堂沒有差別嗎？不同的神教，他們的天國都有差別，更何況是天國與佛國，怎麼會沒有差別呢？又怎麼可以說，神教跟念佛沒有差別呢？到天堂是享福、享樂，到極樂世界是修行，怎麼會沒有差別？天堂有男女相，極樂世界無男女相，所以西藏喇嘛不想去極樂世界，因爲到那邊沒有色身的肉慾可以修雙身法，怎麼會沒有差別？天堂的福報享盡了，會落入三惡道；去極樂世界可以進修菩提道、解脫道，永遠不墮三惡道，怎麼會沒有差別？天堂人身上的衣服與極樂世界的人身上的衣服莊嚴相差極大，怎麼會沒有差別？若論佛與神，差別也就更大了，怎麼會沒有差別？套句昭慧教授說的話，這叫作「沒常識」！

印順也許會說：「我所說的沒差別是指都靠他力的。」但靠佛力和靠神力還是有差別，不是無差別；因爲佛力不可思議，神力比起佛力實在很渺小，相差猶如天壤之別。至於印順說：【念佛等的原理，與神教的他力——其實還是自力，並沒有甚麼差別。】（Y．〇一，頁二一三）這是廢話，假如他不信上帝，你可以硬把他拉去天堂嗎？當然是要靠他的自力——他想要去天堂而行善的自力。然而神教是有條件的，你要信它的神而行善，才能進入它的天堂；如果有行善而非信它的神，那想要去它的天堂，別妄想了，門都沒有。但是佛教沒有這個錯誤觀念，你不信佛而行十善，照樣可以去你心中的天堂，因爲法界的因緣果報的事實就是這樣，這就是佛教跟神教不同的差別，怎麼會沒有差別？印順在《佛法概論》中說：

「天帝釋告諸天眾，汝等與阿須輪共鬥戰之時生恐怖者，當念我幢，名摧伏幢，念彼幢時恐怖得除。……如是諸商人！汝等於曠野中有恐怖者，當念如來事、法事、僧事」（雜含卷三五．九八〇經；又參增一含．高幢品）。他力的寄託安慰，對於怯弱有情，確有相對作用的。但這是一般神教所共有的，如以此爲能得解脫，能成正覺，怕不是釋尊的本意吧！（Y．〇一，頁二一三）

在古代的神教中，常是宗教與政治合一，勢力極大，**有權力就會貪權力而使人心腐爛**，遂有「**信我者生，不信我者亡**」的跋扈教條；屠殺異教徒是常有的事，這就是宗教戰爭。但佛教不會因不同信仰而去戰爭，濫殺是有違教義的。佛教徒念佛求生極樂，當然念佛也可以求國泰民安，敵國來侵可以**因念佛而有智慧**退敵，但不是說你唸佛號，佛就幫你把對方殺死，二者是完全不同的；神教才會有這種想法，佛教是講因果的，不是講神力的。諸天也一樣，天人念佛，阿修羅就不可能戰贏，所以說念佛可以離恐怖。

至於印順說：「**如以此為能得解脫，能成正覺，怕不是釋尊的本意吧！**」這問題可大了，明明是 世尊的本意，怎麼不是 世尊的本意？念佛就是要求解脫，要求成正等正覺而成佛，這怎麼不是 世尊的本意？不然 世尊在四阿含諸經中教導大家修學六念，其中的一種念法就是念佛，那麼 世尊的本意又是什麼呢？

學佛的人要有六念：念佛、念法、念僧、念戒、念施、念天。印順對念天的解釋是：【**念必會生天而得到安慰**】（Y．○一，頁二二二），印順這樣的解釋，反而促使佛教跟神教一樣，沒有差別。念天是說行善是不會落空的，會有生天的果報，我們可以有天人一樣的福德，但不一定要生到天上去享福。又，天是佛教的大護法，也含有感恩而念天的意思，並不是叫你要生到天上去而得到安慰。菩薩知道天是不究竟的，所以菩薩不主張生天，但菩薩摩訶薩都應該有天的福德與威儀，這才是念天的意思，與一神教完全不同。至於念佛的目的不在於生天，他有更大的目標就是要成佛。印順認為念佛不能得解脫，不能成正覺，則是不知道世尊本意的人。

念佛是六念法門之一，從原始佛教以來，在修行法門中佔有相當的地位，所以後來在中國成為獨立的一派。口中唸佛號是從心中念佛而來，原來也是禪之一法，所以是有禪有淨的修行法門。當然佛弟子們可以唸不同的佛，唯諸經所讚多在彌陀，因為祂與娑婆世界眾生有緣，譬如在論中曾提到：

又《無量壽經論》云：「念佛有五種門，何者為五？

一者、禮拜門：身業專禮阿彌陀佛。

二者、讚歎門：口業專稱阿彌陀佛名號。

三者、作願門：所有禮念功德，唯願求生極樂世界。

四者、觀察門：行住坐臥唯遣觀察阿彌陀佛，速生淨土。
五者、迴向門：但念佛、禮佛，功德唯願往生淨土，速成無上菩提。
此是《無量壽經論》中念佛法門。」[1]

念佛可以成就無上菩提，印順怎麼可以說不能成正覺呢？難道無上菩提不是正等正覺嗎？印順實在是顛倒說法，亂說佛法啊！

念佛爲什麼會有功德，這分功德是來自於自己的力量？還是來自於佛菩薩？念佛，是對 佛陀的歸敬、讚歎、憶念之意。由念佛之功德，能使貪瞋癡不起，自心清淨，則能增長善法功德。學佛之目的在淨其心、定其心、悟明其心，念佛是幫助淨心、定心乃至探究明心的方法之一。

諸佛菩薩皆有其廣大悲願，如 阿彌陀佛四十八願中有一大願是：【設我得佛，十方眾生，至心信樂欲生我國，乃至十念；若不生者，不取正覺，唯除五逆、誹謗正法。】[2] 藥師佛亦立下十二大願，爲解眾生病難，使眾生皆能身心安樂，進而修行成就佛道。由於佛菩薩過去在因地修行時，成就願行而自證清淨法身，所以這一念心無有障礙。眾生因爲煩惱妄想障蔽自性，貪心、瞋心、癡心未除，故無法與諸佛願行感應。念佛聖號，可平息雜亂之妄想心；假使能夠具足至誠虔信之心，便能感得諸佛願力之加持。所謂毀謗正法就是誹謗第八識如來藏，如果說「沒有如來藏，如來藏是外道神我的思想」，這就是毀謗正法，那就去不了西方了；這一點是念佛求生西方極樂世界的人最要注意之處，避免毀謗正法，下墮三惡道而無法去極樂世界。又印順剃頭出家為法師，又被推崇為導師，但他卻否認第八識而說：【佛的區別識類，本以六根為主要根據，唯有眼等六根，那裡會有七識、八識？大乘學者所說的第七識、第八識，都不過是意識的細分。】（Y‧〇一，頁一〇九）這就是典型的六識論，是公然與 世尊唱反調，這種人一定去不了西方極樂世界。不是 彌陀不慈悲，而是他自己不慈悲，不僅否定了自己，也否定了世尊所說的第八識正法，如何去得了西方？

世尊在四阿含諸經中已經明說及隱說第七識與第八識了，只是印順沒智慧而讀不懂，硬要說是大乘學者從意識中細分出來的（編案：詳見平實導師《阿含正義》七輯中的多處舉證）。一定要承認有第八識，不毀謗第八識如來藏，藉著自力及佛的本願力，未來才有可能去得了西方。這個道理說難極難，說簡單則極簡單：因爲這一世的意識隨著身體死亡而消失了，此世的意識並不能到西方，唯有藉著第八識如來藏所生的中陰身，憑著如來藏支持著中陰身才能坐在蓮花中到達西方。執著六識論的人，認爲意識是永恆不滅的，已違背經典所說而與常見外道合流，因爲佛經都說：意識是意根、法塵相接觸後，才出生的法，所以是虛妄的；亦即意識是因緣所生法，本無今有的法，所以意識會出生、變異、消失，入胎後永滅，不能去到來世，所以是虛妄法。往生淨土就像去投胎一樣，是第八識如來藏所出生的中陰身來到西方的，而住在極樂世界中，並不是你現在的意識去西方。有人或許會說：「**我死後，有靈魂可以去西方。**」但是六識論者所認知的靈魂，還是中陰身，他包括意識在內，雖然一般人死後有中陰身，他們認爲是靈魂（編案：大善與大惡之人是沒有經過中陰階段），但至多七次中陰身，最多只有四十九天壽命，就一定要去投胎；一入胎，此世的意識永斷。所以世尊一再叮嚀不要毀謗正法，一般人不知道正法就是「**八識正法**」、「**如來藏正法**」，若誤聽六識論者如印順之流，或誤信藏傳佛教喇嘛法王等人說的意識常住邪說，就會容易誤犯，那就眞的冤哉枉也！

佛菩薩的慈心、悲願是一種助緣，重要的是學佛者自己要具足信、願、行，遵循佛法教理，靠自己如法修持，以及世尊的本願加持，才能成就的。佛陀是究竟圓滿覺悟的聖者，依覺悟之理教化眾生，使其返迷歸眞，開啓含藏萬德的心靈寶所。攝萬念於一念，將所有的妄想放下，內心集中在一句佛號上，心中無有雜念妄想，那時，我們的心便能與佛菩薩相應而悟得自性彌陀，那時發現：所謂的念佛，就是發明心性、悟自性彌陀，也就是覺知心對第八識本來自性清淨心的覺悟，不再以意識心爲眞實我，當下遠離貪、瞋、癡等煩惱心。

念佛即是念佛陀所說之眞理，依之修行而明悟心性，如能發心念佛，則「一念念佛，一念覺悟；念念念佛，念念覺悟。」因此，眞正的功德非由外求所獲得，乃是當下意識心對自性彌陀的覺悟，因此，他力助成自力的轉變。

《念佛三昧修學次第》讚歎念佛圓通法門：

念佛圓通法門可以從初信位一直修學到妙覺位：在《楞嚴經》中，總共有二十五種圓通法門，第二十四種大勢至菩薩念佛圓通法門裡面開宗明義：「大勢至菩薩與其同倫五十二菩薩，從座而起，頂禮佛足……」，爲什麼講五十二菩薩？

意即從初信位開始，到十信、十住、十行、十迴向、十地、等覺妙覺，這些菩薩跟大勢至菩薩一樣，都修學念佛圓通法門，此法門於性起圓通而入實相念佛的層次以後，仍然可以依照無相憶念的念佛法門，深入楞嚴大定，一直修到識陰滅盡，而進入等覺位，入等覺位之後，還要十方諸佛來安慰加持，最後進入妙覺位。從這個觀點來看，就知道念佛法門非常殊勝，……。[3]

從 平實導師的開示可以知道：念佛是從淺至深，而且是博大深廣可以成佛的法門，跟神教的迷信神力是大不一樣的，不能混為一譚。所以說，念佛與神教是有很大的差別，不是如印順所說的沒有差別。

1 《念佛鏡》卷一，《大正藏》冊四七，頁一二一。

2 《佛說無量壽經》卷一，《大正藏》冊一二，頁二六八。

3 平實導師著，《念佛三昧修學次第》，佛教正覺同修會，二〇一七年十一月初版二十八刷。

## 九 論釋印順說「自作自受的理論如何可以成立？」

「自作自受」就是自己做的事情，由自己來承擔後果。在《敦煌變文集新書．卷四．目連緣起》中即見此語。目連是 佛陀的十大弟子之一，佛經裡曾記載他入地獄營救母親的故事。目連的母親生前家境富裕，每天殺豬宰羊，餐餐豐盛；又從不行善，對待出家人的態度惡劣。但是目連卻是個相當有愛心的人，常救困濟貧，行善布施。目連出家後，潛心修道，終於修成阿羅漢。想到父母不知過得如何，便利用法力，看到父親在天堂過著快樂的生活，但母親卻在地獄受苦。目連看到母親每天遭受地獄的酷刑，非常心痛不捨，趕緊去向 佛陀求救。佛說：「**你母親生前過度宰殺生靈，又對佛門不敬，罪孽深重，自作自受，怨不得別人。**」目連想運用自己的神通力救母離苦，卻無法救拔；佛被目連的孝心感動，教他於眾僧結夏安居後，佛歡喜日供僧，藉眾多聖僧之力，合力救其母脫離地獄苦海。佛用「自作自受」來表示目連的母親因為生前不做好事，就必須承擔下阿鼻地獄的痛苦。「**自作自受**」這句成語就是指自己做錯事，由自己承擔不良後果。

釋印順相信「**自作自受**」的理論嗎？他不相信。因為不相信，所以責問說：自作自受的理論如何可以成立？不相信的理由，是釋印順認為諸行無常。然而為何因為諸行無常，他就不相信自作自受？他是什麼地方誤會了諸行無常的眞實義？因為釋印順落入六識論中，不承認眾生都有能夠貫通三世的意根與第八識如來藏，所以他認為：「**諸行無常，既然是剎那生滅，則現在造業的身心，與未來受果的身心，還能有什麼聯繫？如果說今生造業，來生受報；造業的身心早已滅去，未來受果的這個身心卻沒有造業，沒有造業的身心如得好報，樂在心裡，覺得生命是美好的，固然沒話說；若有惡報，那當然就要抗議，壞事又不是我此世這個身心所做的，為何讓我受惡報？**」釋印順有此想法，完全跟一般凡夫抱怨命運不公平一樣，總認為那些惡運不應該由並無行惡的此世身心來承受。茲舉《唯識學探源》一段文句來證明釋印順此一觀點：

**諸行既然剎那生滅，那現在造業的身心，與未來受果的身心有什麼聯繫？造業的早已滅去，受果的身心卻沒有造業，那「自作自受」的理論，又如何可以成**

立？輪迴與解脫間的連繫，也同樣的不易說明。剎那生滅的滅，是什麼意義？是徹底消滅嗎？假使滅等於沒有，沒有就談不上作用，那又如何生起未來的一切？假使還是存在，那爲什麼要說它是滅？拿業力來說，業是不是無常？業是無常，纔生即滅的，那又怎能說業力經百劫、千劫都不失呢？倘使業依舊存在，那又怎麼可以說諸行無常？就是存在，存在在那裡？在過去？在現在？在內？在外？從這三世的相續，業力的任持，作進一步的觀察時，這流動的生命觀，自然會覺到它的深奧難知，有加以理論說明的必要。（Y．一四，頁四五～四六）

釋印順提出問題：「假使滅等於『沒有』，『沒有』就談不上作用，那又如何生起未來的一切？」然而「滅等於沒有」，要看沒有什麼？假如殺死一個人，此人消滅了，可說沒有了，但不是沒有因果業力。殺人者後來去投胎而成爲「另外一個人」，殺人的果報卻顯現在這個「另外一個人」的身心上；如此，殺人者與受報者明顯並非同一個身心，所以釋印順認爲並不是自作自受，而是另外一個人在受。但是所謂的另外一個人難道不是他本人而是別人？如果不是自作自受而是別人代受，那因果法則就天下大亂了。釋印順的思想是很奇怪的，如果他認爲意識是不滅的，是可以變成細心、細意識而到下一世去的，則下一世的意識應該知道上輩子殺人，這輩子苦受，乃是自作自受，更無疑義；那麼釋印順就不該提出這個質疑，與自己所說細意識可以常住而來往三世的主張自相矛盾。

問題出在這輩子的各種粗細意識根本都不知道上一世造了什麼業？足見意識是會斷滅的，只能存在一世。斷滅的意識是不可能到下一世去的，所以下一世不但意識是全新的，其他五識也是全新的；至於身體呢？當然更是全新的。如此看來，上一世作善惡的身心，和此世的身心根本不相同，則自作自受似乎眞的有問題，難怪釋印順振振有詞，提出質疑：「**自作自受的理論如何可以成立？**」然而自作自受的理論若不能成立，難道你釋印順作的善事是後世由別人在享受，所幹的惡事也是由他人在受惡報？或許有人說德蔭天下，豈非他人受善報，但他本人則更有大善報，而不是他人有善報，自己卻得惡報，因果法則不可能如此。

對自作自受不肯認同的人，受苦時肯定會怨天尤人，認爲老天對他不公平。不過釋印順穿上僧衣，自會有人恭敬禮拜供養，這種享福之人是不會抱怨的。然而他這種不信自作自受的邪見會有一種很大的後患——一旦想做壞事就會敢做敢爲，反正後果自有他人承擔，那有什麼不敢做的惡事？於是釋印順對於佛法就敢大膽隨意判攝，不理會破法的未來世大惡果。所以信受此一邪見的後果是很可怕的。

六識論者如釋印順等人對三世相續、因果輪迴的道理是無法解釋清楚明白的，因此都會像釋印順一樣提出懷疑而說：「業是不是無常？業是無常，纔生即滅的，那又怎能說業力經百劫、千劫都不失呢？倘使業依舊存在，那又怎麼可以說諸行無常？就是存在，存在在哪裡？在過去？在現在？在內？在外？」釋印順不知道業力存在哪裡而又百千劫不消失？因此他除了表達對業力果報的不公平以外，也提出了對老天公道的懷疑而說：

**佛法說業力，通於三世。如專約現世說：有作惡的人，作事件件如意，多福多壽。有作善事的人，反而什麼都不行，一切困難。尤其是惡人迴心向善，境遇倒一天不如一天，家產一天天消失，使人懷疑老天的公道！**（Y．〇六，頁一〇一）

我們的身體就是一期的果報身，此果報即是業力之顯現，能夠支持色身不壞的如來藏「與一切法爲依止故，謂能執持諸種子故，與現行法爲所依止，此證持種心也。由此有諸趣者，由有此第八識故，執持一切順流轉法，令諸有情流轉生死。」[1]可見業力的種子就藏在如來藏中，自己身口意的善、惡、無記業之種子執藏於自己的如來藏中，時間到了，因緣果報成熟，業力就顯現出來而自作自受，這是非常合理而公道的。可是釋印順卻舉「自作自覺（受），則墮常見」的經文來否定說：

如《雜含》（卷一二．三〇〇經）說：「自作自覺（受），則墮常見；他作他覺，則墮斷見。義說法說，離此二邊，處於中道而說法，所謂此有故彼有，此起故彼起」等。浮彌尊者與外道論法，也否定自作、他作、共作、無因作，而說「世尊說：苦樂從緣起生」（雜含卷一四．三四三經）。這可見釋尊的教說，實以緣起說明生死的流轉；即從身心關涉環境——自然、社會、身心——的展轉相依，次第相續的活動中去說明。後來業力說的發揚，由於緣起支的解說而多少通俗化。（Y．〇一，頁九二）

第八識如來藏能持種，能貫穿三世的生死流轉，祂才是自作自受的根本因，而不是釋印順擅自改變而取代的意識。緣起只是在說明這個因緣關係，有生死流轉的現象而說緣起法，不是只有十二緣起支就能產生三世的生死流轉。從十因緣的「識緣名色，名色緣識」，以及名色等一切法全部都「齊識而還，不能過彼」，說明此「識」即是第八識如來藏，不是釋印順所曲解的意識心；可知業力的根源是如來藏而不是緣起，緣起只是結果與現象，不能出生萬法故。苦樂從緣起生，而緣起從如來藏生；自作不一定這一生馬上受報，大約是一期生死結束時才受報；除非種菜，幾個月就可以收割，否則多要等到未來世。從如來藏來看，雖然不是同一個身體五陰，但卻是自己的如來藏所生，也是自己的意根伴隨承受苦樂果的後世意識在領受，所以是自作自受。〔編案：平實導師於《優婆戒經講記》第六輯中有開示甚多「自作自受、異作異受、即作即受、非作非受」之第一義諦正理，其中法要勝妙無比，敬請讀者至各大書局或網路書局請購閱讀。〕

釋印順只相信六識論，因此他對因果業力種子，到底要記憶在哪裡而能產生自作自受，非常困惑，他說：

在一期的生存中，身心組織在變化中有它相當的安定不變性，所以能夠記憶。但佛法所說的記憶力，是有記憶前生以及很遠很遠的可能。身心早已徹底的變化，怎樣還會記憶呢？這記憶與業力的任持，問題是相同的。這困難而又嚴重的問題，需要理論的說明，是何等的迫切！（Y．一四，頁四六）

這就是六識論者的悲哀，釋印順知道後世身心早已徹底的變化了，怎樣還會記憶呢？釋印順爲什麼不敢說記憶在他認爲是常住不壞的意識裡呢？這樣也是自作自受呀！但聰明的釋印順當然知道這種說法不能成立，因爲大家普遍都有隔陰之迷，知道意識無法記憶上一世的所爲，所以才會有釋印順對**自作自受的理論如何可以成立**所提出的質疑。意識是不能持種的，因爲意識是會斷滅的，所以業力不是存在意識裡，因此釋印順又問：

**但是，現在造業，怎麼能感將來的苦果？這是有業力的存在不失。業力到底是什麼？存在，到底是怎樣地保持，怎樣地存在呢？探究到這問題，佛教的各派學者，就提出種種理論去說明他。**（Y．〇二，頁二七二）

其實眞正實證的佛教各派學者都是八識論者，八識論者都知道業力存在自己的第八識如來藏裡，總不能像密宗喇嘛教所說的存在虛空裡吧？虛空無物，又非心法，如何能記憶業力種子？而且是你的虛空或是我的虛空？或是大家共用一個虛空？惡人的虛空惡種跑到善人的虛空裡去，那果報豈非大亂？所以釋印順宗本的密宗藏傳佛教應成派中觀，是喇嘛教的六識論邪說，所說的都不是正理，不是佛教正法。

釋印順又認為業行是無常生滅的，怎麼有可能百千萬劫地常住？因此他說：所說業能受報，是業住受報呢？還是業滅受報？「業住」，是業力存在不滅的意思；從開始造業一直到感「受」果「報」，這業力都存在不失。那麼，所說的「業」，從作到受，不變不失，就是「常」住的了。但實際上，佛說業行是無常生滅的。佛說造業感果，不但是前生造業來生感果，是可以經過百千萬劫的。如經百千萬劫的常住，太與無常相反了。如業是常的，常即不應有變化，受報就應該常受報，那也破壞隨業流轉、苦樂推移的事實了。進一步說，業如果是常住的，那也說不上造作了。假定說作了業，在未到感果的時候就「滅」，那業就是「無常」的。業力剎那無常，業滅時果未生，滅了以後即無所有，那又怎麼可以「生果報」呢？實有論者的常與無常，都是邪見，都不能成立業果的相續。（Y．〇二，頁二七八～二七九）

釋印順認爲「業滅時果未生，滅了以後即無所有」，難怪他會說：「那又怎麼可以『生果報』呢？」如果業滅了是無所有而不能生果報，那釋印順的未來世就無戲可唱了，這不是斷滅論嗎？因爲有如來藏而有業力，如來藏常住故說業力是常住；佛法中不說業力常住，也不說業力會自己滅失，而是遇緣現行受報以後才會滅失；並不是說受苦的人永遠受苦才叫常住，業力仍然有生滅，才會有一世又一世的五陰而自作自受。苦報受盡就無苦，故諸行無常並沒有錯。釋印順的質疑雖然非常犀利，但是犯了佛學常識嚴重不足的過失，譬如他說：【前一剎那與後一剎那間的阿賴耶識種，怎樣的成立聯繫？前滅後生？還是不滅而後生？如同時，即破壞了自己前後剎那的定義。】（Y．○二，頁二八六）有剎那即是有生滅，如來藏不生不滅，怎麼有前一剎那的阿賴耶識與後一剎那的阿賴耶識？若問阿賴耶識所含藏的前一種子與後一種子，怎樣的成立聯繫？當然是因爲有如來藏持種而聯繫。釋印順又問說：

> 你說種子不斷不常，試問：從種生芽，是種滅了生芽？是種不滅生芽？假使說種滅生芽，這是不可以的，種力已滅去了，還有什麼力量可以生芽？這不脫斷

滅的過失。假使說不滅，這也不可以，不滅就有常住的過失。所以，從剎那生滅心去觀察他的種滅芽生，依舊是斷是常，不得成立。所以後來的唯識家，說有阿賴耶識種子隨逐如流，無論從現業熏種子也好，從種子起現行也好，都主張因果同時。以性空者看來，同時即不成其爲因果。（Y．〇二，頁二八六）

釋印順質疑說「種力已滅去了，還有什麼力量可以生芽？」他不知道種子若無如來藏的執持，它是沒有力量可以生芽的；芽與種子不一不異，不能說種子滅了而有芽發生，種子會發芽，但種子是因位而不是芽，芽卻是種子的果位。種子變易爲芽，就是種子的功能正在運作，故不可說種子不滅；因爲種子又名功能差別，芽不正是種子的功能之一嗎？芽又會長莖開花結果，故不可以說種子是常。

釋印順質疑自作自受的理論如何可以成立？最大的癥結在於釋印順信受密宗應成派中觀六識論的大邪見；然而六識論者不論在理論上或實證上，永遠都無法解釋異熟果報的道理。六識論的人永遠不服氣於我今生又沒有作惡事，卻令我受苦報。六識論的人作盡惡事或是謗佛毀法而於命終時若無大痛苦，他一定暗想：「都說我把佛教的八識論毀了而變成喇嘛教的六識論會有怎樣的惡報？我還不是死得好好的？」他不知道今生會得好死，乃是往世造業之善報；但今生所為之惡，還有待來世才有果報。從六識之身口意來看，好像此生跟來世的身心，風馬牛不相干（因為前世的六識已滅）；但是從八識論的實證者來看生死的真相時，就知道確實是自作自受。當死亡的時候，此世六識滅了，但還有第七識、第八識存在；而第八識即是入胎識，第七識即是恆審思量的意根末那識，從第七識第八識來看就知道確實是自作自受；而六識論的人以為後世的身心不是此世的我，所以敢作敢為，殊不知來世的結果還是自作自受！

諸行無常，諸法無我，無常所以是苦、是無我，這是在講蘊處界萬法無常；但不可以用諸行無常、諸法無我，來破自作自受。五陰無常，六識無常，故知此世身心無常，不能到下一世去；但還有一個能出生下一世五陰身心，非常非無常的如來藏自己；這個非我、非非我的如來藏繼續出生釋印順下一世的五陰，去承受自己過去世的善惡業；所以雖然下一世的身心不同於上一世的身心，但從如來藏來看祂所出生的七轉識、五陰，正是自作自受；絕對不會是別人做的惡事，由不相干的你釋印順去承受；就像他人吃飯你不能飽一樣，各自有因緣果報。如是才是佛法所說因果與自作自受的道理；這個義理可以證明自作自受是絕對可以成立的！只有在釋印順等六識論者心中才是不能成立的。

例如有一個人去搶劫銀行，慌張逃走，卻不幸被車撞死；一般人都說這叫自作自受，現世報。然而因果是很複雜而深奧的，既使是等覺菩薩也不一定全了知，要到佛地才能完全了知；所以因果甚深極甚深，並非只有現世報才叫自作自受。一般人以爲意識心知道身心在受苦或受樂，做壞事而善終的人，他就以爲是沒有自作自受的因果報應；事實並非如此，例如常常造惡的人，卻曾經偶然造作了一件救人性命的大善業，於是這個常常造惡的人就因爲這件善業因果比較大而獲得善終，繼續生在人間；但是那些難以計數的小惡業，未來世還是得要受報的。只有不相信有未來世的人才會不相信自作自受，那就是受持六識論而疑心沒有未來世的應成派中觀師，釋印順即是現成的例子。不相信輪迴的人，往往因爲有隔陰之迷就不信自作自受；以爲死後就什麼都沒有了的人，不會相信自作自受；然而眞正受苦樂者並非七識心，佛說【七識不流轉，不受苦樂，非涅槃因】[2]，唯有第八識自心如來，方是眞正能流轉於生死之主體識，這一點就比較深奧難懂。平實導師於《楞伽經詳解》云：

七識心並非眞正受苦樂者；一者，前五識於五塵等法，雖有順心違心之境界受，然而其了別五塵順違之體性及自我性，皆極淡漠，故非受生死流轉之主體識；末那識則唯能於五塵所顯示之法塵上作極簡單之了別，不能了別其細相，亦不能了別五塵相，是故末那識亦非是生死流轉之識體；意識心雖能於六塵悉皆詳細了別，於世間法上言之，實是正受苦樂者，能正受種種苦樂觸之現量境界，而有順心違心之境界受故；然意識所受之苦樂等相，皆是無常變異、終歸於滅之法，不曾有一苦樂法能常受其樂、或常受其苦者，乃至不苦不樂之捨受亦復如是，皆是無常之法。既是無常之法，則顯然非是眞正受苦樂者。唯有自心如來，雖離見聞覺知而不受六塵境界中之苦樂觸，然而卻是世世通貫而不曾刹那間斷者，卻是世世承受前世善惡業果報，而令一切善惡業苦樂皆能如實現行，而在自身所生之七識心上受報者。如是眞正能實現善惡業果報者，方是眞實受苦樂者。[3]

由此可知眞實的佛法絕對是自作自受，這個理論若不能成立，則佛法要全部改寫，如此釋印順出家學佛變成毫無意義；因爲自作自受即是因果法則，如果這個法則不能成立，佛教就不成其爲佛教了。

1 《八識規矩補註》卷二，《大正藏》冊四五，頁四七四。

2 《楞伽阿跋多羅寶經》卷四〈一切佛語心品之四〉，《大正藏》冊一六，頁五一二。

3 平實導師著，《楞伽經詳解》第十輯，正智出版社，二〇一六年三月初版五刷。

## 一〇 論釋印順說「佛教緣起的業感論沒有輪迴主體的神我」

釋印順在《佛法概論》中說：【在甲黨失敗時，必有一佔有優勢的乙黨起來執政，開拓一新的政局。甲黨可能解體了，或與其他黨派退爲在野黨。所以，佛教緣起的業感論，沒有輪迴主體的神我，沒有身心以外的業力，僅是依於因果法則而從業受果。約發現的外表說，從一身心系而移轉到另一身心系；約深隱的內在說，從一業系而移轉到另一業系。如流水的波波相次，如燈炷的燄燄相續，諸行無常的生死流轉，絕非外道的流轉說可比！】（Y．〇一，頁一〇二）

釋印順說：「**諸行無常的生死流轉，絕非外道的流轉說可比！**」但他上文對生命流轉生死的說法正是外道說的流轉。把政黨的輪替用來解釋生命的輪迴並不恰當，可是釋印順要用政黨輪替來解釋沒有輪迴的主體那就錯誤了。

我們可以用一個很簡單的譬喻來想一想：

民主國家的政黨在什麼上面輪替？

是在兩派不同見解的人民全體同時存在的前提下。一般來說，人民在國家的土地上，然後加上一個主權，這就是一個國家的基本條件；政黨就是在不同見解的兩派人民全體同時存在的國家上面輪替，乃是依附在兩派不同見解的全體人民同時存在的國家上面，才是完整的國家，如此則國家就是政黨的主體，不是沒有主體！光有政黨，沒有國家的兩派或多派不同見解的全體人民這個主體，政黨有用嗎？一點用處也沒有！雖然政黨在國家全體人民上面輪替，是政黨的主體，然而國家的主體卻是基於人民（有情）的存在，若沒有兩派不同見解的人民等有情的存在，就沒有國家可說，那政黨又如何輪替？所謂政黨的輪替也就沒有意義。然而，有情是因為有第八識如來藏的眞實常存，所以才於三界中造業不失，這樣繼續輪迴不已，所以眞正的主體乃是每個有情的第八識如來藏啊！

釋印順說：「**佛教緣起的業感論，沒有輪迴主體的神我**」，這句話是有大過失的。第一個問題是佛教的緣起業感論，有沒有輪迴的主體？第二個問題是輪迴的主體是不是神我？

佛教反對有神我，可是並沒有反對輪迴的主體。釋印順把神我當作輪迴的主體，然後說：「**佛教反對有神我，所以也反對有輪迴的主體。**」「**神我**」就是把意識覺知心（包含粗意識、細意識、極細意識）當爲永恆不滅的我，這個不滅的意識心跟神（上帝）一樣是意識，故稱神我。那誰有這個神我思想？正是釋印順自己呀！釋印順青年時期受到西藏喇嘛教法尊法師所譯，宗喀巴著作《廣論》的誤導，至死都沒改正過來，猶以爲粗意識會藉修行轉變爲細意識，流轉三世不會滅亡。這種邪見不必找書來證明，隨便問一問喇嘛教的仁波切就是最好的證明，他們都是以意識覺知心的不滅爲神我來作爲三世輪迴的主體。也許有人反駁說：「**印順是以緣起爲主體，不是以神我爲輪迴主體。**」假如釋印順以緣起爲輪迴主體，那他說「**沒有輪迴的主體**」，就違背自己的立論了。

緣起是事實，不可否認，問題是緣起是依何而有此緣起？它是自然而有的嗎？那就是自然外道。是上帝或大梵天創造而有的嗎？那就是神我外道。是依於你或他而有的嗎？（也就是說依於我之外而有。）那又與每一個人的自我何干？（沒有我了，緣起已經跟你無關。）追根究柢的結果，緣起是依於無蘊我性的空性心，以有空性心故而有緣起法出生;而這個空性心即是沒有五蘊性的如來藏,此空性心不可滅,故說輪迴的主體就是空性心如來藏。

假如有人否認如來藏,那他就是否認空性心,他不免要再去思惟離開空性心之後還有什麼?答案是「一無所有」,那不是斷滅空嗎?正是斷滅見人的斷滅空。釋印順想用緣起法來證明一切法空,故說無輪迴主體。用緣起來說明世間是虛妄的,認爲眾生的五蘊都是隨機出生而沒有往世的前因,所以是緣起的;他認爲這是一假一切假,成爲無因唯緣論者,卻不知道眾生界的實相是一眞一切眞,一點也不假,唯有如來藏離此兩邊而有不眞不假的涅槃中道,才能有五蘊的緣起。一切萬法,因果生死輪迴都在涅槃中道的如來藏中顯現,所以如來藏就是輪迴的主體。

有人不承認有情的五蘊都有主體,認爲「一切是緣起,而緣起性空,哪有主體?有主體就是有執著,不得解脫。」但這種說法是不切實際的,一切有情都將因此而成爲無因唯緣的隨機出生五蘊,正好落入 龍樹所破的「諸法共生」之中:五蘊只是由父母爲緣而共生的。這已違背了 龍樹及《楞嚴經》說的「諸法不共生」

正理。簡單的說：姓名有沒有主體？姓名是依這個人而取，則這個人就是姓名的主體。同樣的道理，金器就是以黃金爲體，銅器就是以銅爲體，怎能說金器、銅器沒有主體？一切萬法就是以如來藏爲體，一切因果若無如來藏則不能顯現因果法則而有業力出現。有人以爲業力才是輪迴的主體，然業力若無如來藏則無法儲藏及顯現，故如來藏才是輪迴的主體！

佛教不是只有緣起的業感論，還有生命實相的本體論，不但有業感緣起還有眞如緣起。要寫「佛法概論」則對佛法要有整體的宏觀，不能只偏一邊；像釋印順所寫的《佛法概論》處處邪見，其實是在誤導眾生，讀者不可不愼！

釋印順認爲若說有一個眞常自在的神我（靈體）爲絕對主體之類的思想是錯誤的。他認爲這種眞常本淨的我，源於無始來的習見，是生死的根源。因此在他的《寶積經講記》中說：

人（這裡不是約人類的人說），是思惟義，有意識活動，覺得有思惟的主體。眾生，意義爲不斷受生死，覺得有歷受生死的主體。壽命或作壽者，一期的生存爲壽命，從而覺得有無限的生命自體。這些，本是世間有情的現象之一，有意志力（權力意志），有思惟作用，有生死死生，有壽命延續。但主宰的是誰？思惟者是誰？受生死者是誰？壽命者是誰？這些，眾生的世俗心境，從來不曾徹見究竟，只是無始以來的習見，想當然的，認爲有自我、思惟等自體，而且非有不可。這到了哲學家、神教徒手裡，雖然各說各的，大抵推論出微妙的，眞常自在的神我（靈體），絕對主體之類。其實，這種眞常本淨的我，源於無始來的習見，成爲生死的根源。所以佛陀開示的「眞實正觀」，要以種種觀門，來思擇這我、人、眾生、壽命了不可得，也就是『無我相、無人相、無眾生相、無壽者相』。求我、人、眾生、壽命的自性不可得，叫「不觀我、人、眾生、壽命」，並非閉起心眼，麻木自己，不去觀他就算了。這樣的我不可得——我空，「是名中道眞實正觀」；這才是究竟的，徹底的，正確的體認。（Y．〇四，頁九四～九五）

釋印順把眞常本淨的第八識如來藏跟外道以意識心爲神我靈體混爲一譚，渾然不知外道神我靈體只是意識心加上意識想像的綜合體，而第八識不是第六識，也不是意識的想像建立。釋印順爲何會有這種錯誤思想？因爲釋印順不承認有第八識，所以會有這種後果。釋印順是六識論者，其神我必然是指意識，大小乘諸經中說的眞常本淨則是第八識才對；但釋印順卻認爲眞常本淨、眞常自在是神我靈體，如此一來他說「沒有輪迴主體的神我」，也就是說「沒有輪迴主體的第六意識」，這樣講也沒有錯呀！可是細心的讀者就知道這是釋印順慣用的李代桃僵、借殼上市的方法；他已經把第八識與第六識混淆不清了，佛法在他書中實在越講越糊塗，令他的讀者如入大迷霧中。他認爲學佛者所說：眞的、常的、清淨的、不生不滅的生命主體，跟外道所說的眞我、神我的差別是希微的，大乘人描寫的生命主體是絕對主觀的。因此他在《寶積經講記》中說：

一般學佛者，不知外道的我是怎樣的，就自以爲所修所證，與外道的我不同；其實，佛與外道的修證（外道也有修行，宗教經驗，也自以爲證悟得解脫的）不同，在說明上是很希微的。如說：體見到：眞的、常的、清淨的、安樂的、不生不滅的、無二無別的、不可思議的。這些句義，都難於顯出外道與佛法的不同。但這樣的經驗，外道一定說，這是眞我（或者說是神）。這是說，這是有意志性的。所以把自己的宗教經驗，描寫爲生命主體，絕對主觀……。（Y．

○四，頁一一八）

外道所說的眞我、神我本質上就是意識心，他們跟釋印順一樣，無法超越意識境界，因此不可以說外道跟佛教的差別是希微的，超意境的第八識與意識境界是不相同的。生命主體第八識如來藏乃是客觀的存在，所以釋印順雖然不承認，但他自己的生命本體如來藏並不因他主觀的否認而消失。此如來藏眞我是佛法甚深智慧的根源，非外道所能了知，釋印順卻反過來說：「釋迦佛就是全盤否定這種形而上的眞我。」因此他說：

原來印度的婆羅門教，以爲要得解脫，非有眞我的智慧不可。能通達眞我，才能得解脫。釋迦佛的特法，就是全盤否定了這種形而上的眞我論。始終說：『無常故苦，苦故無我，無我故無我所，則得涅槃』。換言之，非徹底照破了眞常我，才能解脫。（Y.○四，頁一一八）

「無常故苦，苦故無我」，這是在講五陰非我，蘊處界無常、苦、空、無我，不是如來藏無常、苦、空、無我。以如來藏是法界常住故稱爲眞我，如來藏離於五蘊我性而離兩邊，是眞實的無我，但又是非我、非非我，是三界一切有情常住不壞之實際，故稱眞我。外道說的眞我其實都是誤會眞我而想像出來的假我，若非意識即是想像而非實體，或者只是會生滅變異的細意識我，怎能說是眞我？佛教所說的生死輪迴主體一定是指能出生一切粗細意識的第八識如來藏，因此釋印順說：【主張在生死輪迴，繫縛解脫中，有一生命主體，叫做眞我，大我，不可說我等。由於宣說有我，與佛說的無我正見相違。】（Y．〇四，頁二二六）都是把外道說的假我、想像的眞我當作眞我，然後振振有詞地說：「有一生命主體叫做眞我，這與佛說的無我正見相違。」叫你看不出來他的破綻，然後說：「佛教的業感論沒有輪迴主體的神我」，這都是信受喇嘛教六識論假中觀的人才會有的後果，識陰六識全都是根塵二法因緣生的，全是生滅法，六識論哪裡會有輪迴的主體？八識論才會有如來藏而說祂是輪迴的主體，不管你把第八識稱爲眞我、神我，祂一定是輪迴的主體，所以不可以說佛教沒有輪迴的主體。至於釋印順說：【印度的宗教、哲學者，說有情的生死輪迴，是以小我的靈魂爲主體的……。】（Y．〇二，頁三一四）這是同於世俗人以靈魂爲輪迴主體，他相信有輪迴主體，只是誤以爲是靈魂罷了；但靈魂不離五陰範疇，還是意識境界；只要把世人說的「常住不壞的靈魂」改爲第八識如來藏就對了，只要證得如來藏就生起實相般若智慧了，佛法就是這麼簡單；但是要改過來必須不怕面子問題，這就非常不簡單！

現代人認爲主體是一種思想，故主體思想的根本思想是：「**自身命運的主人是自己，開拓自身命運的力量也在自己身上**。」這就是說自己的思想就是自身命運的主體，所以人一定有主體，不可能無主體。」這似乎也言之有理，但這種思想不是佛教所說的輪迴主體，只能說是一期生命思想的主體，無法探討到三世輪迴的主體。佛法對這個主體的認知及實證是不共外道、凡夫、二乘聖人的，世間所有的宗教無人能知此主體，只有 佛陀知道我們的生命主體是什麼；所以說「**天上天下無如佛**」，沒有人或天神可以比 佛陀更有智慧。神我是外道的思想，神我不是輪迴的主體，因爲神我只是意識層面一種思想上的推測；神我既然只是思想，則此思想不離意識；而意識是會斷滅的，故神我不是輪迴的主體。但是神我雖然不是輪迴的主體，卻不可以說業感論沒有輪迴的主體，因爲不知道或是找不到這個輪迴主體不等於沒有輪迴主體。有智慧的人都會留給自己餘地，不知道的事就不要冒然斷言，以免斷了自己未來的出路；而且錯誤的思想害人匪淺，若不改正，變成未來種子，則未來世還會冒芽出來，將又被它所害；所以錯誤的思想一定要辨正，才能改正。

# 一一 論釋印順說阿賴耶識的產生

有一些修行實證的人很想知道阿賴耶識是怎樣產生的，於是開始探究追尋，然而上窮碧落下黃泉，始終找不到阿賴耶識是怎樣產生的，這是正常的狀況，因爲連佛陀也找不到阿賴耶識是何時而且如何產生的，才說是「**法爾如是**」；偏偏有位不曾實證的釋印順法師竟然說他能找到阿賴耶識是如何出生的，大家「**驚爲天人**」於是尊他爲「**導師**」，有一本描寫釋印順生平的書取名爲《看見佛陀在人間》，釋印順也不客氣地接受了。不過我不知道那些尊崇釋印順爲佛陀在人間的學者或修行者，到底看上釋印順的哪一點而敢高捧他爲佛陀？這些阿諛者一定不知道釋印順有比佛陀更厲害的地方，就是他找到了阿賴耶識的產生證據；假如釋印順眞能夠找到阿賴耶識是怎樣出生的，套句布袋戲台詞，那眞是：「**轟動武林，驚動萬教！**」

要推究或證明阿賴耶識是如何產生的，一定要先找到阿賴耶識才能觀察祂是如何產生的。釋印順是怎樣找到阿賴耶識的？他說：【但阿賴耶的產生，一方面是依如來藏心，另方面是依無始來的虛妄習氣。在這眞相的如來藏，與業相的虛妄習氣相互交織之下，才成立其爲阿賴耶。】（Y．一四，頁三〇～三一）

原來釋印順認爲，阿賴耶識是由如來藏心及無始虛妄習氣二者產生的，那麼阿賴耶識就是由如來藏中產生的。其實阿賴耶識就是如來藏，但有的人認爲阿賴耶不是如來藏。若把如來藏這個自性清淨心有雜染時稱爲阿賴耶識，這種說法可以方便說兩者有不同之處，然畢竟同爲第八識，所以阿賴耶識就是如來藏。修道斷除思惑，不復有阿賴耶性（不再有集藏分段生死種之集藏性），成阿羅漢，其第八識改名爲第九識——異熟識，亦名菴摩羅識；其實仍是第八識心體，唯改其名，不改其體。

把阿賴耶識的產生說是依於如來藏心，依同一邏輯，應該要再問如來藏心是如何產生的？釋印順只說「在這眞相的如來藏，與業相的虛妄習氣相互交織之下，才成立其爲阿賴耶。」也就是阿賴耶一方面依如來藏心，一方面依無始來的虛妄習氣而產生。但重點是：無始來的虛妄習氣會是阿賴耶識的所依嗎？第八識阿賴耶識是萬法的根源，無始來的虛妄習氣會是萬法的根源嗎？

釋印順在《唯識學探源》中說：【這雜染的習氣，反映到清淨的如來藏心，因而成爲阿賴耶識，現起一切的虛妄相。這可以稱爲「映心所顯」的唯識。】（Y．一四，頁三一）釋印順的意思是說「阿賴耶識是由兩個因緣和合而成就的，並非眞實存在，僅是習氣的現象反映出來而已；阿賴耶識產生的二個因緣：一個是習氣，一個是如來藏。」那麼當這兩個不和合而分離了，豈非阿賴耶識如同習氣一樣就可以消滅了？若改爲說「自性清淨心如來藏，含藏分段生死之染污法種時稱爲阿賴耶識」則正確。不過有人不能相信如來藏自性清淨而有染污，因爲他們認爲有染污就不是自性清淨心；自性清淨心而有染污，此事極難了知，這在《勝鬘經》已經講過，因爲這唯證乃知的事，要到開悟明心後才能明白，不是未找到阿賴耶識如來藏的凡夫所能想像的。

釋印順在《唯識學探源》中說：

《攝大乘論》，或《唯識論》，在說明識不離身的識是阿賴耶識時，都評破這無心所的細心說。有心而沒有心所，這在有心必有所，無所就無心的學者，確是

不易信受的。（Y．一四，頁七七）

又說：

阿賴耶的本義是「著」，但一經引申，就具有廣泛的含義。它比阿陀那、毗播迦、心、意、識，更能適應細心多種多樣的性質，它也就自然被人採用作細心最正規的名字。（Y．一四，頁一四四）

這是釋印順把阿賴耶識當作第八**意識**，所以稱爲細心。意識必定有心所，阿賴耶識超越意識，阿賴耶識當然是心，若說有心必定有心所，然而阿賴耶識的「心所」不是凡愚者意識所能了知的。一切意識不論粗細都是第六識，細意識不可能變成第八識阿賴耶。可是六識論的釋印順一直要把阿賴耶識解釋及變更爲細意識，如在《攝大乘論講記》中說：

雖然上座部說有所緣行相不可知的**細意識**，但這在唯識家看來，那就是**阿賴耶識**，不過名字不同罷了。縱然退一步承認這「和合識即是意識」，那麼，是「此和合意識即是一切種子識」呢？還是以這和合意識爲依止，「依止此識所生」的「其餘意識是一切種子識」呢？若說「和合識是一切種子識」，那和合意識

「即是」大乘所說的「阿賴耶識」，不過你不歡喜稱它阿賴耶，「以異名立爲意識」罷了。（Y．〇九，頁一一九～一二〇）

阿賴耶識是心，但不是意識心，故般若經中稱爲「非心心」；既不是意識心，就不是意識細心，故阿賴耶識無意識之心所。意識不論粗心、細心、極細心，祂的出生都是由意根接觸法塵而從如來藏阿賴耶識中出生，釋印順卻說能生意識的阿賴耶識如來藏，是從雜染習氣和如來藏產生，成爲阿賴耶識出生阿賴耶識，也把阿賴耶識如來藏切割成二個心，就跟他切割三乘菩提的各種佛法成爲互不相干的各種法一樣。

釋印順這種作法猶如西藏密宗喇嘛教一樣擅自曲解佛法，藏傳佛教密宗把中脈明點取代如來藏，然而這個明點卻是意識觀想所成的意識境界；能生意識的是如來藏，密宗卻把祂顛倒爲意識出生如來藏，所以密宗說的是外道法，是喇嘛教，不是佛教，此理甚明。

阿賴耶識就是如來藏的異名，不管釋印順喜歡、不喜歡稱祂爲阿賴耶，他可以用種子識、所知依、無始時來界等種種名稱來稱呼祂，唯獨不能稱祂爲意識、細意識或極細意識，也不能稱祂爲「第八意識」；因爲第八識是出生意識的另一個心，與意識同時同處而爲意識的所依，故不能稱爲「第八意識」。另外，釋印順不喜歡稱一切種子識爲阿賴耶的原因，是因爲在六識論者的理念中，阿賴耶僅是染污的執著現象，不是眞實存在的心，是可滅的；而將一切種子識稱爲細意識，則符合六識論者意識常住不滅的妄想論點，因此得到安慰而不落入斷滅的恐懼中，卻與常見外道合流了。

若把阿賴耶識和如來藏分成二個不同的識，那到底哪一個才是萬法的根源？第八識只能有一個，那是否另一個是第九識？三乘佛法都說唯有八識，若說有八、九識並存，那是有無量過失的。所以釋印順無論再寫多少書，都不能推翻八識論，最後一定要回歸**阿賴耶識就是如來藏**的定論來，所以他在《成佛之道》中說：

如來藏是自性清淨的，但「無始」以來，就爲虛妄雜染的戲論「習」氣「所熏」染，這就「名爲阿賴耶」識。這如太空而爲浮雲所蔽，成爲不明淨的空界一樣。所以分析阿賴耶識的內容，有眞相（如來藏）與業相（戲論熏習），這二者的和合，就是阿賴耶。這在無著、世親的唯識學裡，是不容易信解的，但這是依

如來藏而有的阿賴耶識呀！（Y．一○，頁三八九～三九○）

又說：

經上又說：『佛說如來藏，以爲阿賴耶。惡慧不能知，藏即賴耶識』。原來阿賴耶，還是如來藏。依如來藏而有無始虛妄熏習，名阿賴耶識，爲雜染（清淨）法所依。不知其實是依**法空性**——如來藏；可惜有些學者，不能自覺罷了！如約有漏的阿賴耶識，這只能說是生死雜染法的中心。阿賴耶識也還是依轉識，要依轉識的熏習，與轉識有互爲因果的關係。所以，阿賴耶識只是相對的依止。（Y．一○，頁三九四～三九五）

釋印順既然知道阿賴耶原來還是如來藏，那就不能再說如來藏與習氣二者的和合產生了阿賴耶，這種頭上安頭，把同樣是第八識的阿賴耶識與如來藏拆爲兩個的說法，令人讀來一頭霧水；尤其會令人誤以爲阿賴耶識是因緣和合所產生之法，是有生之法，是蘊處界之法，如此則阿賴耶識心體不生不滅的法義就不見了。**如來藏中含藏往世的習氣種子，但不是習氣種子能出生阿賴耶識**。「如來藏是自性清淨的，但『無始』以來，就爲虛妄雜染的戲論『習』氣『所熏』染，這就『名爲阿賴耶』識。」他這樣講就對了，當然也成爲釋印順自律背反、自相矛盾的證據之一。阿賴耶識既然是如來藏，是一心二名，那麼要找到阿賴耶識的出生或產生是不可能的，祂是法爾如是。若有生就會有滅；如來藏阿賴耶識本來存在故**無生，無生即無滅，故阿賴耶識如來藏**不生不滅。所以釋印順找不到阿賴耶識的產生是正常的，**而且是正確的，因爲阿賴耶識心體本來就無生——無出（產）生之時**。阿賴耶識只是含有雜染習氣而成爲所染，而非以雜染習氣爲因而有阿賴耶識；明明可以寫得很清楚明白的法義，釋印順卻偏偏要用雜染習氣**把祂**寫得很模糊而誤導讀者，把大家都熏得滿臉發黑，烏煙瘴氣，實在居心叵測。

釋印順認爲如來藏是自性清淨的，阿賴耶識是有爲的生滅法相，所以阿賴耶識是如來藏與雜染習氣和合而產生的，這是曲解阿賴耶識的體性；阿賴耶識不是有爲的生滅法相，阿賴耶識的識性即是眞如，眞如即是自性清淨心，自性清淨心即是如來藏，如來藏是無爲法，不必有因緣，不是因緣和合而有之法。茲舉一段來證明釋印順講佛法常顚顚倒倒，照經文依文解義時本來寫對了，可是他解釋以後又成爲講錯了，似是而非；黃金到他手裡變成黃銅，可見他心中對佛法是沒有決定見的，他在《以佛法研究佛法》中說：

現在來說明一些評論。眞常學者說：如來藏既然不是心，經中爲何說如來藏即是眞心、自性清淨心、法性心呢？唯識學者的解答說，這些，都是就心（法）的性而說的。如阿賴耶識是有爲的生滅法相，而阿賴耶識的識性，即是眞如，所以就名爲眞心與自性清淨心。這眞心與清淨心，並非有爲有生滅的心，而是約心的不生不滅性說的，並非衆生已有無漏清淨的心。至於說如來藏即是法性，而不是心，這是有經教根據的，如《楞伽經》中說……。（Y．○七，頁三三三～三三四）

釋印順既然說「**阿賴耶識的識性，即是真如，所以就名爲真心與自性清淨心。**」這個自性清淨心難道不是無漏清淨的心嗎？可是他卻又說「**並非衆生已有無漏清淨的心**」，如此豈非指稱衆生其實沒有本來無漏的清淨眞心？衆生豈非沒有阿賴耶識？釋印順講了老半天，結果是沒有阿賴耶識！原本說可以找到阿賴耶識的產生已經夠荒唐了，如今又說沒有阿賴耶識而成爲不可能找到阿賴耶識，也不可能證明阿賴耶識是如何產生的，那就不是荒唐加三級而已，因爲已經沒有絲毫佛法了！

釋印順說如來藏既然不是心，經中爲何說如來藏即是眞心？他又推說這是眞常學者說的。如來藏既然是第八識，識就是心，怎麼可以說如來藏不是心？但如來藏這個心卻又不同於凡夫所了知的第六意識心，所以又稱爲「非心心」，然而不可以因此名詞而說祂不是心；祂畢竟非物質，離開了祂，就是心外求法，故稱爲心，因祂不生不滅而說祂是常住眞心。

眾生實有無漏眞心，故稱爲眞實如來藏，平實導師著作書名就叫作《眞實如來藏》，書中處處證明此如來藏是眞實法，不是虛妄想像的，也不是一種宗教的思想理論而已；因爲唯證悟乃知，所以凡愚極難想像，雖然很難以意識思惟想像，但只要相信佛語，就知道如來藏是眞實有，若無如來藏就無八識心可言了。因爲如來藏不是因緣所產生的法，所以很難想像；很難想像的原因是祂很難找到，只有開悟明心的菩薩才能找到祂；而且祂從來沒有出生過，永遠找不到祂是何時出生的；因爲祂沒有生，所以沒有滅亡之時，如此不生不滅而說眞心常住。

釋印順又說：「**至於說如來藏即是法性，而不是心，這是有經教根據的，如《楞伽經》中說**」卻不引證這種說法出自《楞伽經》的何處，也不舉出經文中的文字，只是這樣一語帶過，直接把自己編造出來的邪見宣稱是《楞伽經》說的，直接熏入讀者心田中，事實上既是違背《楞伽經》中 佛陀的說法，也是不負責任的說法者。

因此釋印順說「阿賴耶識的產生」，這個命題一開始就是錯誤的說法；後來又說出種種自語相違的話來，已經不是老糊塗三字可以形容的了。學者若能離開這種錯誤的說法，就不會隨其所轉而入邪見。學佛的過程就是不斷地修正錯誤，每一個人都是從錯誤中走過來，所謂錯而能改，善莫大焉，這才是學佛者令人起敬的心態。

## 一二 論釋印順之「常就是無常」

這個問題困擾很多人：「常就是無常」是釋印順說的，而「無常就是常」則常有人和釋印順一樣如是說，然兩者其實不能畫上等號；如果認爲兩個意思是同樣的，那對佛法的眞實義將會有極大的誤解。佛法有許多名相指涉的含義深妙，不懂的人拿來隨便解釋，極易使人對佛法產生曲解；例如有某法師解釋「空」不是什麼都沒有，「無」不是沒有。那就要再解釋是什麼樣的「空」，怎樣的「無」不是沒有，否則中國字的空、無就是「沒有」，而不是「有」；空若不是無，則「錢袋空」變成不是沒有錢；無若不是沒有，則「無錢」就不表示沒有錢了。如此文字的表達與世人所知相違，約定俗成的文字將失去其意涵，誤會就難免了；把佛法解釋得匪夷所思，並非 世尊本懷，因爲佛法是可以實證的義學，不是匪夷所思的玄學。

釋印順說：「常就是無常，無常就是常」，同樣落入令人無所適從的死胡同裡，法身慧命就會死在句下，不能活轉過來，錯誤的思想是很可怕的。釋印順在《般若經講記》說：【顛倒，即是一切不合理的思想與行為，根本是執我執法，因此而起的無常計常，非樂計樂，無我計我，不淨計淨；以及欲行、苦行等惡行。夢想，即是妄想……。】（Y．〇六，頁二〇〇）無常計常是妄想，常計無常也是妄想，釋印順為什麼會認為常就是無常呢？他認為沒有所謂的常，常性是不可得的，常是倒見，一切都是無常，而無常就是常，因此他說：

《唯識學探源》：【常，就是無常，就是念念生滅。】（Y．一四，頁一〇五）

《寶積經講記》：

常與無常，到底是什麼意義？現實的色法、心法，都有時間相的。從時間去觀察他，如前後完全一致，沒有一些兒差別，那就是常（不變）。如前與後不同，生滅變異了，那就是無常。為什麼眞實觀察起來，非是常呢？常是沒有生滅變異可說的；而現實的色法、心法，無疑的都在生滅、成壞、生死——變動不居的情況中，怎麼會是常呢？如果是常的，那就一成不變，也就沒有因果生滅的現象了。所以**常是倒見**，眞實觀察起來，**常性是不可得的**。這樣，應該是無常（生滅），佛不是也說『諸行無常』是法印（眞理）嗎？的確，佛也以無常生滅來說明一切，也以無常爲法印。但佛是從如幻的世俗假名去說無常，是以無常而觀常性不可得的。所以說：**無常是『無有常』**，**是『常性不可得』**。如執爲實有生滅無常，那就與佛的意趣不合，非落於斷見不可。如就世俗的觀察，當然有生滅無常（也是相續）的現象。但如據此爲實有而作進一步的觀察，就越來越有問題了。如析一年爲十二月，一月爲三十日，昨日與今日，有了變異，當然可說是無常了。再進一步，析一日爲二十四小時，一小時爲六十分，一分爲六十秒：前秒與後秒間，可以說無常嗎？一直推論到，分析到分無可分的時間點（『無分剎那』），名爲剎那。這一剎那，還有前後生滅相嗎？如說有，那還不是時間的極點，而還可以分析。如說沒有，這一剎那就失去了無常相了。而且，這樣的前剎那與後剎那，有差別可說嗎？如說沒有，那就成爲常住，也就失去時間相了。如說有，那前與後不同，失去了關聯，也就成爲中斷了。所以一般思想（不離自性見）下的無常生滅，如作爲眞實去觀察，非落於斷見不可。如色等法是有實性的，那就以常無常觀察，應可以決定。而實常與無常都不可得，所以法性本空。佛說無常以遮常見，如執為實有，即違反佛意。所以說：『常與無常，俱是邪見』（Y．○四，頁九八～一○○）

釋印順仔細觀察的結果，認為若真的有無常的話，此「無常」會中斷，非落於斷見不可；無常不可能中斷，所以是常。這種觀點只是從宏觀來講，把無常的相續不斷說之為「常」，其實正是無常，不是佛法中常住不滅的常；釋印順把此「常」（無常）當作彼常（常住法）是把馮京當馬涼，牛頭兜馬嘴去了。

釋印順說：【若不能認取無常中的真常，那麼，無常、念念滅，只是斷滅論。】（Y．一四，頁一○五）其實，「無常中的真常」的正理，是說無常的蘊處界之中有真常的如來藏同時同處存在，以有真常如來藏故有現象界無常的相續不斷；而不是把無常的相續不斷當為常，其中的法義大不相同，不可混淆。釋印順認為常性不可得，可見他沒有探討到生命的實相，都是在蘊處界的生滅裡打轉；也就是只知道在有為法中討消息，而不知道佛法還有無為法，無為法講的就是如來藏不生不滅、不來不去之真常，所含藏自身和所含藏的種子同時又都是非常非無常之中道義理。無常中當然常性不可得，不可以如釋印順把滅相不滅當作常，已經滅了怎麼是常？這道理是說不通的。因爲有如來藏之常住而有蘊處界出生，才會有時間空間的顯現，釋印順否認如來藏之常而去分析研究時間到底是常或無常，此將永無正確答案；時間雖然一直會出現而說它爲常，但時間都在過去、現在、未來中流轉而不常；有人認爲「當下」不是常嗎？然而「所謂當下即非當下是名當下」，當下之一剎那，早成過去了，哪有當下可得？

釋印順說：「如執爲實有生滅無常，那就與佛的意趣不合，非落於斷見不可。」蘊處界生滅無常，故不可以執蘊處界爲實有，這是正確的，因爲三法印之一即是諸行無常；無常故，不可以說爲實有。但不可以說「如執爲實有生滅無常，那就與佛的意趣不合。」蘊處界的生滅無常現象如果不是「實有」，難道蘊處界是眞實常住而不生滅的嗎？難道說蘊處界不是生滅無常，才與佛的意趣相合嗎？這問題可大了，釋印順這種想法根本就與佛法相反，怎麼可能與佛的意趣相合？

釋印順質問：「前秒與後秒間，可以說無常嗎？」、「這一剎那，還有前後生滅相嗎？」假如前秒與後秒沒有生滅，那就不必分爲前、後秒。文學上的剎那是形容詞，一下子的意思，而佛經說一念有九十刹那，一刹那有九百生滅，可見得「刹那」是有前後生滅相的。

釋印順把生滅不斷的無常說成是法界常住的第八識如來藏之常，然後又把佛說的如來藏之非常非無常，移花接木說成是四大，眞的是偷天換日、李代桃僵；四大乃是從如來藏所生，沒有如來藏何來四大？如果四大是本來就有而且又能出生萬法，那麼法界實相就不是一個，而是四個了？更何況四大是物，物能生心嗎？這是違反中道只有一個的眞實正觀；四大的每一大都只有四分之一，不能代表整體的實相；縱使聚合爲一體時，也都是物而不是心，不可能出生有情的蘊處界，如何有中道可說？所以要說非常非無常的中道眞實正觀，唯有如來藏而不是四大。

釋印順在《寶積經講記》這樣認爲：「常是一邊，無常是一邊，不落兩邊，是中道正觀；世俗人不著於常即著無常，現在從眞實去觀察，了得常與無常都不可得。」（參見Y．○四，頁一○一）

既然常是一邊，無常是一邊，就不可以把兩邊合爲一邊而說：「常就是無常」，這與無常之「常」不能混爲一談。把蘊處界認之爲常，除了把相續不斷稱爲常之外，還有把大期無常（世界之成住壞空）稱爲常，這種「常」依然是無常，不同於如來藏之常；經文所說常與無常不可得，是說轉依於如來藏才有此中道觀，不是意識處於不分別的境界而有此中道觀；意識再怎麼不分別，祂本身就是生滅之法，就是無常，不可以把意識的無常強說爲常，意識是會消失的。最近新聞報導女孩子不要隨便吃人家的金莎巧克力，如果妳發覺醒來後無法記憶之前的二到四小時的事情，那妳有可能被下安眠藥了，應該趕快去醫院檢查看有沒有被性侵害。像這樣顯示意識會失去而一片空白的情況，可以證明意識肯定是無常而不是常。

眾生最愛的是自己的五陰，而對意識的貪愛最執著，不願捨離，誤以爲意識是永恆，所以對意識到底是常還是無常最關心；如果常與無常只在於時間或山河大地，那就不是有情切身的問題，不值得討論，更不值得放在佛法中討論。從這個觀點來看常與無常，就會發覺蘊處界的諸行無常才是正確的，把無常當作常只是方便說，譬如時間、山河大地乃至虛空說之爲常，都只是一時之有，其實都是無常。無常的相續不斷而說爲常，智者皆知本質仍舊是無常，這個爭議較少；至於說「常就是無常」那問題就大了，因爲牽涉到法界實相的問題，法界中的常就只有一個法，就是實相第八識如來藏；若把如來藏的常住說成無常，那眾生將永遠不會去尋找如來藏，就永遠無法獲得大乘見道，眞實的佛法就會變成想像的佛法，其過失非常大。釋印順之「常就是無常」，其目的無非在於否認如來藏之常；釋印順不相信有第七識、第八識（參見Y‧〇一，頁一〇九），所以他不相信有第八識之常住，沒有第八識之常，那麼意識之無常就是常了；然而這種思想是錯誤的，違反三法印之諸行無常。諸行是依蘊處界有情而說的，離開蘊處界有情即無諸行可說；諸行無妨在如來藏表面上生滅無常，而如來藏的中道義則是本來非常非無常，遠離兩邊。把意識當爲常就不可能無我，凡夫皆將以意識爲我故；把無常的意識計常、把無我的意識計我，不知意識無常即是苦，則將以苦計爲樂，以不淨計爲淨，有此四顚倒非唯不能證入如來藏智，連斷身見都不可能，釋印順因此而落入身見中，畢生只能當凡夫。

釋印順在《中觀論頌講記》中說：

但性空學者的意見，如無常有自性的，那就不成其爲無常了。因爲諸行是性空的諸行，所以無常性、無我性、無生性。佛說三法印，無不在性空中成立；說『無常是空初門』，解了諸行的無常，就能趣入性空了。但**有所得**的大乘學者，不知無性是自性空寂，想像有渾然無別的無性法，爲萬物的眞體。以無性法爲妙有的，反而忽略世諦的緣起假名，而以爲無端變化的一切法，不過是龜毛兔角。這是龍樹所破的方廣道人。撥無世諦的因果，**強化了無性法的真實**，根本沒有正見無性空義，不知無性的遮遣有性，而執爲表詮的實有無性。所以，破斥說：不但有性的實體不可得，就是「無性」的實有「法」體，也不可得。這因爲，「一切法空」中，實有的有性與無性，這一切戲論，都是不可得的。（Y．○二，頁二三○～二三一）

所謂性空學者即是如釋印順之人，竟然把無常當作有自性的，有自性當然就不成其爲無常了。

釋印順於《中觀論頌講記》說：【所以，苦諦是成立於無常的。如諸法決「定」有自「性」，無常義不得成立；「無」有「無常」，苦也就不得成了。】（Y．○二，頁四六九）顯然無常就是沒有自性的。三法印並不在性空中成立，因爲：性空是依生滅的蘊處界而說的，蘊處界則非無因唯緣生——不是單憑父母與四大爲藉緣就能無因出生，而是依常住的如來藏爲因，才能藉父母與四大爲緣而生，故說蘊處界的性空是依如來藏而說的；釋印順不知這個道理，怎能理解性空學的眞義？性空者認爲一切法空，一切法空是斷滅見，一切法空之中無三法印可得，也無緣起可得。無性空義講的是蘊處界萬法無自性之空義，不是沒有法體之空義；眞實如來藏是法體，有能生蘊處界……等萬法之空性，不是無性空，所以如來藏是常，不是無常；若說如來藏之常爲無常，則是佛門說法者最大的過失，令人永不見佛法的眞實義，應該愼之又愼！

釋印順在《攝大乘論講記》中說：

> 佛陀在其餘的經中，「有處說一切法」皆是「常」住的，「有處」又「說一切法皆是無常」，「有處」更「說一切法」是「非常非無常」的。這不同的說法，到底是「依何密意」而「說」的呢？（Y．〇九，頁二七九～二八〇）

釋印順不知道這個密意就是如來藏，從如來藏的立場來說常、無常、非常非無常：如來藏是常，如來藏所生之蘊處界無常，但因如來藏常住，將蘊處界攝歸如來藏，故其所生之法也是「常」；萬法從如來藏所生所顯，雖有生滅而相續不斷，但全部攝歸於如來藏，故說爲常；然一切法本身卻是有生有滅故說爲無常，如來藏雖生諸法而祂從沒出生過，諸法滅盡而祂不滅，故說非常非無常即是如來藏之中道義。若離開了中道之如來藏，則常、無常、非常非無常都將無法解釋清楚，因此釋印順否認第八識，對佛法就永遠無法清楚明白，成爲糊塗的愚癡人，這是他相信藏傳佛教密宗應成派假中觀六識論的悲哀。

釋印順在《中觀論頌講記》說：

在「一切法」的畢竟性「空」中，「世間」是「常」，是無常，亦常亦無常，非常非無常「等」的諸「見」，都是錯誤的。如悟人法空，或了解依法性空而假名建立的世間，知道一切緣起是無自性的，無自性的緣起世間，有什麼常、無常可說！也自然不會有此等邪見。依假名緣起，通達緣起法性空，性空不壞緣起。

（Y．〇二，頁五五三～五五四）

釋印順對常與無常、亦常亦無常、非常非無常的定義在這裡已經解釋得一塌糊塗了，他把蘊處界中有爲法的畢竟性空、一切法空、緣起無自性空用來解釋如來藏的中道義理，以生滅的有爲法去解釋不生滅的無爲法，解釋不通的結果變成「常、無常、亦常亦無常、非常非無常，都是錯誤的」，其實最大的錯誤是他把如來藏之常當作無常，結果使他的知見完全顚倒，整個佛法的勝妙法義都不見了。

其實釋印順應該再恭讀《佛說無常經》：

大地及日月，時至皆歸盡，未曾有一事，不被無常吞。……外事莊彩咸歸壞，內身衰變亦同然；唯有勝法不滅亡，諸有智人應善察。[1]

這部經大家都知道是講無常的道理，但也有講如來藏之常：因爲「唯有勝法不滅亡」，所以有常、無常、亦常亦無常、非常非無常等一切諸法，這才是有益眾生的眞實佛法。釋印順說「常就是無常」，他的本意其實是要說緣起的無常就是常，所以認爲緣起就是整個佛法的核心，但這種說法是錯誤的。常住法能包含無常法，無常法不能包含常住法；常與無常是兩個不相同的法，就如同生與死是不相同的；若要說沒有生與死，這就牽涉到如來藏的甚深法義，從如來藏的立場來說才沒有生與死；但現象界就一定有生有死，不是沒有生死。從常住的如來藏來說，沒有常與無常；但蘊處界的現象卻是眞的無常，不可以把有爲法的現象界用誤會的無爲法來胡亂解釋。佛法的實證及勝義極爲嚴謹，法界不離事實，所以不可以顚頇地說常就是無常。

1 《大正藏》冊一七，頁七四五。

## 一三 論釋印順的「成佛」說

中國人的文章從文言文改為白話文雖然變得比較淺顯了，但白話文可以寫得很通俗令人容易明白，也可以寫得很艱澀難懂，令人不知道他的意思到底是什麼？釋印順的《佛法概論》應該是白話文，但卻很難讀懂，故常被提出質疑；期望有自認為讀懂印順著作的人，出來解釋一下，也是功德一件。世間能寫概論者大多是博學之士，以能由博反約，精確解釋名相，濃縮內容，言簡意賅而言概論。如其不然，只是隨便拼湊大概而論一論，結果讀了之後更迷糊，還要再另外用他的文章來解釋他的概論，證明不是這個意思，那就只有「大概」一番而無「論」可言，枉為概論之名。釋印順的《佛法概論》就是屬於這種類型，如其不信，請看他的「成佛」怎麼說。釋印順在《佛法概論》中說「成佛」為：**【大乘法中說：菩薩初得無生法忍**——這雖是慈悲相應的，約智證空性說，**與聲聞平等，即可稱為得阿耨多羅三藐三菩提，可說成佛了。】**（Y．〇一，頁二六九）

既然說菩薩是初得無生法忍，可見還有後面未得的部分，初得怎麼可以說是成佛了？又主張「菩薩智證空性**與聲聞平等**（且不論兩者是否平等），**即可稱為得阿耨多羅三藐三菩提，可說成佛了**」。照釋印順這樣的說法，則聲聞階段也可說是成佛了？成佛是學佛人最終極的目標，何等偉大，但釋印順對成佛的概念好像沒有弄清楚，就寫了一本《佛法概論》，書中對成佛一事似乎漫不經心，唾手可得的樣子，所以才會說：【究竟圓滿的佛陀，不外乎淨化人性，擴展人的德能而達到恰好處。這才是即人成佛的佛陀，實現於人間的佛陀！】（Y‧〇一，頁二六九）

**什麼是「淨化人性」？**

**人性是什麼？**

**人性是骯髒**（惡）**的嗎？**

**為什麼會有骯髒的人性？**

**假如人性是中性的，那你要淨化什麼？**

這一連串的問題是值得思考的，因為與印順自己說的成佛之道內容息息相關，但印順對這些問題顯然漠不關心，只是自說自話；而且這些問題都是道德上的問題，不外乎人性善惡或不善不惡；對一般人來說，是永無確定答案的問題。人性的淨化無非就是道德的修養，然而道德的修養都還達不到阿羅漢的解脫境界，怎麼會是成佛？

佛法分為解脫道和佛菩提道，釋印順認為解脫道即是成佛，所以聲聞人修學的解脫道即是成佛法門，他說：【佛法是解脫成佛的法門，是難遇難聞的。】（Y．〇四，頁六六）但是同時他又說聲聞人無論如何修持，也不能成佛，自相矛盾：他發的是出離心，沒有悲願，但求自苦的解脫。這也決定了他，無論聲聞人所有「一切持戒」功德，「成就」甚深的「禪定」功德，熏修得怎麼好，也「終不能得坐於道（道是菩提的舊譯）場」，而「成無上道」。總之，聲聞人無論如何修持，也不能成佛。（Y．〇四，頁一五〇～一五一）

像這種重要的地方，釋印順卻用模稜兩可來解說，令人一頭霧水，豈能稱為「概論」？連「漫談」都談不上。佛法乃是眞實可證之法，一點都不含糊，釋印順說：「總之，聲聞人無論如何修持，也不能成佛。」這種說法是錯誤的，聲聞人只要迴小向大走進菩薩道就可以成佛；聲聞法的修學是成佛過程的一個階段，聲聞法的實證不是成佛，但聲聞人非不能成佛；釋印順連這麼簡單的佛法都講不清楚眞是令人遺憾，而且誤人子弟。

釋印順認爲聲聞人所證的無餘涅槃解脫即是成佛，這是他對三乘菩提沒有搞清楚的亂說法。二乘法即是解脫道，極果就是阿羅漢入涅槃。但涅槃有四種，阿羅漢只證其中二種，入無餘涅槃稱爲解脫果；大乘菩薩道實證的是本來自性清淨涅槃，依此進修到佛果才有無住處涅槃——這個才是成佛。因此說涅槃解脫乃是阿羅漢的入無餘涅槃境界，還未成佛，因爲還有無量的習氣種子未除。

釋印順在《以佛法研究佛法》中說：

佛法有二大問題：一是生死輪迴問題，二是涅槃解脫（成佛）問題。一切佛法，可說都是在這二大問題上作反復說明。如佛法而不講這二大問題，那就是變了質的佛法。生死輪迴與涅槃解脫，並非佛教特創的教義，印度其他一般宗教中，十之八、九也都講到這個問題。但佛教與印度一般宗教所講的有所不同，那便是三法印。三法印的諸行無常、諸法無我、涅槃寂靜，是用來印定佛法的準繩，凡與這三法印相契合的，才是佛法。所以生死輪迴與涅槃解脫，均須與三法印相合，這樣的生死輪迴才是佛法的生死輪迴，涅槃還滅才是佛法的涅槃還滅。如果與這三法印不相契應，則所謂生死輪迴與涅槃還滅，都是外道的，非佛法的。（Y．〇七，頁三〇六～三〇七）

釋印順誤以爲三法印中的涅槃寂靜就是阿羅漢的涅槃解脫，但涅槃兩字一樣，意義卻不一樣，不可以混爲一譚。就像外道也說涅槃解脫，但其實外道沒有涅槃也沒有解脫；同理，阿羅漢的涅槃也不等同於諸佛的涅槃。「涅槃解脫」這個名詞不是佛教特創，但是眞正涅槃解脫的教義卻是佛教獨有，外道空有涅槃解脫之名而無其實質，因此釋印順不能說：「**生死輪迴與涅槃解脫，並非佛教特創的教義。**」佛陀出現在人間之前的外道也有許多人自稱阿羅漢，但只有佛陀所說的阿羅漢才是眞正的阿羅漢，所以佛教是有特創的教義；不然佛未出來說法之前，印度外道也都說他們是阿羅漢，但終究沒有一個是 佛所說的阿羅漢，因爲外道的阿羅漢都不能證涅槃而解脫生死，所以不是眞正的阿羅漢。如此看來，佛教教義不同於外道教義，當然佛教有特創的教義，而且佛教的教義才是正確的。

二乘證涅槃並非成佛，釋印順在他的《勝鬘經講記》也說：【二乘證涅槃，

自以爲究竟了，其實沒有成佛以前都是不究竟的，所以否定他；二乘非眞實，佛乘是眞實，會歸於一乘。】（Y．○三，頁一二一）

這是因爲經文俱在，由不得他亂講，所以他才會說「**二乘非真實，佛乘是真實**」。二乘爲什麼非眞實？阿羅漢都是人天應供，三明六通的阿羅漢怎麼非眞實？原來這是說阿羅漢尚未成佛，成佛才叫眞實，未成佛即是「非眞實」。

至於探討到是怎樣成佛的？那就六度、十度萬行廣說不盡，不是如釋印順所說的 佛是見到緣起法的本性而成佛的，他在《中觀論頌講記》中說：

見緣起法無自性空，就是眞的見到緣起法的本性。緣起法，廣一點，一切法都是因緣生法；扼要一點，是指有情生死的因果律。緣起律，就是無明緣行，行緣識，………純大苦聚集。十二緣起法，不出惑業苦。由煩惱造業，由業感果，果報現前又起煩惱、造業，這樣如環無端的緣起苦輪，就常運不息了。緣起法，即顯示此緣生法因果間的必然理則。由此深究緣起法的本性，一切是無自性的空寂。無自性的畢竟空性，是諸法的勝義，佛是見到緣起法的本性而成佛的。

（Y．○二，頁四八○～四八一）

「**緣起法無自性空**」講的是蘊處界一切萬法都是因緣生、因緣滅，沒有自性，釋印順認爲此「**無自性**」就是緣起法的本性，而「**佛是見到緣起法的本性而成佛的**」；這樣的說法並不正確，因爲沒有見到因緣法的本源。因緣法是第八識如來藏藉眾緣之生滅而有，這個如來藏才是緣起法的本性，不可以說「**緣起法無自性空**」是緣起法的本性。須知緣起法是從如來藏所生而有此緣起法，緣起法不是憑空而有的，它一定要有如來藏這個「**因**」，然後藉眾緣和合而有，印順其人的生死流轉亦不能自外於他的如來藏。

一切眾生都有如來藏，而此如來藏具有能使人成佛之體性，因有此成佛之性而說一切眾生可以成佛。所謂一切眾生皆是佛，就是在講這個成佛之性，所以說眾生是未來佛。喇嘛教自以爲可以即身成佛，但一千多年來從祖師爺蓮花生到現在沒有一個人成佛；喇嘛教自稱密宗可以化虹光身成佛，只是爲了炫耀，爲何不化爲極光更有動感可以在天空炫耀？這叫作妄想佛。眞正成佛已經有 佛陀示現——就是八相成道正等正覺，其他都是方便說，不是眞正成佛；不然釋印順的弟子潘煊寫的《印順導師傳——看見佛陀在人間》，人家阿諛他稱之爲「看見佛陀在人間」，那釋印順豈非也成佛了？但是印順到捨壽之前，都是默認而不澄清「自己沒有成佛」。

平實導師說：

> 所以並非獲得解脫果就能稱爲成佛，但印順的成佛之道說，只要證得阿羅漢的解脫果，然後發願永不入無餘涅槃，世世廣度眾生，這樣就可以成佛，眞是胡說。因爲成佛之時，連世界是由誰造的，都得要了知。而世界由眾生的如來藏共同創造的事情，卻只有菩薩隨 佛修學以後才能證知的，不是阿羅漢們所能了知的。[1]

我們從釋印順的《佛法概論》中看不到成佛的眞實定義，凡夫位的學人雖然尚未成聲聞阿羅漢，但可以知道什麼叫作阿羅漢；雖然尚未成佛，但從經論可以知道什麼叫作成佛；乃至可以知道要怎樣修學佛法才能成佛，這種書才能稱爲佛法概論；否則寫的人一派胡言，讀他的書的人跟著盲修瞎練，那就是「**盲人騎瞎馬，夜半臨深池**」，法身慧命不跌死也難！

成佛的唯一方法就是成就一切種智以及百劫修相好等無量福德功德，這是唯一的成佛之道。可是釋印順把一切種智的根源—第八識如來藏—加以否定了以後，對一切種智與道種智的修證就成為永無可能了。欲成佛道者，須證佛菩提道及解脫道；證解脫道者，在於斷除我見及我執等煩惱而得成辦。證佛菩提道者，在於證得第八識如來藏，因此而起般若總相智；復由此般若之總相智，進修般若之別相智；由通達般若之別相智故，即可據以進修一切種智；未具足一切種智之前，名為道種智，即是地上菩薩之般若慧；若得圓滿具足般若之一切種智，即成究竟佛道。如是能得「法、報、化」三身具足圓滿，如是進修次第之內涵，方是眞正成佛之道。釋印順說阿羅漢就是成佛，然阿羅漢只是解脫道之極果，還未進入菩薩道的聞修之中；必須迴小向大，邁向佛菩提道才能成佛。

平實導師《大乘無我觀》〈自序〉云：

成佛之道，唯在大乘；二乘菩提無之，二乘聖人不知。二乘菩提唯在蘊處界之觀行上著眼，實修之法，則是四聖諦、八正道、十二因緣法。此等佛法之觀行，則是以四念處為主。然而 世尊在二乘菩提中，已經密意隱說法界之實相，密意隱說無餘涅槃之實際，唯是二乘有學無學諸聖不能了知，故不知爾。逮至迴心大乘時，世尊方令證知，故成大乘法中之大菩薩也。然至法末之季，成佛之道，已然失傳，諸方大師悉已無能知之。若如印順法師著作《成佛之道》一書者，所說之法，實與成佛之道完全無關，完全背離，唯是西藏密宗黃教所傳之應成派中觀爾，本質正是外道斷見之無因論邪見，完全是臆想之戲論，完全悖於成佛之道。

成佛之道者，其中心思想乃是一切種智之修證；一切種智之修證者，唯在法界萬法之根本心——第八識實相心蘊含一切種子之智慧。世間及出世間之一切法，都因有情之根本心如來藏體，以及藏識中所蘊藏之無量無數種子，故生五陰、十二處、十八界法，再由此十八界法與如來藏中所含藏之無數種子，輾轉而生十法界一切凡聖萬法；由此十法界一切凡聖萬法，故顯出種種出世間之無爲法。由是緣故，說法界之實相，即是眾生本具之自心如來藏——凡夫位中名之爲阿賴耶識。

此阿賴耶識，即是中國禪宗證悟者所悟得之第八識眞如。然而自古以來，禪宗門中，一向皆有初悟之人，尚未解知成佛之道，隨於錯悟、淺悟之人不實言說，墮於狂禪之中，人云亦云，每言「開悟即是已成究竟佛」，於經中所載已經證悟之**諸大菩薩悟已而未成佛**之事實，不知檢點，不知探究其故，遂有種種違背佛語之言說，誤導當時及末法今時之學佛人。[2]

二乘菩提的解脫道就已經很難了知了，何況要弘揚大乘成佛之道？不信看看釋印順的《佛法概論》或《成佛之道》乃至全部《妙雲集》、《華雨集》等書，有沒有教人如何達成阿羅漢的？可以說連門都沒有。有人說「**這樣說未免太苛求**了」，然而一點也不苛求，只是談證初果要怎樣證三縛結中的「**斷我見**」，釋印順也都沒有談及，更不用談證阿羅漢果；所以說釋印順雖然寫了一大堆書，著作等身，卻連阿羅漢解脫道的門都沒有摸到，那成佛就更不可能了。

大乘了義的佛法很難弘揚的，難以弘揚的原因是因爲大乘般若的修證非常困難，不像二乘法那麼「**容易**」，光是大乘見道就已經很困難了，悟後起修的「**成佛修道次第**」的內涵更難以了知，更別說成佛了。所以成佛不是釋印順所說的那麼容易，釋印順也許看到密宗喇嘛教自稱可以即身成佛，所以認爲成佛也不是太難的事，因此當人家捧他爲「**看見佛陀在人間**」時，他也不反對；他不知道藏傳佛教是喇嘛教，喇嘛教所謂的成佛根本不是佛教無上正等正覺的佛，所以喇嘛教不是佛教。釋印順若眞的是佛陀生在人間，怎麼連成佛之道都說不明白、講不清楚？可見成佛是非常不簡單，極其崇高偉大的事，所以時間需要三大阿僧祇劫。雖然需要這麼長的時間才能成就，菩薩卻不會嫌太長，因爲要斷盡塵沙惑是必須長時間的；也因爲困難，愈顯佛的偉大！

1 平實導師著，《阿含正義》第二輯，正智出版社，二〇一六年十一月初版七刷。

2 平實導師著，《大乘無我觀》〈自序〉，佛教正覺同修會，二〇一六年十一月初版十七刷。

## 一四 論釋印順之「意根」

談意根，最好不要跟釋印順扯在一起，因爲他既不知意根，又不相信有意根，你要如何跟他談？也不要說跟印順法師談意根是對牛彈琴，聽養牛的人說「對牛彈琴，牛奶也許會多一點」，並不是全然無效果；對一個說他不相信有第七識、第八識的人（參見Y．○一，頁一○九），你跟他談第七識意根是沒有用的。既如此，筆者爲何又要談釋印順之意根說？其目的在釋印順的邪見很多，而他對意根的看法只是其中之一；所要說的是釋印順儘管否認有意根，但他既然要講佛法就不能不談到意根，他想甩也甩不掉。

第七識即末那識，又叫作意根。

釋印順說：【那裡會有七識、八識？】（Y．○一，頁一○九）

假如釋印順相信意根就是大腦的微細物質（不管叫大腦皮質、腦神經或任何微細物質），那印順有沒有大腦的微細物質？當然有啊！那印順能夠說沒有第七識意根嗎？但是意根依舊不是腦神經等啊！

假如釋印順相信意根就是心，就是精神（參見Y．〇一，頁一〇六），那麼印順有沒有心？有沒有精神？當然有啊！那印順能夠說沒有第七識嗎？

所以印順說沒有第七識，是因爲他不如實理解佛教經典的緣故。但意根明明記載於三乘法教的經典中，因此我說他想甩也甩不掉。意根明明是他自己本有的東西，每天、每時、每分、每秒、每一刹那都在用的東西，竟然睜眼說瞎話——「**那裡有第七識？**」有眼球的瞎子都不敢說他沒有眼睛，他只是沒有眼識能見物的功能罷了。

那爲甚麼凡夫都只知道有意識，不知有意根？因爲意識可以反觀自己，而意根不能反觀，所以不知道有意根。

意根的體性「**如刀不自割**」，再鋒利的刀子都無法切割它自己，就像最高級的相機都只能拍攝外面，不能拍攝自己。就像眼睛不能看到自己的眼睛，只能看外境。有人說拿鏡子來不是就能看到自己的眼睛嗎？其實不能，因爲鏡中的眼睛只是影像而已，並不是眞實的眼睛；你能看到我的眼睛，但沒辦法看見自己的眼睛。

這樣看來意根確實是甚深極甚深之法，不是凡夫輕易所能了知的；印順乃是凡夫，不懂意根是正常的。凡人不懂意根，不需太責怪，問題的重點是「不要毀謗」。

對於意根是什麼，有兩派說法（如果你要把釋印順再算進來，那就有三派）。

第一派的人認爲意根就是有形色之可見的色法，於是認爲意根就是腦神經之類的東西，或直接認爲祂是大腦。

第二派的人認爲意根是心法，推想爲潛意識之類的東西。

有人兩邊都押注，但兩邊都輸。

因爲他們把意識的細分當作意根，印順也屬於兩邊都輸的人。雖然釋印順一方面講意根是精神，一方面根據推測而「據實說」意根是腦神經，是物質和精神的根源（參見Y．〇六，頁一八九～一九〇），但他又全部否認說「那有七識、八識？」所以否認意根的第三派難脫謗法的嫌疑，有智慧的聰明人應該以「知之爲知之，不知爲不知」而回答「不知道」，不應說「沒有意根」。

假如意根是大腦，不管他是腦神經還是腦皮質之類的東西，死後火化成骨灰，還有沒有這些東西存在？沒有！但聖教量、證量和比量，都證明意根是貫通三世而不毀壞的心，所以意根不是有形之物質。

網路上有人說：意根是大腦，用過即丟，不管祂死後還有沒有。那這些人爲甚麼對意識心死抱著不放，以爲意識才是永恆不滅的？依意根爲緣而生的意識若是常住法，被意識所依的意根怎可能成爲死後即壞的生滅法？這都是根、識分不清楚的人所說的夢話，沒有意根哪裡會有意識？

入四禪定或非想非非想定中，或生無色界天中都還有六七八識；例如非想非非想天，無色身而且意識的反觀都不生起了，其實還有意識存在，只是沒有反觀而已；不僅如此，還有第八識、第七識存在，所以第七識意根是心。即使住在無想定中，意識及前五識都已經斷滅了，色身還是不會爛壞，也證明一定還有意識所依的意根存在，否則斷滅成爲空無的意識覺知心，如何能無中生有而又重新出現？所以意根不是腦神經。如果是腦神經，當意識斷滅而無意根及眞如心阿賴耶識存在時，腦神經不免立即開始爛壞，怎能又使意識無中生有而又出定？這已證明意根不是腦神經，是心，故名第七識。

有人問：「心只有一個，怎麼是八個或三個？」

**識**就是了別，八個識方便稱爲八個心，在大乘法中講的「心、意、識」，就是第八識（阿賴耶識）、第七識（意根末那）、第六識（意識）。若要講一個心那就是阿賴耶識而不是意識。這個能知能覺的心是前六識：眼、耳、鼻、舌、身、意等六識。那個處處作主的心則是第七識——末那識，處處作主的心又叫作意根，是十八界法裡的六根之一，在唯識系列的經典中，稱之爲「**恒審思量**」的末那識。眾生一直都以爲：我們能見、能聞、能知、能覺的心（六識心），祂是眞實的。其實不然，你每天晚上睡著了，祂就斷了，祂要靠另外一個本來就不了知六塵的如來藏眞如心，以及似有知似無知的意根，才能讓這個能見聞覺知的心重新再現起。你這個能知覺的意識心，既然眠熟時就間斷了、不在了，那就是「無」——沒有；不存在的無法，怎麼可能明天早上自己又生出來了呢？那不就變成無中生有了嗎？一定要有個能生祂的法持續不斷，意識才能在第二天早上再生出來而出現知覺性，所以覺醒過來又有意識覺知。這個被生出來的見聞覺知的心，就是在攝取六塵的現象中現行的意識心；一般人沒有深入去觀察時，總以爲意識是眞實有的法，可是祂並不眞實，猶如陽燄晃動一樣。凡夫分不清楚根與識，也不知道心、意、識就是第八識（阿賴耶識）、第七識（意根末那）、第六識（意識）；但佛法一定是八識和合運作，認爲人只有六識則是外道邪見者。

心、意、識，有三說：

一、**謂集起名心、思量名意、了別名識**。

《大乘理趣六波羅蜜多經》卷十：【藏識恒不斷，末那計爲我，集起說爲心，思量性名意，了別義爲識，是故說唯心。】[1]

《成唯識論》卷五：【薄伽梵處處經中說心意識三種別義。集起名心、思量名意、了別名識，是三別義。如是三義雖通八識，而隨勝顯第八名心，集諸法種起諸法故；第七名意，緣藏識等恒審思量爲我等故；餘六名識。】[2]

《大方廣佛華嚴經》卷六：【善男子！諸業虛妄。積集名心，末那思量，意識分別，眼等五識了境不同。】[3]

《阿毘達磨俱舍論》卷四：【集起故名心，思量故名意，了別故名識。復有釋言：淨不淨界種種差別故名爲心，即此爲他作所依止故名爲意，作能依止故名爲識。故心意識三名所詮，義雖有異而體是一。】[4]

這是以第八識眞如心名爲心（集起），思量的末那第七識爲意根，了別的第六意識爲識。

二、二乘法中有人謂過去名意、未來名心、現在名識。

《阿毘達磨大毘婆沙論》卷七十二：【過去名意、未來名心、現在名識故，復次施設亦有差別，謂界中施設心、處中施設意、蘊中施設識故。】[5]

《五事毘婆沙論》卷二：【過去名意，未來名心，現在名識。】[6]

《俱舍論記》卷二：【故論云：過去名意，未來名心，現在名識。】[7]

但是這種主張是有過失的，如平實導師在《阿含正義》第五輯有開示正理，今舉兩段說明：【現在世的意識，卻都被命名爲識，這是阿含道的造論阿羅漢們所有的共識，一向都沒有異議……。】[8] 所以「現在名識」這是沒有問題；但是若說「過去名意，未來名心」，那就是有過失，如平實導師說：【過去意識已滅而不復存有作意，竟可名之爲意；未來意識將會有意在，而竟名之爲心、不名爲意，是有過失的。】[8]

三、現在名識，過去名心，未來名意。

《眞假開悟》：【阿含部之二乘經中所說「**離心、意、識**」之心意識者，皆是指同一意識心，無關第七、八識。二乘法中所謂之意識心有此三名：「**現在名識，過去名心，未來名意**。」】9〔編案：對於「心、意、識」相關的議題，平實導師在《阿含正義》第五輯，第九章的第十節，有詳細論述，筆者此處不詳細說明，請讀者自行請購拜讀。〕

從這三種來說，唯有第一種是講六、七、八識，餘二都只講意識這個心，無法探討到意根。有的人更荒唐，自己隨意斷句而變成「**心．意識**」，三個只剩二個，要講意識也弄不清楚。台灣原始佛教協會有網友認為：

一、北傳承認意根是心法，為「**指非色，不可見，無對，心法**」。

二、南傳則認為意根是色法，為「**指色，不可見，有對，色法**」。（參見T．一四「意根是色是心？」）

有筆名「**正見向**」的作者認為意與根相連則為有情的色法，因此意根當屬有情的色法系列已無疑，根是器官，是腦或心臟（據說心臟也會思考）並不重要。

這些異說紛紜，困擾著學佛人修學正確的佛法，有如瞎子摸象，各說各話。其實眞理只有一個，六、七、八識和合運作就像一杯咖啡，裡面有糖有水有咖啡，不是只有咖啡。把心、意、識當爲一個心就只能說是意識，然而意識卻是緣起的、生滅的，那就不是意根的體性；意根是恆審思量，恆就是永恆不斷滅，除非入無餘涅槃，否則滅不了祂；而能出生意根的眞心如來藏這個第八識就眞實永恆了，就算你集十方諸佛的威德力也滅不了任何一位眾生的如來藏。

意根不是虛妄的名相，祂是可以眞實體會的，不是誤會北傳佛法的某些人說的「**無對**」。〔編案：《阿含經》中開示：意根「**非色，不可見、無對**」，意指凡夫無法察覺了知意根的存在，聖者則是親證而能現觀意根的；平實導師在《阿含正義》第一輯中有詳細論述，請讀者自行請閱拜讀。〕

平實導師說：

如果人家主張沒有末那識，你就告訴他：「佛說末那識就是處處思量作主的心，是恆審思量的心，請問：你會不會作主？顯然你會！既然會作主！那就有意根末那識嘛！那如果沒有末那識，請問：十八界是不是要滅掉一界？」這樣，問題就解決了。[10]

有人以爲意根——末那識即是一念無明（如月溪法師），這是錯誤的認知，是錯把佛法的名相自己亂逗一場。《正法眼藏——護法集》云：

……末那識不是一念無明。一念無明是阿賴耶識從無始劫以來累積留存下來之見一處住地、欲愛住地、色愛住地，有愛住地四種煩惱的總稱。這四種煩惱能生一切起煩惱，所以沒有斷盡一念無明的人，時時會產生妄想妄念。這妄想妄念就是起煩惱，明心見性的人，已經斷除見一處住地煩惱和一部分的無明住地煩惱，所以妄想妄念比一般人少。悟後精進修行的人，欲愛、色愛、有愛等三種住地煩惱漸漸淡薄，所以妄想妄念又比初悟的人少。修到完全沒有欲愛、色愛、有愛住地煩惱的時候，就是斷盡一念無明，稱爲菩薩阿羅漢。聲聞阿羅漢斷盡一念無明而不破無始無明，菩薩阿羅漢斷盡一念無明，也分破無始無明。如果曾經詳細閱讀《勝鬘經、大寶積經、大集經、楞伽經、瑜伽師地論、成唯識論》便會知道末那識不是一念無明，此師顯然不明白上述經典之意旨，佛子應明辨之，勿受其誤導。[11]

意根就是眾生所說的我，平實導師在《甘露法雨》中有精闢解說：

念頭（沒有語言文字的妄念）爲什麼會出現？其實是由意根的攀緣執著而出現的；意根—末那識—無始以來就具有的遍計所執性，祂從無始以來就不斷地在執取一切法；這個不斷在執取的，就是你自己。我們且先不說這個不斷在執取的你，先來說一說大家所知道的自我——意識；大家都沒有眞的認識意識，老以爲意識就是自己；所以往往以這個能知能覺的見聞覺知心爲自己，將意根的自己以爲是不可知的心。有的人更荒唐，以爲意根是大腦；如果意根是大腦的話，那麼應該每一對父母都會看到嬰兒帶著大腦來入母胎，可是明明每一對父母都不曾看到有什麼大腦來入胎啊！意根是心，不是有色根；佛說人死之後，意根帶著前世名色所緣的識，來入母胎；這個意根，就是處處作主思量的你；意識只是被你所運用的心而已。但是眾生不瞭解，往往將見聞覺知的意識誤認爲自己，反而將眞正的自己給忽略了，其實意根—處處作主恆審思量的心—才是眞正的你自己，才是凡夫眾生我見的我；可惜的是不但眾生都不知道，甚至連正在學佛的佛子們也不知道，乃至連佛學大師的印順法師都跟著誤會了。

那麼外面學佛的人聽了我這個說法，可能就會向我抗議：「你說意根末那識就是眞正的眾生我，可是當我睡著無夢的時候，明明沒我存在，我明明消失了。如果我還在的話，而這個意根的我是會作主的，那我正在睡著無夢的境界中時，應該就會知道有我存在啊！可是這個處處作主的我，睡著以後明明消失了啊！」如果你也像他們那樣想的話，那你可就大錯特錯了。因爲意根不像意識能返觀自己，意根是不返觀自己的；從狹義的種智來說，祂沒有證自證分（從更微細深入的種智來說，祂也是有證自證分的；但這不是初悟菩薩的般若慧所能知之），因爲沒有證自證分，所以祂不能返觀自己，所以當祂仍然存在、仍然在不停地運作時，祂不知自己是存在的；因爲沒有這個證自證分，所以你在睡著無夢時，意識的證自證分消失了以後，沒有意識的證自證分來證知自己仍然存在，就不知道自己仍然存在；但是，眾生睡著了以後，末那的自己其實是仍然存在的，只是祂因爲沒有證自證分——返觀自己的能力，所以就不知道自己其實是存在於當下的，醒來以後就以爲能見聞覺知的意識才是眞正的自己，而不知道意識因爲睡著而斷滅以後，仍然還有處處作主的末那存在。所以眾生往往要等到醒來之後，才又感覺到有自己的存在——因爲意識重新現行後，就又有證自證分來自覺存在了。[12]

釋印順若知道能處處作主的心就是末那識，他就不應該否認第七識意根，因爲他不可能沒有意根。當他否認有第七識、第八識的時候，心中的意識應該明白這樣的說法錯了，因爲他知道 平實導師的說法才是正確的；可是他的意根卻決定死不認錯，覺得認錯的話，那我印順就沒面子了。「我印順的面子必須維持」就是釋印順的意根在作主而決定的，怎麼可以說沒有意根？譬如數學老師教你一個數學題目，然後問你說：「你知道了沒？」你就回答：「知道了。」「知」就是分別，所以已「知」就是意識已分別完成。清清楚楚明明白白的是意識，再加上處處作主是遍計所執性的意根；這就是依他起性再加上遍計所執性的我見、我執。輪迴於三界生死最重要的根源就是「我見、我執」，若不能斷除，那你就永遠輪迴生死，因爲這就是常見外道所執著的「常不壞我」。知見正確了，修行才不會盲修瞎練。

1 《大正藏》冊八，頁九一一。
2 《大正藏》冊三一，頁二四。
3 《大正藏》冊一〇，頁六八八。
4 《大正藏》冊二九，頁二一。
5 《大正藏》冊二七，頁三七一。
6 《大正藏》冊二八，頁九九三。
7 《大正藏》冊四一，頁五四。
8 平實導師著，《阿含正義》第五輯，正智出版社，二〇一七年八月初版六刷。
9 平實導師著，《眞假開悟》，佛教正覺同修會，二〇一一年四月初版四刷。
10 平實導師著，《大乘無我觀》，佛教正覺同修會，二〇一六年十一月初版十七刷。
11 平實導師著，《正法眼藏——護法集》，佛教正覺同修會，二〇一二年十二月二版五刷。
12 平實導師著，《甘露法雨》，佛教正覺同修會，二〇一七年二月初版十七刷。

# 一五　論釋印順說「僧團為佛法久住的唯一要素」

釋印順對佛法的講解及著作等身，洋洋大觀寫了一大堆，但他常常只說一半，另外更重要的一半卻不見了；如講成佛之道應該是二乘菩提解脫道與菩薩乘佛菩提道等三乘菩提都說，才是圓滿的成佛之道，不能只講到聲聞阿羅漢解脫道，再上去的佛菩提道就沒有了，而妄說阿羅漢就是成佛。另外，佛陀、達磨、僧團為三寶，正法的久住要三寶等觀，並不是只有僧團為唯一要素；而且這個僧團不是只有指出家僧人，也有示現在家相之菩薩僧；最重要的則是此僧團必須有正法，否則光有僧團而無正法，徒有佛教表相，不能說是佛法久住的唯一要素。釋印順說【僧團為佛法久住的唯一要素】（Y．○一，頁二一）而排除了佛寶與法寶，但對什麼樣的僧團才能成為佛法久住的唯一要素，他卻沒有說清楚，所說的內容不完善，像這種說法只能稱為半截佛法，有失圓滿而將完整的三寶加以割裂，符合他對法寶闡釋的一向作法。

釋印順說：【從達磨而有釋尊的自證化他，因佛陀的化他而有僧伽的內修外弘，釋尊時代的三寶住世，是人間佛教的本源……。】（Y・〇一，頁二九）釋印順在此指出先有達磨（法）的存在，然後才有 釋尊的自證成佛及度眾生，因度眾生而有僧伽的內修外弘。世俗凡夫這樣想也沒錯，以法爲尊，令人敬仰，想要修學佛法就會跟 佛學，佛陀圓寂了就跟僧人學習；但是若無 佛陀則不會有佛法弘傳於人間，更不會有佛教僧伽存在；因此若問三寶哪個重要？當然誰都同樣重要，要等量齊觀，如鼎三腳，缺一不可；然其中 佛爲法主，法是從 佛而來的，佛不單是代表法，其實 佛即是法；佛不是代表僧，其實 佛即是僧，所以理上來講三者沒有差別。若 佛出世，若 佛未出世，諸法依然在，這也沒錯；但是 佛若未出世爲眾生開示而打破無明，那麼世間就沒有佛法可說。佛未出世時，印度也有修行人，雖然不少外道自稱成佛、成阿羅漢，但本質都只有人天善法，沒有得解脫果的阿羅漢，更無法修菩薩道而成佛；所以法主非常重要，可以說沒有 釋迦佛就沒有娑婆世間的佛法。

事相上佛法的久住需要有僧伽的護持，這也沒錯，但本文要談的是：若佛教僧伽中已沒有正法存在，那僧團頂多只能護持佛教的表相，實質上並沒有正法久住。沒有正法的佛教也只能稱為半截佛教，釋印順喜愛半截佛法與這種半截佛教，正法行者卻不敢苟同！

**何謂正法**？大家都自稱所學為正法，沒有人會自稱所學為邪法，就算學邪法的人他也不想被人看出他是心術不正的壞人，所以他也會說學的是「正法」。然而大部分的人都不知道什麼是正法、正法在哪裡？所以經常是學了邪法而不自知。若照星雲「大師」的「法語」說：【**什麼是正法？我們要如何修持正法？人與人之間有人道，人道就是正法。世上的忠孝、慈悲、信義，這些倫理道德都是正法。我們想在社會上求財，不能用邪法、外道，要用求財正法。此外，在感情上、人情上，不論什麼道，也都有其正法。**】（T．〇二星雲大師「如何修持正法？」）如果他說的這些也是佛教的正法，那您大概也不必學佛了，這些道理只要去跟孔夫子學就足夠了，何必學佛？但是您也不能說這些不是正法，而是跟佛教所說的正法相差十萬八千里，只是人天善法中的正法。盧勝彥則更狂妄，他說他已經成佛了，他成佛才是正法，其他菩薩、阿羅漢都是邪法。所以他自己叫作「**眞佛宗**」，似乎唯有他是眞佛，其他全是假佛了？盧勝彥若是佛的話，那他這個「佛」的腦筋有問題：諸佛都是眞的才對呀！假佛怎麼可以叫作佛？只有喇嘛教可以騙人即身成佛而說他是佛，所以盧勝彥才會去當喇嘛而說他已經成佛。但這種喇嘛自大妄稱的佛，根本不是佛教之佛，因爲喇嘛教沒有佛教正法，不可能成就眞正究竟圓滿的佛。

四念處是正法，八正道、三十七道品……等都是正法，但爲何經典又說正法五百年，像法末法幾千年；像法末法時期沒有四念處八正道嗎？可見除了四念處等法之外還有一個什麼標準來判斷何謂正法？

《大方等大集經》卷五十五〈月藏分第十二 分布閻浮提品 第十七〉：

爾時 世尊告月藏菩薩摩訶薩言：了知清淨士！若我住世，諸聲聞眾戒具足、捨具足、聞具足、定具足、慧具足、解脫具足、解脫知見具足，我之正法熾然在世，乃至一切諸天人等，亦能顯現平等正法；於我滅後五百年中，諸比丘等猶於我法解脫堅固；次五百年，我之正法禪定三昧得住堅固；次五百年，讀誦多聞得住堅固；次五百年，於我法中多造塔寺得住堅固；次五百年，於我法中鬪諍言訟、白法隱沒損減堅固；了知清淨士！從是以後於我法中，雖復剃除鬚髮身著袈裟，毀破禁戒行不如法，假名比丘。1

佛入滅後一千年，本應爲正法時期，但因女人於佛法中出家，減爲五百年；像法時期一千年；過一千五百年後，進入末法時期。從一千五百年開始，佛門中由於多數人沒有實證，開始對少數實證者鬥爭，妄說實證者所弘揚的法義錯誤，開始否定大乘第八識正法；現在已是 佛入滅後二千五百餘年，正是末法時期，已不只是對實證的正法毀謗，出家人已經如 佛預記一樣：「雖復剃除鬚髮身著袈裟，毀破禁戒行不如法」，已經成爲「假名比丘」了，正是不依如來藏正法妙義而轉修密宗的無上瑜伽雙身法的寫照。

從經文可知 佛住世時及「戒、捨、聞、定、慧、解脫、解脫知見」等七者皆具足時名爲正法時期，只有五百年；但像法末法的期間只要有七者具足還是有正法，只因爲佛門出家人的根器變差了，這七法不能普遍存在多數出家人身上，那就是像法末法時期了。這時如果還要以凡夫僧團的存在作爲正法久住的依靠，眞的不切實際；反而應該以正法的本質是否如實存在，來確定正法是否可以久住，才是正確的觀念。

我們從《勝鬘經》〈十受章 第二〉可以更明確的知道什麼叫正法：

世尊！我從今日乃至菩提，攝受正法終不忘失；何以故？忘失法者則忘大乘，忘大乘者則忘波羅蜜，忘波羅蜜者則不欲大乘；若菩薩不決定大乘者，則不能得攝受正法欲、隨所樂入，永不堪任越凡夫地……。[2]

佛教中的正法就是以如來藏爲核心的大乘法，不是二乘菩提解脫道小法；唯有大乘佛菩提道才能成佛，而大乘法就包含二乘解脫道乃至天道、人道；可是若只講人道、天道乃至二乘解脫道而無大乘佛菩提道，則不能叫作佛教的正法，最多只能說是羅漢教的正法，因爲沒有佛教的實質；若如藏傳佛教說它也是大乘，但卻否認如來藏，則不是正法；或如密宗紅教說它也有如來藏，但它的如來藏則是自立的「第八意識」，而不是如來藏，這也不是正法。這些正知見如果確立了，而僧團也確實有第八識如來藏妙理的實證與弘揚，再來說僧團爲佛教正法久住的唯一要素，才沒有過失，而這時僧的定義還要包括出家而不現聲聞相的菩薩僧眾和在家的菩薩僧眾〔編案：指已明心的在家菩薩，攝屬勝義僧故〕才圓滿。假如捨棄在家、出家菩薩僧這一部分而說僧團，乃是半截僧團，半截的僧團能夠是佛法久住的唯一要素嗎？答案是：不能。若只有出家聲聞僧，又沒有一位開悟明心者，縱使有人眞的證聲聞果了，則此種僧團只能令聲聞教正法暫住，無法令佛教正法久住。所以要佛法長興，必須成佛之道的正法久住，成佛之道的正法則是第八識如來藏妙義的實證與弘傳，所以要正法久住還必須要有開悟之菩薩僧、出家僧的護持，這才是顛撲不破的道理。釋印順本來也有想到這個道理，所以他也說：

釋尊適應當時的環境，在出家弟子中，有事相上的僧團。在家弟子僅是信仰佛法，奉行佛法，沒有成立團體。所以在形迹上，有出家的僧伽，有在家白衣弟子。但從行中道行，現覺正法而解脫來說，「理和同證」，在家與出家是平等的。白衣能理和同證，也可稱之爲僧伽；而且這還是眞實僧，比形式上的僧伽更值得讚嘆。反之，出家者如沒有現證的自覺，反不過形式而已。這事和與理和，本來是相待而又不相離的。（Y·〇一，頁二四～二五）

在家的眞實僧比形式上的僧伽更值得讚歎，但他的下一句又自我否定掉了：但在佛法的流行中，一分青年大眾——出家者，與白衣弟子們，重視理和同證的僧伽；忽略六和僧團的作用，忽略發揮集團的力量，完成正法久住的重任，因此而輕視嚴密的僧制。白衣者既沒有集團，而青年大眾僧中，「龍蛇混雜」，不能和樂清淨。結果，理想中的眞實僧，漸漸的比虛僞更虛僞。號稱入世的佛教，反而離開大眾，成爲個人的佛教。（Y．〇一，頁二一五）

如照釋印順這種說法是事實的話，那他所說的「**僧團爲佛法久住的唯一要素**」就更不能成立了，因爲龍蛇混雜，不能和樂清淨的眞實僧團比虛僞更虛僞，而且離開大眾成爲個人的宗教，如此已無僧團可言了，怎麼能夠再去護持佛法久住呢？

事相上小乘以聲聞、緣覺爲僧寶，大乘以菩薩聖眾爲僧寶；理體上則講的是自性三寶：佛者自性之覺，法者自性之正，僧者自性之淨，義理分三，體性不二，又稱一體三寶或同體三寶；這裡講的就是如來藏這個自性理體，這是佛法勝妙的第一義諦。釋印順不承認有如來藏能生萬法的自性，因此他所說的僧已經不是二乘聲聞僧或菩薩僧，只是徒具表相的凡夫僧，而且還是聲聞僧而不是菩薩僧；當正法消失的時候，這些凡夫僧的僧衣就不再是黑色的了，而是自然變白。所以若要說僧團是佛法久住的唯一要素，還得要看是什麼樣的僧人；若是凡夫僧團或者純聲聞僧團，是不可能令佛法久住的，只有逐漸消失罷了。

藏傳佛教因爲主張必須修雙身法的無上瑜伽才能成佛，所以他們叫作喇嘛教而不是佛教。可是修雙身法的藏傳佛教喇嘛們，卻口口聲聲說他們是佛教，達賴喇嘛也宣稱說他是僧，那麼達賴喇嘛所領導的眾喇嘛就應該被印順稱爲佛教裡的僧團了；喇嘛教主張六識論，他們雖然也有第八識如來藏的名稱，但他們所說的如來藏稱爲「第八意識」，有時則說爲觀想所成的中脈裡的明點而不是第八識。喇嘛教宣稱意識是永恆不滅而可以到下一世去的，這種公然違背 佛陀所說「意識是虛妄的」法義，這種背棄正法的僧團怎麼有可能是佛法久住的唯一要素？也許會有人說：「扯太遠了吧！釋印順又不是喇嘛。」可是釋印順也公然在他的《佛法概論》中說：【佛的區別識類，本以六根爲主要根據，唯有眼等六根，那裡會有七識、八識？大乘學者所說的第七識、第八識，都不過是意識的細分。】（Y．〇一，頁一〇九）他身穿漢人僧衣，所說卻是喇嘛教的思想；他所領導的僧團都變成喇嘛教六識論的思想了，正法都不見了，怎麼有可能令正法久住？

釋印順認爲：【和合僧的存在，即是正法的存在。】（Y．〇一，頁一九）但他沒有想到六識論者跟八識論者要怎樣和合？佛教有可能說「**佛法有二種：一種八識論的，另一種六識論的**」嗎？想要使八識論的正法僧與六識論的常見外道僧互相和合，這是不可能的。不同的宗教可以和諧，但佛教正法的本質不可以改變。就像一神教的上帝只有一位，信耶和華的跟信阿拉的肯定是不同宗教；我們可以說有二種或三種的一神教，但不可以說：一神教的上帝有兩位，一位叫阿拉，一位叫耶和華。這個道理很簡單，就是眞理只有一種。當八識論是法界究竟眞理的時候，六識論就一定不是眞理；當確認八識論才是佛教正理時，六識論就不可能是佛教正理。只有當六識論者不再自稱爲佛教的時候，受持正法眞理的佛教僧團才可能跟他們和諧共處；這時候八識論的佛教正法僧團才有可能令佛法久住，而且是唯一的要素。

釋印順說：【**從正法久住的觀點說：佛弟子要有組織的集團，才能使佛法久住世間。**】（Y.〇一，頁一九）所謂的僧團是有組織的集團，但佛教到了末法時期，雖然還有僧團，卻不一定有正法。此正法是說有開悟明心、找到自性三寶者；這個世界上若是有一位開悟明心的出家菩薩僧或是在家菩薩僧，則此世界還是有正法；依這樣的實質說來，就不能說有僧團才有正法。這雖然是對正法的嚴格要求，但卻是眞正的正法。這一層面的正法道理，對釋印順及其追隨者來講，有點像鴨子聽雷：雖然正法的法鼓很大聲，但他們就是聽不懂，而且還一直搖頭。所以正法的弘揚很困難，原因是大多數眾生的福德智慧因緣還不具足；但正法的聲音不會停息，有緣的人聽到了就會邁入正覺。釋印順在佛法大海中鑽研久了，多少也會知道這個道理，不過講得不清楚，他說**【正法的久住，要有解脫的實證者】**（Y．〇一，頁二一），這句話的解釋如進而說實證者是指明心開悟者，那就是正法久住。所以明心開悟對正法的久住絕對是一個大關鍵，遠比出家凡夫組成的僧團更重要。如果有開悟者，又有和合僧，又是以菩薩戒爲首重律儀，把聲聞戒定位爲別解脫戒，則此僧團才堪稱爲佛法久住的唯一要素。

　　佛法久住要靠僧團，但台灣目前的現象是：連什麼才是眞正的僧團都分不清楚。釋印順在台灣住幾十年了，也不曾聽聞他教人辨別邪正僧團；僧團不正，何來佛法久住？因此網路上正義人士說：

> 台灣佛教興盛嗎？台灣佛教表面上看似興盛，大師充斥，其實不然，還完全相

反哩！眞的是「外行人看熱鬧，內行人看門道」。台灣佛教界是一種表相佛教，這還是太客氣的說法，有人露骨地說是「宗教詐欺」哩。

台灣佛教道場可以分爲幾大類：佛門常見外道（中台山、法鼓山）、佛門斷見外道（佛光山、慈濟功德會）、民間信仰常見外道（喜饒根登）、西藏密教外道（喇嘛教）、佛教正法團體（佛教正覺同修會）等。

但是，所有的外道都自稱是「佛教」，他們都落髮出家，宣揚「佛法」，佛法名相之下法義異於、違於佛經，甚至毀佛謗法；唯有極少數佛門內行人知之，絕大多數信徒無法判別正誤，如果礙於名師情節更易迷惑執著錯信到底，師徒共同成就破法惡業。

法義異於、違於佛經，甚至毀佛謗法者，所在多有，有不自知者，有自知而不悔改者（顧及大師面子以及名聞、利養、眷屬）；未悟言悟、錯悟之輩亦然。至於眞正開悟，已捨壽者，台灣有史以來，佛門內行人公認唯有廣欽老和尚一人。

這就是「表相佛教」，表面看似興盛，其實佛教正法面臨滅絕危機。（T．〇三「星雲和尚誤導眾生」）

由此看來，可知正法僧團非常難得；不違背佛教正法教義的四眾和合僧團，才是眞正的佛教正法僧團；若非眞正佛教正法僧團，想要作爲佛法久住的唯一要素是不可能的。佛教正法僧團的流布，到了現代的社會形態，隨著人類生活的富裕發展而物質橫流，貪圖口欲錢財還是小焉者；由於避孕藥的發明，保險套的普遍，使得性行爲更氾濫，這就給了密宗喇嘛教有機可乘，藉機會擴展它的雙身法，弘揚全世界，掛羊頭賣狗肉，口說「**藏傳佛教**」，其實不是眞正佛教，這是中焉者；最嚴重的是法義錯誤，譬如以外道六識論企圖取代佛教的八識論。眼看僧團沉淪，於是有「**中道僧團**」出現，他們標榜：不受取錢財、不使用淨人（替僧人理財者）、不定居一處、說法後不受施（食）、不食魚及肉，離物欲與口欲之食、兩性平等與僧倫、實踐「**原始佛法**」、常年禪修。（參見T．〇四中華原始佛教會）似是現代僧團的一股清流値得讚歎，唯在法義部分，他們以爲 佛陀教法的核心是因緣法、菩提正道只得諸漏永盡，生、老病死苦永盡、解脫、涅槃。但是如依阿含的修法只能得阿羅漢果，所以只能稱爲解脫道，並不能究竟成佛，屬於羅漢法僧團而非佛法僧團（編案：而此「中道僧團」卻是以錯會的解脫道爲成佛之道，只信受一部分的阿含經爲佛說，如此則連羅漢法都不可得，並不是眞正的解脫道僧團）。只有依循佛菩提道而求證第八識，實證眞正的中道，再依據中道心如來藏進修而完成佛道，同時函蓋了羅漢法的實證，才是眞正的佛法僧團，可見具備完整成佛之道的正法僧團極爲稀有難得。台灣是地靈人傑的寶島，並不是沒有這種僧團，問題是要看學人有沒有足夠的福德智慧因緣？若能心存正念，眞發菩提心，虔求佛教正法，則在佛菩薩的冥佑下，必有機緣進入到佛教正法僧團中，那麼學佛就必定是一條康莊大道，不再學得辛苦而茫然，一定可以腳踏實地親自實證而學得很快樂！

1 《大正藏》冊一三，頁三六三。
2 《大正藏》冊一二，頁二一七。

# 一六 論印順法師與密教

雙身法的藏傳密教到底是喇嘛教還是佛教？如影隨形跟隨佛教約有一千五百多年的密教，到現在還是有許多人分不清藏傳密教到底是不是佛教？有人說佛教不是有禪、律、密、淨嗎？那密就是佛教的一宗又復何疑？可是佛教之密就是喇嘛教之密宗嗎？把喇嘛教稱為藏傳佛教而說它是超越佛教顯宗的金剛乘密宗，這就是密教借殼上市，綿延一千多年而不絕的原因。造成這個誤會的主要原因是領導佛教界的僧伽、居士們沒有智慧去辨別，任其滲入佛教，最後將是李代桃僵，由密教取代了佛教，而眞正的佛教就不見了！這不就是印度佛教滅亡於密宗的歷史寫照嗎？

爲什麼密教取代佛教，佛教就會滅亡？這就值得學佛人認眞地去探討其中的道理和原因，才不至於被誤導。否則像印順法師他明明知道密教的所作所爲，卻還是把它當作佛教，而且努力弘揚它的某些教義，看來密教對於無智慧的修行人還眞是有它致命的吸引力。大家可以想一想，修行人是背俗的，所謂「**俗之所珍，道之所賤；道之所珍，俗之所賤**」。學佛人努力要遠離財色名食睡、酒色財氣，貪權力、名聞利養等等都要捨離，可是密教卻不必捨離，反而要你大貪特貪，美名爲以貪止貪。所以密教當人王也要當法王，既喝酒也要吃肉，要別人的女人也要別人的男人；錢財不嫌多，勢力更要抓牢，學佛人認爲不要的，他都要。密教不必吃素，不必守佛門戒律，自設必須淫人妻女的三昧耶戒，而且聲稱依三昧耶戒每夜淫人妻女以後可以快速即身成佛，以此吸引無知的眾生來信他的密教，那這種密教是不是佛教呢？

佛教唯有三乘菩提，根本沒有密乘菩提，佛法中唯一的密就是實相般若裡面證眞如的密意。三乘菩提攝歸一佛乘，一佛乘即是大乘，所謂正法就是一佛乘。密法攝歸大乘所修，禪、律、淨也是大乘所修；乃至二乘菩提也是大乘所修，大乘法函蓋二乘法，故稱爲一佛乘。密教自以爲勝過顯教而說它是金剛乘，此乃狂妄自大之詞，不知眞正金剛乘乃是大乘，不是密宗喇嘛教；因爲只有大乘才能親證金剛不壞心，能證悟金剛心才可以稱爲金剛乘；密宗是以喇嘛的性器官持久而堅挺猶如金剛，就謊稱是佛教中的金剛法而自稱金剛乘，徒有金剛乘之名卻無力證此金剛心，**如何可以稱爲金剛乘**？何以知之？因爲**密宗不肯斷我見——繼續公開認定意識是常住心**，不斷我見就不能斷三縛結，不斷三縛結就不能證初果；不斷我見就不能證金剛心，不證金剛心就不能稱爲金剛乘。何以知密宗不肯斷我見？因爲密宗認爲意識覺知心是永恆不滅的，故斷不了我見，也不想斷我見；而且爲了修雙身法貪愛樂觸絕對不願捨離意識，密宗之無上瑜伽樂空雙運乃是意識境界，意識非金剛心，故密宗找不到金剛心，根本不是金剛乘，實證金剛心如來藏的大乘才是眞正金剛乘。

喇嘛教也不是佛教的密宗，因爲喇嘛教沒有佛教的密法；**眞正佛法之密，乃是法界實相如來藏，就是諾那上師所說的「禪宗之大密」，不過諾那上師信受六識論及雙身法因此沒有證得禪宗的大密**，只有實證第八識如來藏才是眞正的無上密法；不是唸個咒語叫作密，比個手印叫作密，弄個密壇搞淫穢的雙身法叫作密，或把內觀三脈四輪氣功等意識境界叫作密，這些都是狂密而非眞密。禪宗之密就是親證金剛心如來藏而現證眞如，所以眞正的密宗是禪宗而不是仿冒佛教的密宗喇嘛教，因爲密教所標榜的大圓滿、大手印都是禪門才有的法，喇嘛教根本不懂而全都落入常見外道一樣的意識境界中，也因此紅教貝諾「法王」說他不懂佛教的大圓滿，算是老實說。

印順法師對密教其實瞭解很多，當有人認爲批判密宗的雙身法淫穢是言過其實而且誤會其教義的時候，不妨來看看印順法師的說法：

大乘佛教與祕密，無必然之關係，然大乘佛教之興起，則確予祕密思想以活躍之機。大乘仰聖者功德之崇高，昔之世出世善並由自力以致之者，今則佛力無量，菩薩願大，他力加持之思想乃勃興。菩薩遍入六道，龍、鬼、夜叉中，自應有菩薩存在。而佛弟子之編集遺聞，融攝世俗，既以魔王及外道師宗多菩薩之示跡，又以天龍、夜叉之護法，而謂傳自夜叉或龍宮。魔王、外道、天、龍、夜叉與菩薩同化之傾向，日益顯著。如梵童子之與文殊，因陀羅之與普賢，摩醯首羅天成佛之與大自在天，其顯例也。其中，尤以夜叉爲甚。夜叉本爲達羅維荼民族之神群。（Y．〇七，頁一三二～一三三）

《以佛法研究佛法》：【綜觀秘密教發展之勢，即鬼神崇拜而達於究竟。】（Y．

〇七，頁一四四）其實三乘菩提與密教都無必然的關係，最主要的關鍵在於佛教是八識論，密教只是常見外道所堅持的六識論；佛教講十法界、六道眾生，當然包括鬼神，但不像密教把鬼神夜叉當佛而崇拜之、祈求之。有些人初學密宗熱心澎湃，智慧不足，以爲批評密宗男女雙修法是誹謗密宗，這都是不知道密宗的本質本來就是外道法，根本不是佛法，從印順法師的描述其猙獰淫穢就足以讓人驚心悚然。例如《以佛法研究佛法》中說「祕密教之特色」：

密教多特色，承固有之傾向而流於極端者有之，融攝外道者有之。若以一言而罄無不盡者，則以「世間心爲解脫」是已。信師長達於極端，即自身妻女亦奉獻而不疑。師命之殺，不敢不殺；命之淫不敢不淫，此婆羅門所固有（讀《央掘魔羅經》可知），後期佛教所取用者也。佛斥外道之事火，而教以事根本火（供養父母）、居家火（供養家屬）等。密乘學者又轉而事火（護摩）：求子、求財、求壽、求官，一切無不於火中求之，而酥、蜜、衣服、珍物，悉舉以供火之一炬，將以求其大欲也。佛世以依教奉行爲最勝之供養，佛後亦供以燈明香華等而已。密教以崇拜者爲鬼神相，其供品乃有酒肉。有所謂「五甘露」者，則尿、屎、骨髓、男精、女血也。更有「五肉」者，則狗肉、牛、馬、象及人肉也。以此等爲供品而求本尊之呵護，亦可異矣。且置此等瑣屑事，試一言其要義。一、心餘力絀之天慢：密教以修天色身爲唯一要行，念佛三昧之遺意也。自佛天合化，佛菩薩既示現天神身，龍鬼夜叉亦多天而實佛菩薩之示現。觀此天等之相好莊嚴，此自世俗假觀來。「觀身實相，觀佛亦然」，觀己身、天（即佛之示現）身之實性，此自勝義空觀來。此二觀，初或相離而終復合一，以身語意三密修之，即手結印契，口誦眞言，意觀本尊之三昧耶或種子，或本尊之相好，求佛天加持而有所成就。若直觀佛相，觀成而佛爲現身說法，顯教大乘亦偶有之。然秘密者意不在此，雖或前起本尊，而要在信自己爲本尊，觀己身爲本尊，本尊入我中，我入本尊中，相融相即而得成就。天慢者，即以佛菩薩自居。此由他力念佛之渴望救護，自力念佛之我佛平等，極卑極慢之綜合，而以三密行出之。一切法眞常本淨，不應妄自菲薄，應有堅強之天慢。自身即佛，而未嘗不自感其無能，乃唯求本尊之三密加持。質言之，信得自身即佛，而求諸佛三密加持力以實現之。此與初期大乘經論，信有成佛之可能，而但可於智深悲切之大行中得之，精神之相去遠矣！秘密者修天慢而即身成佛，如乞兒以富有自居，衣食不給，乃卑辭厚顏以求富翁之賜予，俾與富人共樂耳！何慢之有？二、厭苦求樂之妙樂：出家聲聞弟子，視五欲如怨毒，以「淫欲為障道法」，固非在家弟子所必行。然以性交為成佛之妙方便，則唯密乘有之。「先以欲鈎牽，後令入佛智」，大乘攝化之方便。方便云者，且以此引攝之，非究竟，亦非漫無標準也。或者謬解「以樂得樂」，乃一反佛教之謹嚴樸質，欲於充滿欲樂中，成就究竟佛果之常樂。欲界欲樂中，淫樂最重，或者乃以此為方便，且視為無上之方便。惟是淫欲為道，密宗之舊傳我國而流入日本者，猶未嘗顯說，故每斥無上瑜伽之雙身法為左道密教。然特弘無上瑜伽之西藏喇嘛，則矜矜以妙法獨備於我已。平心論之，此即「欲為方便」之極端，固於前三部見其緒矣。所崇事者，天身之佛。天有明妃（天后），佛亦仿之而有「佛母」、「明妃」，此即與「方便（悲行）為父，般若（智慧）為母」之大乘義相雜。金剛以表雄猛折伏，蓮華以表慈和攝引，亦一轉而為生殖器之別名。密教所崇事之本尊，無不有明妃。「事部」則彼此相顧而心悅，「行部」則握手，「瑜伽部」則相擁抱，

「無上瑜伽」則交合：此固順欲界欲事之次第而成立者。前三部雖有相視相抱事，而行者每以表悲智和合等解之。然無上瑜伽則付之實行；衡以密者之說，則「三昧耶」爲表象，「法」爲觀想，「業」爲實行，固表象獨是而觀想實行之非耶？以秘密教之發展觀之，固不達此不止。吾人以秘密教爲佛之梵化神化則可，尊信前三部而不信無上瑜伽則不可。何有智者，譽病入膏肓爲健康，而歸死亡之責於臨終一念也！無上瑜伽者以欲樂爲妙道，既以金剛蓮華美生殖器，又以女子爲明妃，女陰爲婆伽曼陀羅，以性交爲入定，以男精女血爲赤白二菩提心，以精且出而久持不出所生之樂觸爲大樂。外眩佛教之名，內實與御女術同。凡學密者必先經灌頂，其中有「密灌頂」、「慧灌頂」，即授受此法者也。其法，爲弟子者，先得一清淨之明妃，引至壇場。弟子以布遮目，以裸體明妃供養於師長。師偕明妃至幕後，實行和合之大定，弟子在外靜聽之。畢，上師偕明妃至幕前，以男精女血（甘露）即所謂「菩提心」者，置弟子舌端。據謂弟子此時，觸舌舌樂，及喉喉樂，能引生大樂云。以嘗師長授予之秘密甘露，名「密灌頂」。嘗甘露味已，去弟子之遮目布。爲師者以明妃賜予弟子，指明妃之「婆伽」〔編案：「婆伽」是明妃之性器官〕而訓弟子曰：此汝成佛之道場，成佛應於此中求之。並剴切誨以一切，令其與明妃（智慧）入定，引生大樂，此即「慧灌頂」。《歡喜金剛》云：「智慧滿十六，以手相抱持，鈴、杵正和合，阿闍黎灌頂」，即此也。經此灌頂已，弟子乃得修無上瑜伽，其明妃可多至九人云。西藏宗喀巴似有感於此道難行，故於無上瑜伽之雙身法，自灌頂以至修行，多以智印，即以觀想行之，然餘風猶未盡也。解脱是所求，欲樂不欲棄；厭苦求樂而不知樂之即苦，乃達於淫欲爲道。或云：印度有遍行外道，於性交爲神秘之崇拜，佛教之有此，欲用以攝此外道也。三、色厲内荏之忿怒：應折伏者則折伏之，菩薩之行也。密乘行者，特於無上瑜伽，其崇事之本尊，無不多首、多手、多角，腳踹口咬，烈焰熾然，兵戈在握，雖善畫鬼者，亦難設想其可畏也。然以予視之，大丈夫一怒而安天下，猶非面目猙獰之謂，而況菩薩之雄猛乎！龍樹菩薩引偈云：「若彩畫像及泥像，聞經中天及讚天，如是四種諸天等，各各手執諸兵仗。若力不如畏怖他，若心不善恐怖他……是天一切常怖畏，……是故智人不屬天」。力不如則失雄威，心不善則失慈悲，其不堪崇事，固明甚也。密乘者以學出龍樹自居，而以猙獰之天形為所崇，不亦可以已乎！總之，秘密者以天化之佛菩薩為崇事之本，以欲樂為攝引，以猙獰為折伏，大瞋大貪大慢之總和。而世人有信之者，則以艱奧之理論為其代辯，以師承之熱信而麻醉之，順眾生之欲而引攝之耳。察其思想所自來，動機之所出，價值之所在，痼疾其可愈乎！（Y．〇七，頁一四六～一五一）

二〇一〇年法界電視台正覺同修會親教師團向全國發聲作獅子吼，破斥藏傳佛教密宗是修雙身法的喇嘛教，不是佛教，於此虎年正法揚虎威，震醒那些把喇嘛教當佛教的修行者；破邪顯正，把正法弘揚起來，聞之令人敬仰讚歎！眞是振聾發聵，震撼人心！

然而有些人還是麻木不仁，自以為「**我又沒有修雙身法，我只是學密宗**」而已，誤以為密宗除了雙身法之外還有一些大法極殊勝，所以還是要學密宗，這就是還沒有認清楚密宗的本質是喇嘛教而非佛教，學密宗根本學不到佛法，所得都是外道法罷了。密宗有它吸引人的地方，也有它拉攏人的手段，不知者都會落入其中而不自覺；只要信密教，則所學的密法都與雙身法有關，只是初學者並不知道，以爲「**我並沒有想要修雙身法，故雙身法與我無關**」。不知道你四歸依的時候上師早把雙身法暗中灌給你了，只是他用另外的名字，叫作「方便與慈悲」，或是「慈悲與智慧」；他會先給你本尊，然後再給你明妃，先觀想再實修。印順法師都把蓮花與金剛杵代表男女性器官的密意寫出來了，可是有些人還要假裝不清楚它的涵意，想騙自己說「**我學密宗是在學藏傳佛法，不是學雙身法。**」所以你問那些學密宗的人有沒有在修雙身法？他們都說「沒有。」沒有，還有救，有了就表示犯邪淫；然而就算未犯也已經被誤導到邪路去了，印順法師說得很明白：

**金剛以表雄猛折伏，蓮華以表慈和攝引，亦一轉而為生殖器之別名。密教所崇事之本尊，無不有明妃。事部則彼此相顧而心悅，行部則握手，瑜伽部則相擁抱，無上瑜伽則交合：此固順欲界欲事之次第而成立者。**（Y．〇七，頁一四九）

當徒眾與上師相顧而心悅的時候已經被種下惡苗了，假如不趕快離開而說他不被染污，那就要看看他有沒有比印順法師厲害？印順法師已經把密宗見不得人的這些淫穢寫出來了，那麼他會不會去做這些有犯比丘戒的事？印順法師對這部分是很明白的，不用我們爲他擔心。只是信密教還有比這些更嚴重千萬倍的過失而印順法師還不知道，或是說他知道了卻不肯改正，那就是把佛教的八識論變成非佛教的密宗六識論，一生極力支持六識論的應成派假中觀，否定八識論正法，如此而說他信佛教，那是騙人的。

有人說：密宗也有講八識論，而且比顯教更深入，還講到第九識、第十識呢。但這只是密教處處想要超越顯教的妄論，譬如國人有文武財神、五路財神，密教就說它有八路財神、紅黃白黑財神。密宗除了早期被黃教唆使薩迦、達布去消滅掉的覺囊巴派是佛教的八識論外，其他各宗派都是六識論者；如今他們口說八識，卻是第七意識、第八意識，細分到第十意識時本質還是第六意識，全都是意識細分出來的細心、極細心……，本質還是意識。印順法師因爲相信密宗的六識論，所以所說的佛法都不是佛法；不但不是佛法，而且敗壞佛教根本大法，問題不可謂不嚴重！

密宗最高級的無上瑜伽就是雙身法，雙身法的樂觸就是意識心的感觸覺受，而這種樂受喇嘛以爲是樂，佛法認爲是苦。明明是樂，爲何是苦？最初是樂，久了就平淡，樂失去了就是苦。最近日本比賽誰能交合最久？冠軍是十小時，可是比起海中的鱟至少交配一個月，那就差遠了，所以抓鱟常是一對的，顯然密宗的成佛境界遠不如鱟魚。分不開就是苦，不是樂，有樂就有苦，則此樂非眞樂。喇嘛以行淫爲樂，一如吸毒品者以吸毒爲樂，佛法則以「離欲而不爲欲牽」爲樂，所以喇嘛教根本就不是佛教，雙身法也絕對不是佛法，這是很淺顯的道理，可是那些信奉喇嘛的人卻聽不懂，眞是哀哉！

印順法師只是排斥密教的雙身法，可是他卻相信密宗應成派假中觀的六識論，而說【那裡會有七識、八識？】（Y．〇一，頁一〇九）反對 佛說有八識而把喇嘛教引入佛門，使整部《妙雲集》都是六識論的喇嘛教意識境界教義；盲從印順法師的人也就因此認爲喇嘛教就是佛教，最後從佛教徒變成喇嘛教信徒，結果是在最後走上密宗無上瑜伽男女雙修法，還讚歎密宗大貪淫慾竟然可以成佛，那要請問這是什麼佛呀？不離淫欲就無法得初禪，連初禪的功夫都達不到的密宗，竟然可以成佛？顯然這不是佛教證得無上正等正覺的佛。想要證初禪必須財色名食睡都遠離才有辦法。

有人認爲密宗歷代都有大成就者具有大神通，惑於大神通就是大成就而信奉密宗的大有人在；他們認為空口無用，有大神通就是有證量，可是卻無有智慧能力去驗證神通的眞假，不能拆穿詐騙集團的謊言，就會受騙。事實上密宗大成就者的大神通，都是在死後才由信徒渲染出來的，他們生前同樣都只有一通——有吃就有通。有一位仙人有神足通能飛行，每天飛到皇宮接受國王美宴供養。有一天，國王等不到他來吃飯，到下午才見他用走的進來。國王問他怎麼了？仙人說：「**眞慚愧，今早飛行途中，看見少女溪邊洗衣，大腿又白又漂亮，起了一念淫心，結果神通頓失而從半空掉下來，只好用走的來見大王。**」這就是說，要印證此人有無神通，就要看看五蓋有沒有除，如果財色名食睡樣樣具足，而說他有大神通，鬼都不信，何況是人！

如果有人執迷不悟，誤以為說：密宗也是佛教的一宗一派，也是在修行，苦修幾十年神通也是有的啦！那就不妨再舉二則特大號的神通來看看是不是眞的：

一、薩迦派在密宗裡也是號稱法力高強，令人不敢小覷的一派；領導者畢瓦巴就是響叮噹的人物，他離開那爛陀學院到恆河下流的瓦拉那西林間，令當時已經六十一歲的蘇卡悉底跟他雙運後變成十六歲，而且長生不老。（參見T．○

七《燃燈雜誌》）

二、更厲害的是他能令太陽停止不墮，據說頭家要收酒錢，他沒錢付，遂指著太陽說「太陽下山我就給。」然後用神通力令太陽停止不墮。（參見T．〇八「畢哇巴祖師傳」）

可見密宗這些人不是有錢才喝酒，沒錢也要喝；要喝可以呀，你就像中國神仙把井水變成酒就好了，隨便你要怎麼喝都行，豈不方便？密宗喇嘛的狂妄就是自以為他有神通可以改變一切，結果只是騙術一場，還敢編出這麼荒唐的神話來，可笑的是竟然也會有人相信。

從這兩則密宗傳說的神通中，……為什麼薩迦派揚揚得意？不要說達賴、密勒日巴，就算祖師爺蓮花生都甘拜下風，因為他能使時間停止，甚至倒流。以現在的程度來看畢瓦巴，他連國小的程度都沒有，因為他根本不知道是地球在轉動，不是太陽在移動；太陽是恆星，日夜是地球自轉的原因，根本不是太陽移動而有日夜；畢瓦巴自己寫此《道果》吹牛皮，後世信徒也不敢改正，結果狐狸尾巴就被大家看到了。如果還有誰敢說這些神通是真的，那你就知道他的腦筋有問題。

假如有人說我們拆穿詐騙集團的伎倆是不道德的，那麼他的道德肯定有問題；當你知道小孩會掉入井裡就要趕快想辦法救助，不要等淹死了才來怪井、怪小孩。聖 玄奘大師說「若不摧邪，難以顯正」，當你不敢說密宗是喇嘛教而不是佛教的時候，喇嘛們會繼續騙人說他們是最高級的佛教；假如喇嘛教是佛教，那佛教就變成非佛教了；當六識論有一天被所有人都認定是佛教正法時，則八識論將會變成非佛教的正法了，那佛教豈不是要從本質上滅亡了嗎？印順法師最大的錯誤就在這裡，那些追隨印順法師的人，若不知道六識論絕非佛法而應趕快遠離，最後終會墮入密教的陷阱裡，即身成佛的樂空雙運雙身法將會成爲他（她）們最後的必修之法，所以破邪顯正、劃清界線以救護眾生是必須要的。

## 一七 論釋印順說「春風起而黃葉落」

### ——印順言「眞常唯心論乃有不可告人之秘密」

釋印順於《無諍之辯》說：

時雨滋而枯草腐，春風起而黃葉落，吾佛即緣起而開唯名性空之二諦，學無方便者，又執有而滯空矣！然執有滯空，實不足以言中道。（Y．○八，頁一一二）

友人見題目而怪哉！問：「錯在何處？」曰：「哪有春風起而黃葉落？形容詞用錯了吧？」形容而有誤，只是形容不當罷了，可能是氣候反常，或是心情不佳故有此寫照；他人是春風得意馬蹄輕，春風又綠江南岸；就算是野火燒不盡，春風吹又生，這春風總是給人有愉悅的生命力。若說秋風起而黃葉落則寫實也，至於枯草自然風化就會腐，也不必及時雨來滋潤，再怎麼滋潤還是腐草一堆。其實這兩句乃是印順法師有感而發，大嘆【眞常唯心論乃有不可告人之秘密】（Y．○八，頁一一五）。眞常唯心論有什麼不可告人之秘密？若照釋印順的思想理論，眞常唯心也不過是性空唯名而已，會有什麼不可告人之秘密？他已經自違己說都還不知道呢！釋印順說【承眞常論者融化梵我之傾向而擴充之】（Y‧○八，頁一一五），所以會有不可告人之秘密，這只是釋印順的想當然爾；梵我只是意識境界，一如造物主思想同是意識思惟推理的產物，乃是意識思想的東西，有什麼眞常唯心可言？哪裡會有什麼不可告人之秘密？

然而若說沒有秘密，為何釋印順大聲疾呼至少也有六十年，著作《妙雲集》寫了一大堆，告訴大家「佛法就是唯有『緣起性空』而已」，可是那些堅信八識論如來藏眞常唯心的人，信心堅定，始終不移，莫非其中有什麼秘密是我釋印順不知道的麼？釋印順若會這麼想，那還眞的是被他猜中了呢！可惜他不會這樣想的，否則不會一直要把眞常唯心打成梵我神我思想，而把最究竟、最了義的佛法當作外道見。

釋印順認為 佛說三法印，無我就是沒有一個我，五蘊之我只是因緣和合，緣散即滅，所以無我是正確的；而眞常唯心說有一個常樂我淨的眞我，這不是矛盾嗎？所以若說有一個眞常不滅的我應該是錯誤的。他更清楚地說，凡是認為有一個如來藏不滅是錯誤的。目前佛教界的思想分爲：相信釋印順與不相信釋印順兩派而已，可見釋印順思想影響台灣的佛教界很大。在正覺同修會 平實導師未出來弘法之前，台灣可說是釋印順思想的天下；現在則是大爲改觀，因爲大家漸漸知道佛法不是只有緣起性空，六識論者所說的緣起性空並非佛法中說的緣起性空，其實就是斷滅論。釋印順也知道這一點，才需要從識陰中再把意識細分一分出來，建立爲常住不壞心，主張細意識常住不壞，不屬於識陰所攝，他沒料到的是自己因此又重新墮入識陰中了。

釋印順在《中觀論頌講記》中說：

龍樹學的特色，是世俗諦中唯假名，勝義諦中畢竟空，這性空唯名論，是大乘佛法的根本思想，也是《阿含經》中的根本大義。凡是初期的大乘經，都異口同音的，認爲勝義皆空是徹底的了義之談。後期的大乘學，雖承認大乘經的一切空是佛說，但不以一切空爲了義的徹底的，給他作一個別解。大乘佛法，這才開始走上妙有不空去。這又分爲兩派：一是偏重在眞常寂滅的，一是偏重在無常生滅的。要理解他們的不同，先須知道思想的演變。龍樹依《般若經》等，說眞俗無礙的性空唯名。但有一分學者，像妄識論者，從世俗諦中去探究，以爲一切唯假名是不徹底的，不能說世俗法都是假名。他們的理由，是「**依實立假**」，要有實在的，才能建立假法。譬如我是假的，而五蘊等是實在的，依實在的五蘊等，才有這假我。所以說，若假名所依的實在事都沒有，那假名也就無從建立了。這世俗諦中的眞實法，就是因緣所生的離言的十八界性。這**眞實有的離言自性**，在唯識論中，又解說爲三界的心心所法。意思說：**離言的因緣生法**，是虛妄分別識爲自性的，所以成立唯識。這樣，世俗可分爲二類：一、是假名的，就是假名安立的遍計執性。二、是眞實的，就是自相安立的依他起性。假名的遍計執性，是外境，是無；眞實的依他起性，是內識，是有。所以唯識學的要義，也就是「唯心無境」。（Y．〇二，頁一一二～一一三）

釋印順犯了二個極大的錯誤，既然說有「眞實的離言自性」，則此「離言自性」能出生緣起法，那麼「因緣生法」就無離言自性可言，否則就變成有兩個離言自性了，因此不可以說「離言的因緣生法」。有人不知道「離言自性」是什麼意思，不免要略作說明。應知蘊處界因緣所生萬法皆無自性，有自性能生萬法的唯有第八識如來藏；而如來藏非言說所及，一落言詮已是蘊處界之法，故如來藏能生蘊處界的自性就稱爲「**離言自性**」。這個離言自性是眞實的，不是想像的，故稱爲「**眞實的離言自性**」。有什麼眞實？就是有能生緣起法、蘊處界等一切萬法的眞實性，可以被實證的菩薩們親眼現觀及證實，故稱爲眞實；這個眞實就唯有如來藏才有這個眞實性與如如性，所以如來藏又稱爲眞如。

「**依實立假**」不是「**依實在的五蘊等**」才能建立假法，《心經》明言五蘊皆空，釋印順怎麼可以說是依實在的五蘊？那五蘊豈非常住而不空？五蘊只是假有，並非永恆不壞，故不可以說「**有實在的五蘊**」，這麼簡單的道理，釋印順法師怎麼也會犯錯？正是釋印順不知道「**實**」的在哪裡，落入「**虛**」的五陰中，所以才會犯錯。不要以爲只有釋印順不知道「**實**」在哪裡，那些自以爲是大師、大法王、轉世活佛也都還不知道「**實**」的究竟是什麼呢？至於「**實**」的究竟在哪裡，就更不必談了。這些自以爲出家而能把佛法流傳下來的人，以及密宗自以爲能從 世尊、祖師一代一代口耳相傳而傳下來的佛法，其實都把眞正佛法的核心搞丟了；因此雖然知道「**假必依實**」、「**依實立假**」的道理，卻找不到這個「**實**」是什麼？如果說「實」就是佛法的核心，而此「實」即是緣起性空，那麼釋印順當然會說他找到了，而釋印順所說的佛法核心，就是緣起性空。（編案：釋印順說【所以我說原始佛教的核心，是緣起。】（Y．一四，頁九））

然而遺憾的是「緣起性空」並不是佛法的核心，因爲緣起性空是在講宇宙萬有的關係法，只涉及生滅有爲的現象界的緣生性空，談不上緣起法。緣起法說的諸法緣生性空並不是「心」，釋印順把緣生性空錯當作緣起性空了。反而釋印順所排斥的「眞常唯心」才是佛法的核心。不論談佛法或整個宇宙，最大的奧秘就是這個心，可是這個心卻不是意識，這就是釋印順及其追隨者諸大法師，以及六識論的密宗喇嘛們，所不知道的最大盲點、最大秘密。

林建德寫了一篇〈論印順法師「法性智」與「涅槃智」之多種詮釋及其一貫理略〉可以略知釋印順的思想脈絡：

如「緣生緣滅」（緣起）是阿含思想的核心，而過渡到《般若經》則成爲「不生不滅」（性空）；但究極而言，緣起即性空，性空即緣起，此在中觀學中得到進一步的闡揚。（T．〇五《玄奘佛學研究》第一一期，頁一九五）

緣起是生滅法，生滅法不能單獨存在，要依「實」而立，爲了建立此「實」而說性空。如果這個「性空」不是緣起，更非「緣生」，既然說性空是不生不滅，緣起是生滅，不生不滅不等於生滅。當緣起法滅的時候，只能說沒有緣起諸法，不能說緣起滅就是不生不滅。性空的本意是說「蘊處界諸法都無自性，藉緣而起，無常必壞，其性本空」故稱爲緣起性空。把緣起性空的「性空」現象，當作不生不滅是錯誤的認知，因爲緣生而性空，這個性空只是依附於蘊處界才能存在的現象，只是一種現象而非萬法本源的眞相，不該建立爲「實」，不應該也不可能成功地發展或建立爲「實相」。不生不滅、其體如虛空而又能生萬法的，是唯有第八識如來藏獨有的「空性」。「不生不滅」可以藉緣出生各類緣生法，因爲祂不滅，而祂之所以不滅，是因爲祂本來就不生——從來沒有出生過，如果有生，就必定有滅，不可能生而不滅。而會滅的，就一定是消失了而說它滅，會滅的蘊處界當它會再出現時，一定有重新出生它的「因」，不可能憑空無中生有而冒出來；釋印順不該不懂這個道理，因爲他自認是 龍樹中觀的繼承者，而 龍樹早就主張「諸法不自生、不無因生」，他不該與 龍樹公開唱反調。

此「因」能眞實出生緣起性空的各類緣生法，故稱爲「實」。此「實」不生不滅，永恆存在，故緣起而生的有爲法亦跟著永遠存在，因此而說緣起性空，以有空性之眞實法而說藉緣而起的一切有爲法性空。所以佛法絕對不是一切法空，既然非一切法空，那就是有個眞常不空的空性實法。所以眞常唯心並沒有錯，只是此心並非意識心，而是另有所指，這才是重點所在；釋印順應該從這裡去找「**眞常唯心論者乃有不可告人之秘密**」，而不是把意識心當作眞常唯心的「**心**」。可惜釋印順終究只相信密宗應成派的中觀見所主張的細意識常住說，相信六識論的人，除了意識心之外，還能有什麼常住心？當然沒有了，所以印順排斥眞常唯心。

釋印順用「**滅相不滅**」來取代眞如之不生不滅（參見Y．一二，頁七三三），乃是把中國字七顚八倒，叫人讀不懂他的意思；滅就是滅了，就是空無了，怎麼可以說滅相不滅？許多大法師、大居士們讀不懂釋印順的書，卻怕人家說他不懂，因此瞎捧釋印順法師爲佛教泰斗、佛法高超；這也是師父不作怪、徒弟不來拜的一種。經典說：【**佛告婆羅門：「有因有緣集世間，有因有緣世間集；有因有緣滅世間，有因有緣世間滅」。**】[1]，這就告訴我們緣起法的「**緣生**」、「**緣滅**」都是有

「因」而不是唯「緣」的；生固然要有此「因」，滅也要有此「因」；若是無此「因」而說此有故彼有，則只是緣生法，而非緣起性空，所以 如來說要離於兩邊而說中道。若離此「因」而說中道，則是無因唯緣的假名中道而實無中道，應成派中觀即是這一類錯誤的中道思想。釋印順所質疑的「**眞常唯心論者乃有不可告人之秘密**」乃是能生萬法的此「因」，此因即是第八識如來藏是也，經文已經很明白、很大聲地講了，但釋印順就是看不明白，聽不出來。要知道釋印順到百歲之齡還是耳聰目明，爲何聽聞不見？只能說他不信佛語；不信佛語，就會看不下去、聽不進去，因爲他認爲大乘經典有問題，有可能都是後人感懷 世尊而寫的；可是釋印順也寫了一篇〈大乘是佛法〉，說只要是佛法就應該信受，則釋印順應該努力去研讀聖 玄奘大師的論著。

中國出了一位非常偉大的聖僧，釋印順卻看不在眼裡，而去相信雙身法藏傳佛教的喇嘛教。聖玄奘菩薩爲什麼要辛辛苦苦地跑去天竺留學？是因爲要確定人有八識，而不是六識、七識、九識、十識。這是一個攸關佛教存亡的大問題，千萬不可等閒視之，而如釋印順所說的「**不立七識八識，也一樣是唯識學**」（參見Y．

○一，頁一○九）。整部佛法都是在說八識正法，阿含時期隱說第八識，般若方廣時期就已經廣說了，唯識一切種智諸經更是明說，釋印順為何視若無睹？緣起之所以甚深極甚深，是因為有第八識而甚深極甚深，否則緣起有什麼甚深而又極甚深的？六識論中說的此有故彼有，只是 龍樹所破的諸法共生罷了；佛法中的此有故彼有並不深，可是為何會此有故彼有？這就要探究到第八識妙義了，這個才深。所以當阿難尊者認為十二緣起法很容易的時候，佛陀說：「不，**真正懂得緣起法是甚深的，並不容易。**」所以為阿難解說了十因緣法與十二因緣法的差別義，在十因緣法中說名色是由本識如來藏出生的。若沒有第八識如來藏的中道就沒有緣起法，這就是緣起法最深的秘密，因此沒有第八識的應成派中觀（中道觀），其實不是真正的中觀。

悟殷法師有一篇〈真常唯心論之「別有一要義」——記印順導師《印度之佛教》的一段特見〉：

**《印度之佛教》第十五章「真常唯心論」，第二節「真常唯心論述要」，上印下順導師先說明真常唯心論的立論大義，再以《楞伽經》經義來解說其重要學理；**

然後 導師說：「別有一要義也，佛說六塵、六根、六識爲十八界。**有力能生者爲根**，即有引發六識之功能體。……後世之唯識論者，尚不解何故以種爲根，自更難知淨心 在纏之發爲六根。有欲於唯識外立唯根，則亦未知其所以異也。」（T．〇六《循流探源》，頁一一三）

## 結論

導師發掘原始的「根」義，經部派佛教，發展到大乘佛教兩大唯心論的流變，說明了聲聞部派與兩大唯心論的思想關連，抉發了兩大唯心論的思想源頭及流傳過程中 的相距相攝。這樣一來，不但釐清了素來模糊而紛繁交錯的思想，也說明了佛教在世諦流布下的思想流變，學者的偏向取捨，造成千百年來印、中佛教內部的諍論。 就如「後世之唯識論者，尚不解何故以種爲根，自更難知淨心在纏之發爲六根」，因此，不承認眞常唯心論學說，甚至非撥眞常唯心論典籍說是僞妄的。**導師認爲：奉《成唯識論》爲正統的學者，在宗派意識成見下，本著舊有的知見去解讀真常唯心論典籍，當然會滯礙難通**，於是一一料簡，不是指稱是外道學說，就是言其僞妄怪誕。這些學者，實際上是不知道唯識學思想的流傳是從種子識變的唯識（一能變）發展到分別識變的唯識（三能變），從以種爲根轉而偏向以現行爲根，也不知眞常唯心論之思想源頭及其與唯識內在的關連性，以致委曲了不同系統的思想學說。（T．〇六《循流探源》，頁一三八）

悟殷法師也是讀不懂經典而只相信釋印順的人，才會有這種結論。相信《成唯識論》的人一定相信眞常唯心，哪裡會有滯礙難通？會滯礙難通的人是因爲相信釋印順說「**有力能生者爲根**」，結果對整個佛法就滯礙難通！六根都不是有力量能出生六塵與六識者，連「**恆審思量**」而不曾中斷的意根都還是從如來藏中出生，何況其他五色根？意根只是名色中的名所攝，世尊在十因緣法中早就明說「**名色由識生**」，所以六根、六識、六塵都是從如來藏出生。釋悟殷所尊崇的釋印順還主張意根是腦神經，那麼死後火葬身體燒成灰了，腦神經還在麼？還能投胎出生來世的五色根與六塵、六識麼？《成唯識論》是整個佛法的正知正見的綜合論述，不是一宗一派的思想，釋印順沒有實證第八識而讀不懂，又沒有這個正知見，就不配稱爲佛教界導師；他寫了《妙雲集》把眾生導引入邪見，應稱爲邪見導師。

聖嚴法師高推印老博綜整體的佛教，而說：

從教團史及思想史的立場，把大小乘各宗的來龍去脈，都看得清清楚楚，所以談任何問題，都不是從向來佛教學者的一宗一派的觀點出發，而是說出問題的根源及其發展的過程。

釋聖嚴說：

他〔編案：釋印順〕以講說《起信論》的因緣，把眞常唯心論的佛法，自成一系的條理出來，點明它的來龍去脈，不用籠統和會，不必擔心發現了諸系法義的互相出入而會讓人感到懷疑不信。這也正是歷史的方法論，所表現出來的治學態度及其可信的成果。

聖嚴法師再繼續說：

……由於他將印度大乘佛教，分為中觀、唯識、唯心的三大系，名為**性空唯名**，是指《般若經》及《中觀論》等；**虛妄唯識**，是泛指《[illegible]論》、《成唯識論》、《解深密經》等；**真常唯心**，是指《如[illegible]系》的經論如《楞伽》、《勝鬘》、《維摩》、《華嚴》、《涅槃》等經及《寶性》、《起信》

等論。他指出中國佛教除了三論、唯……部屬於第三期的眞常唯心系統，就認爲他貶低了眞常思想，也看輕了中國佛教。（T‧一一，頁一～二）

然而【肯定中國佛學及印度如來藏系的法義，要比玄奘傳……的印度唯識學，更爲優越。印老自己未必贊成如來藏系的眞常唯心論，卻給了《起信論》相當高的評價。】（T‧一一，頁四）聖嚴法師如此推崇釋印順，而他自己卻說：【可惜，我自己並非研究印老思想的專家】（T‧一一，頁二），如此莫非錯過了？這也是奇怪的事。修學佛法在漫長的菩薩道上，有幸能遇到眞正善知識，那可是百千萬劫難遭遇到的事呀！釋聖嚴怎麼不想努力追隨呢？還好，應該說，幸虧釋印順不是眞正佛門善知識，否則聖嚴法師不免虧大了，而且還難逃「不識貨」之譏。想當佛教眞正的法師是不容易的，釋聖嚴雖非釋印順思想專家，卻也是被誤導而不知，所以跟著釋印順說「性空唯名」、「虛妄唯識」這種說法，來嚴重破壞佛法！

釋印順把大乘佛教分割爲性空唯名、虛妄唯識、眞常唯心三系並不恰當，整個佛法就是唯一佛乘，把井水、河水、湖水分爲三系其實本質還是水；既然釋印順不贊同眞常唯心，昭慧教授也說【實則印順導師雖判眞常唯心不究竟】（T‧一二，頁二），則眞常唯心在釋印順看來只是【大乘佛教的一個重要學派，且將它視爲攝受「主張有我而恐懼無我的外道」所說的方便法】（T．一二，頁二）而已，對學佛可就變成沒有實際的利益。這簡直是把黃金當廢鐵一般，釋印順可說有眼無珠；他否認了眞常唯心之後，所判的佛法三系就變成沒有一系是眞的，等於三盤都是魚目，竟然沒有一盤是珍珠？三系其實只有一系，佛法就是眞常唯心，唯有依眞實常住而能生名色（包含意根）的眞心，才能弘演出三乘菩提。唯心就是唯識，唯識不離實相眞如中觀；學佛若不能於釋印順所說的三系荒謬所在融會而貫通之，則對佛法永遠是門外漢。整個佛法就是唯此眞常唯心如來藏爲核心，釋印順若知道眞常唯心，就能通達三乘菩提，則可以擊大法鼓，以大音聲，依聖教佛戒而善觀因緣，來告訴眾人這個秘密，則將春風滿面，春風起而萬物欣欣向榮，不亦快哉！

1《雜阿含經》卷二，《大正藏》冊二，頁一二。

## 一八 論釋印順說「眞實唯心是方便假說的」

信佛教跟信其他宗教最大的不同在於信佛教要修學佛法，其他宗教只要信仰、祈禱就行了，不必修學法道。有一陣子，大家在討論「學佛」與「佛學」有什麼不同？然二者皆不能離開佛法，有人一生鑽研佛學，只作學術研究，然所說還是不能背離佛法；至於虔誠的學佛者，終其一生修學佛法，無非是爲了要了知這個眞實心，再由這個眞實心了知宇宙的本源。如今聽到釋印順——這位被尊崇爲「佛教界的泰斗、導師」的「高僧」，竟然說「眞實心是方便假說的」，眞耶？假耶？令人一頭霧水。如果眞實心是方便假說的，那麼沒有眞實心，佛法就是一切法空。一切法空就是斷滅見之斷滅空了，然釋印順說《楞伽經》不也曾這樣說嗎：「若說眞實者，心即無眞實，言心起眾相，爲化諸愚夫。」所以他說眞實唯心是方便假說的，釋印順說：

探索三大思想系的教典，性空論到底是正確而深刻的。在虛妄唯心者所依的《解深密經》，它本身就表示這個見解：五事具足的利根，它無須乎解深密。五事不具足的鈍根，或者懷疑否認，或者顚倒亂說，於是不得不作淺顯明了的解說。它的分離俗有，與龍樹「爲初學者作差別說」的見解，完全一致。眞實唯心，是方便假說的，《楞伽經》不曾這樣說嗎？「若說眞實者，彼心無眞實」；「言心起眾相，開悟諸凡夫」。龍樹說：對治境實心虛（唯物論）的妄執，所以說唯心。這確定了唯心在佛教中的價值。（Y．一六，頁九五～九六）

五事具足指：【不殺、不盜、不婬、不欺、絕酒不醉；五事具足生於人中。】[1]，這種利根人正需要《解深密經》來增上，怎麼反而說他「無須乎《解深密經》」？

平實導師云：

觀乎印順一生所造諸書，其中所說道理，悉皆如是：……墮於一切法空之邪見中，於非義中起於義想，正是《解深密經》所斥之人也。乃至故意曲解經文所說「五事具足者聞解深密經已，始能親證經中所說甚深佛法」之原意，故意顚倒其說爲：「五事具足者不須聞受解深密經之勝妙法義」。何故說爲故意顚倒其說？謂經文如是語意極明，非是模糊籠統之說；而印順乃是具有深厚中文修養之人，絕非是讀之不解之人；讀而能解之人，竟作完全與經意相背之說，當知必是故意曲解者，……由是緣故，說印順其人居心不良，心地歪斜，非是質直之人也！[2]

釋印順說「分離俗有」的見解，《解深密經》與龍樹菩薩「為初學者作差別說」的見解完全一致，這是釋印順故意錯解。

平實導師云：

《解深密經》並未分離俗有，而是總說俗有，歸於自心現量，未曾一言一句分離俗有；觀乎《解深密經》所說意旨，處處可知可見「攝諸俗法乃至勝義諦歸於自心現量」，印順竟可作是故意曲解之說，令人深覺其故意附和密宗應成派中觀見之不良居心也！[2]

釋印順之所以要故意曲解經文，目的就是要讓讀者認為經文也是這樣說的。然而八識心王是真心與妄心同時和合運作，若真心是假說，則八識皆妄；妄心滅的時候，八識全滅，那不是斷滅又是什麼？釋印順佛經看多了，當然也知道這個道理，所以他怕變成斷滅見，遂把意識的一部分稱為細心（細意識、意識細心），而說細心不滅，可以到下一世去。然而事實上意識就是意識，意識是生滅法，意識不論粗細都是意識，意識不可能到下一世去；能到下一世去的不是第六意識，而是第七識跟第八識；偏偏釋印順又否認第七識、第八識（參見Y．○一，頁一○九），結果他解釋佛法就都不通，而這個妄解佛法的根源就是因為他只相信密宗應成派中觀，想以這種外道喇嘛教六識論的假中觀思想來解說佛法，這是永遠不通的；因此他就要把經文的意思扭曲，來配合他的邪見，亦因此他說真實唯心是方便說的，以此來誤導學人。

所謂真實唯心是說這個心是真實的，而萬法唯此一真實心所生，非由他法可以出生之。實言之，八個識並非全部真實，也非全不真實，不可一概而論。佛法是真實法而非虛假法，如果連真實心也是假說的，那佛法還有什麼是真實法？信奉印順派六識論的緣起論者或以為緣起法是真實法，然緣起法非心，緣起法還是要依於此真實心方有；若無此真實心即無蘊處界之出生，就沒有蘊處界緣起性空這個緣起法；故說「**三界唯心，萬法唯識**」。如果依釋印順的說法，依蘊處界而有的緣起法為真，則能生蘊處界的此「**心**」更是真實，真實就不可以說是方便假說的，可見有個眞實唯心的第八識在，而祂不是假說的。世界之所以有成、住、壞、空之現象而不斷輪替重複，皆因有緣眾生之眞心——第八識如來藏中蘊含之共業所感，乃是眾生眞心中之不可知執受所共成，非自然成，非某神所造；此不可知執受即是眞心第八識如來藏之功能作用，所謂眞實唯心就是說，三界一切有情唯此第八識如來藏眞心所成就，故眞實唯心不是方便假說的。

玄奘大師於長安城門高懸四字：「眞唯識量」，即是證驗三界唯心、萬法唯識之理，一千多年來無人能破之，也永遠無人能破，因爲祂即是佛教的眞理；離開了這個眞理，就不能稱爲佛教，只能稱爲外道；至於要稱爲什麼教名都可以，就是不許稱爲佛教。若有人妄稱沒有眞唯識量的宗教爲佛教，則應趕出佛門，劃清界線，以免混淆而誤導蒼生。

釋印順說眞實唯心是方便假說的，這表示他不相信有眞實心。不相信的原因是他找不到，但找不到眞實心並不妨礙你修行，只要不否認祂，不去毀謗祂就可以了；等到有一天找到了就會生起實相智慧，那就是開悟；開悟之後就可以證明確實有眞實心——第八識如來藏，證明 佛是眞語者、實語者、不異語者。佛陀不可能方便假說有眞實心來騙我們修行，若沒有眞實心，八識就不具足，「眞唯識量」即不能成立，故眞實唯心不是方便假說的。

眞實心是不是第八識如來藏、阿賴耶識？釋印順說：

自性清淨的如來藏，在阿賴耶識（阿賴耶識是一切法的根本或中心）深處，所以到了《勝鬘經》，如來藏也就被稱作『自性清淨心』，與心性本淨說相合，展開了眞心論的思想系。但這是眞實心，是核心，心髓的心，切勿誤作一般的心。

（Y．一〇，頁三八九）

所謂一般的心即是意識心，不同於第八識如來藏這個眞實心。意識是生滅的，夜夜眠熟時都會斷滅，如來藏則非生滅，故稱爲眞實心。釋印順說：

其實，如來藏心體、相，都不可滅；雜染虛妄心體、相，都可以滅。現在以究竟眞實心爲心體，現起的虛妄雜染相爲心相，不過是一途方便。《楞伽經》說業相滅、阿賴耶自眞相不滅，也即是此意。虛妄幻相滅，眞實心體不滅，今舉譬喻來說。（Y．一七，頁二一四～二一五）

聖教量中所謂「三界唯心，萬法唯識」即是唯此眞心而有一切萬法，沒有眞心就沒有萬法出生，所以眞心一定是有。既然說有「**眞實心體不滅**」，那就表示有眞實唯心，所以眞實唯心不是方便假說的。釋印順說：

要進一步的達到一切唯是眞實心，方是唯心的極致。不但妄境依於妄心，妄境妄心又都是不離眞心而現起的。一切的事相與理性，雜染與清淨，統攝於眞常心中。本論從眾生心有覺與不覺義說起，能綜合主觀（攝所從能）、客觀（攝現從種）、眞常（攝事從理）的三類唯心說。《楞伽經》也是貫徹此三者而說唯心的。所以眞能悟入眞如理性時，唯一眞心，而到達絕對唯心論的實證。（Y．一七，頁一八五）

釋印順既然說唯一眞心可以到達絕對的實證，則此眞實唯心便不是方便假說的。儘管釋印順處處想要消滅眞實心、否認眞實心，但他一旦照著經文講就不能說沒有眞實心，因此經文跟他的思想是互相矛盾的，這也是他內心痛苦的地方。其實只要照著經文，依文解義，自己的妄心不要亂創見，知之爲知之，不知爲不知，也就沒有過失了。但他就是喜歡逞強亂說，譬如說：【**眞實心在纏爲「如來藏心」，出纏爲「佛之知覺」**】（Y．一八，頁一五九），佛地的眞實心改稱爲無垢識，但因地無覺無知的第八識心體轉變成的，成爲佛地無垢識時才能與五別境、善十一等心所法相應而有覺知。不可以說因地的眞實心有知覺，也不可以因爲佛地的眞實心有知有覺就說佛地眞實心是意識。成佛以前能夠有知覺的都是意識心，不是眞實心，由此可見釋印順的佛學常識嚴重不足。釋印順是中國人，他深知中國人有大乘精神，對眞實心如來藏是佛法的核心極爲熟悉而不懷疑，可是他卻偏偏想用密宗應成派中觀的六識論邪見來推翻祂。他對如來藏並非全然無知，可是他的企圖實在居心不良。他說：

如來藏教義，在中國佛教界，是最熟悉的一種教說，特別是中國盛行的《楞嚴經》與《起信論》，可說完全是這一思想的代表經論。中國佛教徒，一說到如來藏，便想到一切眾生有佛性，可以成佛；如來藏成了佛教的核心教義。可以說，離開如來藏，即不能顯示佛法的深廣圓妙。這一點，中國佛教可說繼承了印度後期佛教的此一特色。太虛大師說：如來藏、佛性，爲大乘不共小乘的特質。佛法中通常所講到的業、輪迴、性空、緣起，都還是小乘中所共有的，唯有如來藏這一教說，爲小乘所沒有的大乘特義。後期的眞常大乘，特別著重發

揮此義。（Y．〇七，頁三〇三）

如來藏思想歷經元朝、明朝、清朝遭受信奉喇嘛教的皇帝打壓，已經式微；釋印順又說：【自民國以來，講唯識的「南歐北韓」——南方的歐陽竟無，北方的韓清淨，均不以如來藏說為中心。】（Y．〇七，頁三〇五）拉攏南歐北韓，然後認為佛法應從印度去瞭解而說：

現在修學佛法，不能一味以中國的為是，因為佛法是從印度來的，佛法的根本是在印度，應該從印度佛教去作更深切的了解。但中國佛教——對中國文化思想有深切關係的中國佛教的內容，我們也非了解不成的。如來藏說是印度傳來的，應該了解如來藏在印度本來的意義，這才更能了解中國以如來藏為中心的佛法。（Y．〇七，頁三〇五）

然後又說：

如來藏即是如來法身；這與印度宗教所說生死涅槃主體的我相近。印度宗教所說的我，與如來藏為生死涅槃所依，極為相似，頗感困惑，不易區別。（Y．〇七，頁三一八～三一九）

這樣如來藏在釋印順眼中就變成印度教神我了。但如來藏常樂我淨的「我」，並非五陰之我，可是釋印順卻說：【我的意義為自在，自己作得主；這與佛法所講由修持而得自由自在，不為煩惱所污，不為境界所轉，同一意趣，這是大乘所共認的。】（Y．〇七，頁三一八）但背後的眞相卻是：如來藏是不作主的，能作主的是意根末那識。釋印順卻裝糊塗而亂套，其目的無非要把眞實心如來藏否認之後進而消滅掉，把佛門四眾導入他所信奉的密宗應成派六識論的假中觀，因此說他居心不良。

研究眞實心如來藏最透徹的地方是台灣，而不是釋印順所推稱的印度，印度佛教已經被印度教、喇嘛教污染。佛教的核心如來藏在彼地已難聽聞，台灣因爲有大善知識 平實導師出來弘揚而廣爲人知。如來藏是可以親證、實證之法，故稱爲眞實心；一切萬法皆唯此眞心而有，故稱爲唯心，所以眞實唯心是眞實法，不是方便假說的。釋印順說要到印度找佛法、找如來藏，是什麼意思？其實，古代就有法師不畏千里迢迢，前往印度取經，其目的就是要找出如來藏的眞正意義；其中最重要的是聖 玄奘大師，如果如來藏是印度教的神我意思，玄奘大師早就替我們講清楚了，不必等你釋印順來講。印度教可以誤解如來藏，而把如來藏說爲印度教的神我；但是佛教的如來藏卻是第八識眞心，而不是印度教的第六意識神我。就好像古代印度很多修行人都說他是阿羅漢，結果佛所說的才是眞正阿羅漢，因此古印度修行人所說的阿羅漢，其實都不是佛教的阿羅漢，因爲落入六識論神我思想中的人，連解脫果的斷我見初果都不可能實證。釋印順放著 玄奘大師千辛萬苦取回來的經典不去研究，反而想到印度去研究如來藏是什麼意思？今日在印度所謂的佛教早被譚崔密教所掩蓋，他們都不是開悟明心的人，怎麼知道如來藏是什麼意思。所以唯一能夠證明如來藏是什麼的人，是破參開悟者，而非近代的印度修行人；若不知道這個道理，那就是問道於盲了。

想要證明「眞實唯心」是客觀還是主觀？釋印順說是主觀，因此他在《大乘起信論講記》中說：

但唯心論的證明方法，始終是不離主觀唯心的立場。或以憶念過未無體說，或以定心境界說，證明境依心起，心生法生。賴耶唯心或眞常唯心，決非一般所能信受解了的。（Y．一七，頁一八五）

主觀的唯心論釋印順不能接受，那麼客觀的呢？釋印順又有話說了，他在《大乘起信論講記》中說：

> 客觀唯心論，還是不徹底的；因爲清淨的，無爲的，不是此妄識所顯現的。要進一步的達到一切唯是眞實心，方是唯心的極致。不但妄境依於妄心，妄境妄心，又都是不離眞心而現起的。一切的事相與理性，雜染與清淨，統攝於眞常心中。本論從眾生心有覺與不覺義說起，能綜合主觀（攝所從能）、客觀（攝現從種）、眞常（攝事從理）的三類唯心說。《楞伽經》也是貫徹此三者而說唯心的。所以眞能悟入眞如理性時，唯一眞心，而到達絕對唯心論的實證。（Y.一七，頁一八四～一八五）

主觀的不行，客觀的也不行，那要什麼觀的才行？莫非「**印順觀**」的才行？釋印順不知道佛法是甚深極甚深的無上法，不是他用主觀、客觀兩下子就可以推翻的。佛法還有聖教量、至教量、比量，可以聖言量、實證、現觀、現量等方法，一起來證明眞實唯心是正確的；六識所見的虛妄「**唯心**」（指意識心）也是正確的，「**虛妄唯心**（識）」與「**眞實唯心**（識）」互存並無衝突。唯識不可以只講虛妄唯識門而不論及眞實唯識門，否則就非完整的唯識學。眞實唯心不是一種思想或理論，祂是可以實證的，而且必須實證，才能「**悟入眞如理性**」，才能有「**到達絕對唯心論的實證**」。印順會這樣表達文章，自己卻又不信受，這是分明顯示出他心不得決定的苦惱，他不知道眞實唯識就是眞實唯心，眞實唯心是眞實存在，所以眞實唯心不是方便假說的。

筆者所謂「印順觀」是說釋印順的佛教思想，印順認為眞實唯識的眞，與虛妄唯識的妄，眞常唯心者說眞妄和合，是「此路不通」的，這種想法在他的《中觀論頌講記》中說：

那麼，兩法和合在一處時，這還不是你是你我是我，根本生不起關係。伴與非伴，又有什麼差別？所以說「離伴亦應合」。論主所以用破一的理由同樣的去破異，因為獨存的一，與孤立的異，只是同一思想的兩面。所以獨存的一不成立，一個個孤立的異也就不成。一異和合既都不能建立，染染者的成立，自然大成問題。眞常唯心者說眞妄和合，當然也此路不通！（Y．〇二，頁一三八～一三九）

所謂「獨存的一」即是如來藏，「孤立的異」即是萬法。釋印順的錯誤是把兩者當作「**同一思想的兩面**」，結果是「**一異和合都不能建立**」，當然此路不通。不通的原因是如來藏乃是可以證實的法義，不是一種思想，也不是緣起性空的假說，這一點釋印順始終無法信受，因爲他沒有辦法實證眞實心，所以才會說【**都還不是明顯的眞常唯心論的思想**】（Y．〇二，頁一六）。一般人也許不知道「**法義**」跟「思想」有什麼差別，但宗教學者應該知道法義就是依唯一眞理的親證而說的，而思想即是意識思惟想像的內涵。「**同一思想的兩面**」當然是意識的兩面，意識的兩面都是第六識（思想），第六識是萬法之一，所以是「**孤立的異**」；印順把「**獨存的一**」（第八識如來藏）的實證所說也當作思想，結果是兩個思想互相衝突而無法關聯，他想來想去之後當然此路不通；這是釋印順的思想不通，不是眞常唯心者所說的眞妄和合不通。如果把如來藏排除掉，而說意識能有眞妄和合，當然不通；因爲意識自身只有妄心的本質，離了眞實心如來藏，意識的生起與存在都不能成立了，又怎麼會有眞妄和合的理與事？其實釋印順在依照經文講經的時候，也講過這個道理，只是他不信受或是沒有勝解，所以沒有念心所而忘記了，所以才會不通。

釋印順在《勝鬘經講記》說：【**眞常唯心論者，即說常住不變的如來藏爲生死**

依。】（Y．〇三，頁二四〇）

又說：

> 這樣，生死依如來藏，如來藏常住，無本際可說，所以生死也就本際不可得。這樣，「有如來藏故說」有「生死」，生死是依如來藏的；如有作這樣說的，「是名善說」。如不說依如來藏有生死，不但不是善巧的說明，而且根本就說不通。（Y．〇三，頁二四〇）

釋印順只要照著經文，依文解義，也就沒有過失。如來藏是眞實存有，是不可以毀謗的，如果否認如來藏，就是毀謗菩薩藏，如此則連西方極樂世界都去不了，可見毀謗如來藏這個眞實常住心的嚴重性。可是釋印順常常亂說法，他說：「**有了一切空的經典，就有把一切空看為真實常住的**。」他在《中觀論頌講記》中說：

> 有了一切空的經典，就有把一切空看爲眞實常住的。所以說眞常妙有在龍樹以前，自然沒有什麼不可，可是到底不是一切法空的本義，更不是時代思潮的主流。從空轉上不空，與眞常心合流，思想演變到《涅槃》、《勝鬘》、《楞伽》等經的眞常唯心論，卻遠在其後。（Y．〇二，頁一五～一六）

「一切空」與「眞實常住」是兩個法，可是釋印順卻把這兩個法弄成一種思想；印順認爲有這種思想的人不是只有他而已，是「有人」也這樣想，所以他說：**不過龍樹以前是一切法空思想發揚的時代，雖或者有人看做眞常的，但不是性空的本義。像眞常空與眞常心合流的眞常唯心論，都比一切空要遲得多。**（Y．○二，頁一一六）

眞實常住即是如來藏，如來藏即是眞實唯心；一切空是說已生的蘊處界必歸無常而一切法空，但如來藏不是蘊處界所攝的法，是能生蘊處界的實相法界，所以如來藏不是一切法空，因此眞實常住與一切法空是兩個法，卻不即不離。一切空的經典怎麼會把一切空看成眞實常住？釋印順自己誤會了又誣賴爲般若系的經典妄說。一切空了，還有什麼眞實常住？佛法是說一切法空的背後，有個能生萬法的「眞實常住」，此「眞實常住」即是如來藏，所以才說「**如不說依如來藏有生死，不但不是善巧的說明，而且根本就說不通。**」但釋印順偏偏就是要否定如來藏而去說不通。

「考據」釋印順這種思想由來，從這一段文章可以判斷他認爲如來藏不是一切法空的本義，如來藏是思想的演變，是到後來才有的眞常唯心論。然而凡夫宗教家的思想儘管會演變，如來藏卻不是一種思想，如來藏是一個能出生你的思想的「不是東西的東西」。佛法自始至終都不能離開如來藏而說，沒有如來藏就沒有佛法可說，始從四阿含，中如般若系諸經，末至方廣唯識諸經，莫非如此。所以說不依如來藏而說有一切萬法、有生死，根本就說不通。如來藏即是眞實唯心、眞實常住，所以說眞實唯心不是方便假說的。

然所謂「眞實」者，並不是說如來藏這個金剛心有眞實知覺性或思量性，故平實導師唯恐眾生誤會，因此於《楞伽經詳解》多加說明云：

若有人因證得此金剛心而說之爲眞實者，即爲誤說，此心絕無知覺性與思量性故，是故不應說之爲眞實。然而爲度諸多二乘愚人與大乘凡夫故，卻以無量言語而述說其有眞實體性，述說其常住不壞之金剛性，余亦因此而造《眞實如來藏》一書，以化愚凡，然我心中實未曾有眞實之感，皆因此金剛心絕無知覺性與思量性故，是故若說眞實者，此心即無實。佛言有此心，而且說此心能起眾多法相者，乃是爲化諸多二乘有學無學愚夫，令知此心實無知覺性、思量性，而能生起種種法相；證已，則生實相智慧，則不須執著之，方得解脫。眾生若言此心有知覺性、思量性者，則非眞實說也，故說「心即無眞實」。然而印順卻隨文取義，墮於文字之中，誤會佛意而作諸妄解。[2]

佛法的深奧就在這個地方，若無大善知識出來指導，大家隨著釋印順的誤導，走錯了方向，一定愈學愈糟糕；有志學佛者，必須棄邪歸正，不要以爲學釋印順的路、走喇嘛教的路也可以成就佛道，那是不可能的；走在非佛法的路上，離正法越走越遠，怎麼有可能成就佛道？佛法有八萬四千法門，但就是沒有釋印順這個處處曲解經教的邪門！

1 《菩薩本行經》卷三，《大正藏》冊三，頁一一三。

2 平實導師著，《楞伽經詳解》第十輯，正智出版社，二〇一二年八月初版四刷。

## 一九 論釋印順說「細意識」是「有取識」

應成派中觀師釋印順，在《佛法概論》中說：【此（細）意識爲「名色緣識，識緣名色」的有取識，即與極微細的我見、我愛、我慢相應的染識。】（Y．○一，頁二一○）

「有取識」，就是釋印順所說的「入胎識」（參見Y．○二，頁五一九）；釋印順認爲意識的細分「細意識」就是有取識，那細意識就是能去投胎的入胎識了？然而意識不論粗細，乃至達賴喇嘛說的極細意識，都是意識，生滅無常的意識怎麼能夠去投胎、住胎？這是釋印順一個極大的錯誤！也給看他書的人開了一個天大的玩笑，只可惜這個玩笑一點也不好笑，因爲被誤導的人根本笑不出來。

大家何不想一想：意識是可以作分別而幫助意根，讓自己決定要去作什麼事情的；你的意識會分別事物而提供給你作判斷，然後你再決定要不要作。這是大家可以現前觀察的事實。既然如此，那我們要去投胎的時候，意識就可以幫忙，看到好的家庭才去投胎，至少最貧窮的非洲國家連塡飽肚皮都困難的地方就不要去了；如此一來窮人家死光了之後（因爲無人去投胎），全世界都是富有家庭，豈非天下太平？這時候釋印順可以叫他的徒弟證嚴法師把慈濟事業關門大吉，不必再作布施了，大家都享福去了，眞是快樂！這種妄想，一定會有許多人罵爲愚癡，但應該要罵印順法師才對呀！不過認同釋印順的這些人也許會說：「**細意識不是意識，細意識就是有取識，有取識即是阿賴耶識。**」假如釋印順認同這樣的說法（參見Y．○九，頁一一九），把細意識全改正爲阿賴耶識，看起來這就符合佛法了；但是這樣也有問題，阿賴耶識不能叫作「**細意識**」，因爲阿賴耶識不是意識的緣故，釋印順若是眞的這樣作，也只是想要把阿賴耶識歸納爲「**第八意識**」的手法。除非釋印順根據　佛陀經典中的至教開示，不用意識來定義第七、八識，而全部改爲意根與阿賴耶識，才稍微符合經典文義。可惜釋印順至死都沒有改正，所以不得不來辨正一番，以正視聽。

釋印順既然否定第七識、第八識而說：【**那裡會有七識、八識？大乘學者所說的第七識、第八識，都不過是意識的細分。**】（Y．○一，頁一○九）則他是六識論者應無疑義，六識論者的細意識當然還是意識，第六識（意識）怎麼會是第八識（有取識——阿賴耶識）？「名色緣識，識緣名色」的「識」是執持業種的第八識，不是第六識；因爲「名」已經包括七個識，意識已在「名」中，故此「識」乃是第八識。入胎而住的第八識又名自性清淨心，有取識既是第八識，則應是清淨心，清淨心怎麼會是「極微細的我見、我愛、我慢相應的染識」？極微細的我見、我愛、我慢乃是第七識意根因爲無明而有的煩惱，不是自性清淨的有取識的煩惱，於此可見釋印順的佛法都是亂說、亂套，根本不符合佛法定義。

印順法師的信徒們認爲要用細意識去分辨、投胎，這是沒道理的。可是釋印順說：

> 如出入息是身行，四禪以上的有情，出入息的呼吸（身行）滅了，而身仍然存在。這樣，受、想是心行，也不妨受、想滅而細意識存，何必要責令心與受、想的心行俱有俱無呢？（Y．〇九，頁一五三～一五四）

釋印順認爲四禪以上還可以「想滅而細意識存」，這是哪一門子的四禪？實在令一切實證四禪的人都看不懂，因四禪中的意識仍存在，不是滅了意識而沒有意識存在，當然還有想陰存在，怎能說是「想滅」呢？看來他是把四禪、四空定中的微細想陰誤認爲語言文字妄想的極粗想陰了。但意識再怎麼細，都還是意識；若是阿賴耶識再怎麼粗，也還是阿賴耶識；不可能粗的阿賴耶識就叫作細意識，或是細的意識叫作阿賴耶識。沒有意識就沒有「想」（編案：在《阿含經》中 佛說「想亦是知」有知即是有想。），怎麼「想」滅了還會有細意識獨存？這是不符合聖教及理證事實的，顯然釋印順誤會經論所說的這個「細意識」就是阿賴耶識，那就應該把祂改正爲阿賴耶識。

釋印順雖然說細意識即是阿賴耶識（第八識），但他又說細心（細意識）就是第七識，從這裡我們可以看出他是於內有恐懼的，因爲對「心」不瞭解所以才會講來講去都說錯，他在《唯識學探源》中說：

《唯識了義燈》卷四，敘著各派關於「說心爲種子」的意見，可以參考。經部學者，像上座師資們的細意識，「是所熏習，能持種子」。細意識上相續轉變差別的生果功能，是生起一切諸法的因緣。它們雖沒有離六識以外，建立集起心，但對心有「種子積集處」，和「心上功能生起諸法」的集起義，也早就成立。一類經爲量者，只是在六識以外，建立一個一味相續的細心而已！主張滅定有心，本來在執持根身和任持業力。現在既建立了第七細心，那集種起現的作用，自然也移歸第七。無心定和滅受想，是依六識說的。定中的識不離身，是依集起心說的。以集起心釋滅盡定的識不離身，可說恰到好處。（Y．一四，頁八二～八三）

釋印順一生最大的錯誤，就是他青年的時候相信喇嘛教應成派中觀的外道六識論邪說。喇嘛教根本不是佛教，最簡單的辨別就是喇嘛教是六識論者，不是佛教的八識論法義。您用六識來論佛法，把細意識當作第八識，把細心當作第七識，結果第七識、第八識都是意識，佛教說的佛法就不見了！這是有根據才作這樣的判斷，釋印順的細心還是不離細意識，然後把細心、細意識當作本識（阿賴耶識）：

釋印順的《唯識學探源》說：【唐玄奘說：上座學者，有離粗意識而別立同時細意識的。分別說系的細心說，與唯識學的本識，確是非常的接近。】（Y．一四，頁八九）

把細意識當作本識，那應該有第八識吧？因爲本識就是阿賴耶識，阿賴耶識就是第八識呀！但是釋印順認爲細心、細意識「還不過是六識」，始終跳不出六識的範圍：

《唯識學探源》：【《異部宗輪論》說大眾部末宗異義，有主張「有於一時二心俱生」的。這二心俱生，還不過是六識並起。但細意識的思想，《異部宗輪論》也確已提到，它說：「心遍於身。」】（Y．一四，頁一一九）

讀釋印順的書不要想從裡面懂得佛法，您光想要讀懂釋印順在說甚麼就很困難了，不信的話不妨自己問看看：

一、印順說的細心是第七識

二、印順說的細意識是第八識

三、印順說的細心是第八識

四、印順說的細意識是第七識

答案好像都對，其實都不對。

也許有人會說：總要有一個猜對的吧？

釋印順若會讓你猜對了，他還叫釋印順嗎？請看下文：

一切——六識的根源。舉例說（過去舉波浪所依的大海水喻）：六識如從山石中流出的泉水，而意根卻如地下水源。地下水是一般所不見的，卻是存在於地下深處的。地下水從何而來？這是從雨水，及水流浸潤而潛存於地下的。意根也是這樣，源於過去的認識，過去了，消失了，卻轉化爲潛在於內的「細意識」。在大乘佛法中，更分別爲末那識與阿賴耶識。過去意識（總括六識）所轉化的，統一的，微細潛在的意根，在「人心」的了解中，極爲重要！「人心」，不只是一般的五識與意識而已。（Y・一九，頁一五三～一五四）

您看出來問題在哪裡了沒有？

他說「細意識在大乘佛法中，更分別爲末那識與阿賴耶識。」這是把意識分割出一個細意識，再把細意識更分別爲末那識與阿賴耶識，結果他的第七識、第八識全都是意識；所以持六識論的人，他的細心、細意識永遠都是意識，不是佛法中說的意識所依的第七識、持一切種子的第八識。因此他才會說：「大乘學者所說的第七識、第八識，都不過是意識的細分。」然而，大乘佛法永遠是八識論，即使是四阿含諸經講的聲聞解脫道也還是八識論，都不是六識論。〔編案：詳見《阿含正義》一～七輯之引證。正智出版社，二〇〇七年八月初版。〕

所以釋印順所說的都是外道法，既不符大乘諸經，也違背阿含諸經，不是佛法。

釋印順認爲：

不論刺激那一部分，那一部分就能引起感覺；這可以證明有心在執受著。心若一旦不起，根身再也不能有所感覺。所以，大眾末計的細心執受，就是生命的象徵，一切感覺的來源。刺激多方面或者全身，就能引起全身的感受，因此證明心識是普遍的執受著。不然，也就不能同時生起多方面的感受了。大眾部的執受心，是常在而有演變的，在不息的變化中，適應眾生身量的大小而大小。

（Y．一四，頁二一九～二二〇）

他從「心遍於身」的無時不在而想到六識是會間斷的，顯然還有一個不會間斷的心；但他卻將這個遍依根身的執受心仍歸類爲意識，說之爲細意識，是遍依於身的細心。佛法中的第七識、第八識他偏偏不信，全部用意識來解釋：【這遍依於身的心，無時不在，而六識卻是起滅間斷的；所以遍依根身的執受心，必然是細意識。這遍依於身的細心，不但與大乘唯識學上的本識執受根身有關，就是

**對藏識之所以爲藏，也有直接的關係。】**（Y．一四，頁一二〇）假如以上面的文字和他書中的其他文字來解讀，釋印順認爲第七識、第八識都是細意識（細心），細心是本識（第八識），第七識則是從本識分出的（參見Y．〇九，頁四九二）；但他翻來覆去的解釋其實都是文字訓詁而非實證，所以全都言不及義，根本無法探究到第一義諦的中心——本識——的眞實義是什麼？

本來經論就已經講得很清楚明白本識的意義了，但釋印順就是要用喇嘛教的六識論來曲解爲「**生起六識的細心**」（細心能生六識，而細心又同時是被生六識中的意識）；他說**【根本識與大眾系末宗異義的細意識，只是一體的兩面】**（Y．一四，頁一二二），又說**【他們的經中說有「根本識」，其實也是「異門」宣說賴耶。根本識，就是細心，就是識根。……此中說的根本識，實在就是意根，就是十八界中的意界】**（Y．〇九，頁六五）您讀他的書，根本不知道他所謂的根本識——細心、細意識——到底是指賴耶還是意根？其實也不必懂這些，因爲他自以爲找到了根本識的來源，認爲《解深密經》的阿陀那識、《楞伽經》的一切根識，都是直接從這細意識「根本識」演化而出；而說根本識與大眾系末宗異義的細意識，只是一體的兩面。他說根本識就是有取識，根本識又是細意識，而細意識就是意識。如果細意識是有取識，那佛法教義是不是只有六識？因爲意識再怎麼細都還是意識。釋印順如是胡亂解說佛法，我們只能說他是剃頭穿僧衣而不信佛法的人，且舉一段他的著作來證明對他的評論都是有根有據的：

《唯識學探源》：

### 第三項　生起六識的根本識

大眾部的根本識，是六識生起的所依；無著論師在《攝大乘論》裡，早就把它看成阿賴耶識的異名。論上說：

「於大眾部阿笈摩中，亦以異門密意說此名根本識，如樹依根」。

世親《釋論》（卷三），作了簡單的解說：

「謂根本識，爲一切識根本因故；譬如樹根，莖等總因，若離其根，莖等無有」。

「如樹依根」的依，世親解釋做諸識的根本因。護法《成唯識論》（卷三），說「是眼等識所依止故」。有人望文生義，說世親是約種子作親因說的，護法是約賴耶現行作六識俱有依說的。其實，大眾部並不如此，世親也是從現行的細心而說。像世親《三十唯識論》說的「依止根本識，五識隨緣現」，幾曾有種識的意味？**這生起六識的細心**，像樹莖、樹枝所依的樹根一樣。在這裏，見到了本識思想的源泉，也見到了「本識」名字的成立。**《解深密經》的阿陀那識，《楞伽經》的一切根識，都是直接從這「根本識」演化而出。本識思想的成立，**雖說與上面所敘述的眞我、細蘊、細心都有關係，雖可說是這些思想共同要求的合流，但比較主要的，要算大眾部的根本識，分別論者的一心，經部的集起心。它們在建立的目的及說明上，各有它的側重點；而根本識的重心，在說明心理活動的源泉。

**根本識與大眾系末宗異義的細意識，只是一體的兩面**，應該把它綜合起來考察。這要從六根說起：五色根，佛弟子間有兩個不同的看法：薩婆多它們說眼等五根是微妙不可見的色法。根的作用，是攝取外界的相貌；因色根取境的功能，才能引起眼等五識，識的作用是了別。還有大眾部它們，說眼等只是血肉的結合，它根本沒有見色、聞聲的功能，見色聞聲的是五識。大眾系既沒有把引發精神活動的能力，給予五根，五根只是肉團，那末對於根身靈活的感應，與所以不同非眾生的色法，自然要給以其他的解說，這當然是意根了。談到意根，各方面的意見更龐雜。上座系的銅鍱部，說意根就是肉團心，就是心藏；它把意根看成了物質的。其它學派，一致把它看做心法，這當然要比較正確得多。佛說十二處總攝一切法，如果把意處的意根，看成色法，那一切心心所法，又攝在那一處呢？在意根是心的意見裏，又有過去心與現在心兩派：說一切有系，是主張過去心的：它們不許二心同時現起，不許六識外別有細心，所以說剎那過去的六識，能引起後念的六識，叫意根。但意界是常論者，和大眾部，是在六識以外建立一個恆存的細心，**這細心有生起六識的功能**。（Y．一四，頁一二〇~一二三）

釋印順如此說，是直接把無著、世親、護法、玄奘的八識論正理曲解為六識論邪法，誤導大眾認為這些聖者的見解都和他一樣是六識論；但是遍閱這些賢聖著作的論中，全都是主張八識論的聖教，與釋印順說的完全不同。佛教教義如果是釋印順所說的六識論，那佛法的殊勝就不見了，跟外道有何差別？

佛教史研究者一致的正確說法是「密教興而佛教亡」，現代正覺同修會從實證佛法的智慧來看也印證了這樣的說法，印度佛教的滅亡難道不是因爲密教的崛起嗎？而密宗喇嘛教紅、黃、白、花四大派都是六識論者，所以不論什麼宗派，凡主張六識論者都是外道邪見，不能稱爲佛教。從 世尊到現在，大乘法義從來沒有變異，也永遠不會有演變而變異，這才是佛法！不然，如上文釋印順把意根說成是「**心的意見裡，又有過去心與現在心兩派**」，那意根豈不成了兩個？在二乘解脫道中，過去心與現在心都是在講意識（第六識），怎麼會變成意根（第七識）？他又說：「**刹那過去的六識，能引起後念的六識，叫意根。**」但刹那過去的六識已經滅了，如何能再引起後念的六識？這就必須要有第七識、第八識才能夠讓六識再度現起，不是六識滅了，無因無緣又能生起後念，可見第七識、第八識的實際存在是不可以否認的，不但比量上如此，在實證的現量以及聖教量中也都是如此。若說「**這細心有能生起六識的功能**」，則此細心即是第八識如來藏；釋印順把意根當作意識，把第八識如來藏這個根本識、有取識也當作意識，於是否認第七識、第八識，但他否認了第八識就無佛法大義可言，當他否認了第七識，則 佛說的十八界就成爲只有十七界，這哪裡是佛法？眞是不通、極不通！不對、極不對！

## 二〇　論釋印順的「善知識」

釋印順對佛法名相的解釋，有許多地方跟標準佛法的定義非常不一樣，其標新立異之處，令人訝異不解，有時甚至會覺得毛髮悚然！他的解釋有時候看來好像正確，但其實是違背正理且互相矛盾，所說都是曝露自己的墮處卻不自知，我們來看他的《佛法概論》中是怎麼說的：

親近善知識，目的在聽聞佛法。但知識不一定是善的，知識的善與惡，不是容易判斷的。佛法流傳得那樣久，不免羼雜異說，或者傳聞失實，所以品德可尊的，也不能保證傳授的可信。善知識應該親近，而不足為佛法眞偽的標準，這惟有「依法不依人」。（Y．〇一，頁二三九）

釋印順認為：

一、親近善知識，目的在聽聞佛法。

二、善知識的品德雖然是可以尊貴的，但也不能保證他的傳授是可信的。

三、善知識雖應該親近，但卻不足為佛法眞偽的標準。

四、要依法不依人。

釋印順主張親近善知識是要聽聞佛法，卻又說不能保證善知識的傳授是可信的，那他這裡所說的善知識，根本就不是善知識；既然不是眞善知識，那根本就不該親近。看到釋印順這樣對善知識的解釋，心中著實令人大為震驚！天底下竟然會有這種善知識？這種人也可以稱為善知識嗎？釋印順自己也知道，親近善知識的目的是為能聽聞佛法，如果善知識所說違背　佛陀開示的正理，那就不是善知識了。

現見釋印順及其六識論的隨學者，都是「依人不依法」的人，懾於大師的崇拜，沒人敢說大師的錯；敢說大師不對而且舉證分明的人才是「依法不依人」的人，因為　佛陀所說明明是八識論，不是六識論。釋印順所說的「善知識」其實是假善知識，不是眞正的善知識。這種假善知識，如釋印順自己所說，你很難分辨出他是假善知識，因為他的品德是可尊的，外相你難挑剔，表面上看來也有持戒律、也具威儀。但若是討論他的品德就很容易變成是在作人身攻擊，所以只有法義的對錯是可以公開評論的目標。

我們參考《佛光大辭典》對「善知識」的解釋：

名相：善知識

釋文：……指正直而有德行，能教導正道之人。又作知識、善友、親友、勝友、善親友。反之，教導邪道之人，稱爲惡知識。

據《大品般若經》卷二七〈常啼品〉載，能說空、無相、無作、無生、無滅之法及一切種智，而使人歡喜信樂者，稱爲善知識。《華嚴經》〈入法界品〉記述善財童子於求道過程中，共參訪五十五位善知識（一般作五十三位善知識），即上至佛、菩薩，下至人、天，不論以何種姿態出現，凡能引導衆生捨惡修善、入於佛道者，均可稱爲善知識。

又《釋氏要覽》卷上引《瑜伽師地論》，舉出善知識具有調伏、寂靜、惑除、德增、有勇、經富、覺眞、善說、悲深、離退等十種功德。另據《四分律》卷四一載，善親友須具備難與能與、難作能作、難忍能忍、密事相告、遞相覆藏、遭苦不捨、貧賤不輕等七個條件，即所謂「善友七事」。

經論中臚舉善知識之各種類別，據智顗之《摩訶止觀》卷四下載，善知識有如下三種：（一）外護，指從外護育，使能安穩修道。（二）同行，指行動與共，相互策勵。（三）教授，指善巧說法。（T‧〇九，頁四八八四）

諸經論中臚列出善知識之各種類別及功德等，實在非常的多，主要是因為善知識太重要、太尊貴了，想要被稱為善知識是極為困難的，譬如《華嚴經》中說菩薩摩訶薩有十種善知識：

一、能令安住菩提心善知識。
二、能令修習善根善知識。
三、能令究竟諸波羅蜜善知識。
四、能令分別解說一切法善知識。
五、能令安住成熟一切眾生善知識。
六、能令具足辯才隨問能答善知識。
七、能令不著一切生死善知識。
八、能令於一切劫行菩薩行心無厭倦善知識。

九、能令安住普賢行善知識。

十、能令深入一切佛智善知識。

這裡面都沒有提到善知識要品德良好，爲甚麼？因爲品德良好乃是世間作人之基本要件，何況身爲善知識！像藏傳佛教的喇嘛上師主張要雙身修法才能成佛，因此與信徒亂搞雙修卻說他品德很好、證量很高；然而已犯邪淫重戒怎能說他品德好、證量高呢？善知識需是能夠爲人分別解說一切法，能令深入一切佛智等，這樣的善知識絕對不會如釋印順說的「**品德可尊，傳授卻不一定可信，不足爲佛法的眞僞的標準**」。凡夫眾生的我們因爲對佛法的眞僞不清楚，所以才需要善知識爲我們解釋清楚，能夠爲我們講解清楚，所說也與佛經吻合的才是善知識。當你必須依法不依人的時候，而他所說的卻與佛法不合，你就眞的需要離開此人，另尋覓眞善知識，這個人已經不能稱爲善知識了。

品德可尊，卻不能保證他所傳授的佛法是可以信受的，這種人只有人天乘的品德而沒有佛法上的修證，方便稱爲人天乘的善知識，但不是佛法所說的大善知識。**【法華疏云：聞名爲知，見形爲識。是人益我菩提之道，名善知識。】**[1]《法華經》〈妙莊嚴王品〉曰：【善知識者是大因緣，所謂化導令得見佛，發阿耨多羅三藐三菩提心。】[2]所謂善知識最重要的一點就是教你成佛之道，若所教的是人天善法，或是二乘之法，雖然也稱善知識，卻非大善知識。然而就算是人天軌範師，也能以善語而誨示他人，他的傳授依然是可信的。並不是釋印順所說的「雖有品德，而傳授不可信」如此怎麼可以稱爲善知識？若說他的傳授不一定可信，那麼他就確定不是善知識，其判斷就這麼簡單而明確。

至於說到善知識之涵義，那可眞是無量無邊廣大；譬如《大方廣佛華嚴經》卷三十三〈入不思議解脫境界普賢行願品〉中對善知識就有非常多的開示與細述，選幾則來看就知道善知識是極稀有、極難能可貴與不可思議的：

善知識者，如勝神通，能現種種諸自在故。善知識者，如金剛劍，能截煩惱及隨眠故。善知識者，如親教師，能爲懺除五犯罪故。善知識者，如勝靜慮，能滅一切隨煩惱故。……善知識者，猶如橋梁，能令超度諸有流故。善知識者，能斷疑網，業異熟中善決斷故。……善知識者，能爲覺悟，令於諸法覺本性故。……善知識者，猶如大船，超過生死至彼岸故。……善知識者，能爲救護，於諸惡道救眾生故。……善知識者，猶如大路，行佛智行所行處故。善知識者，是佛境界，非諸二乘境界地故。善知識者，如正智教，非是三乘所知境故。……善知識者，猶如日月，能爲照明甚深法故。……善知識者，爲能覺悟，令悟諸法如夢幻故。[3]

在《佛說華手經》中講：【若有四法，當知是爲善知識也，何等爲四？一、能令人入善法中，二、能障礙諸不善法，三、能令人住於正法，四、常能隨順教化。】[4]佛說善知識能令人住於正法中，所謂正法，即是大乘，即是摩訶衍（大乘），能出生一切聲聞、緣覺、世間、出世間善法（參見《勝鬘經》一乘章第五）。所以若有自稱善知識卻否認大乘法，甚至大膽倡說「大乘非佛說」者，則此人一定是假名善知識，應名惡知識，其理至明。

釋印順所說的：「善知識應該親近，而不足爲佛法眞僞的標準。」這種「善知識」其實非善知識，應該遠離，不應該親近。連佛法的眞僞都分不清楚的人，釋印順竟然尊他爲佛法中的「善知識」，這種善知識，除了釋印順及信受釋印順的人會相信之外，誰會相信？本來非常珍貴的善知識，到了釋印順手裡竟然變成這麼不入流？釋印順如此混淆不清，眞僞不分，把善知識的內涵與水準都扭曲弄擰了，可是我們卻不能跟著他糊塗下去。

眞正的大善知識是諸佛，諸地等覺妙覺菩薩摩訶薩亦是大善知識，聲聞人則不能稱作大善知識，因爲不能教導人成佛。善知識雖有大小之分，然最重要的是眞假之辨別；末法時代自稱善知識的人滿天飛，多如過江之鯽，學佛人若不具足基本的正知見，則很難去分辨眞假善知識。只要善知識有正知見，不論大小都可稱爲善知識，辨別的方法並不困難，除了最基礎的佛法常識之外，最重要的看他是否已斷我見，並能教人斷我見。在正覺同修會學佛的人都知道這個秘訣，以此來判斷眞假善知識百無一失；不論何方大聖，如果他連斷我見都還沒有作到，而說他是善知識，而說他證量有多高，那他一定是假的善知識，就這麼簡單。如果他自稱爲開悟禪師，那就問他能否救得了貓？如果他問哪一隻貓？你就告訴他，當然是南泉斬的那隻貓。正當南泉口道「道得即救取貓兒，道不得即斬卻」之際，你當時若在場，能否令南泉大師丟下刀子，爲貓乞命？平實導師說：【若人能於當時，應對之際不唯顯示南泉敗闕，亦同時道出說不得底眞如心體，方是善知識也！

若知此中訛淆者，便知南泉話語敗闕，當時道得一句，管保南泉不得不丟下刀子、爲貓乞命。】[5] 這種大善知識跟識字、不識字無關，也跟剃頭出家或現在家相無關，因此 平實導師云：

> 禪宗之禪，尚且離文字相、語言相，更何況在家出家之表相？何必在身相上著眼？豈不聞六祖云：「善知識！若欲修行，在家亦得，不由在寺。在寺不修，如西方（極樂世界）心惡之人；在家若修行，如東方（娑婆此土）人修善。」君不見維摩詰大士之家眷成群耶？而不妨礙其爲等覺大士也！達摩大士亦云：「若不見性，念佛誦經持齋持戒亦無益處；念佛得因果，誦經得聰明，持戒得生天，布施得福報，覓佛終不得也。若自己不明了，須參善知識，了卻生死根本。若不見性，即不名善知識。若不如此，縱說得十二部經，亦不免生死輪迴，三界受苦，無出期時。」[5]

能斷我見的人，他的前提一定是八識論者；如果是六識論的人，他一定認爲意識是永恆不滅的，因此而不願斷除意識常住的我見，卻又會自稱已斷我見，那他就非善知識。非善知識的出家人看見在家的善知識破邪顯正以救眾生的時候，會曲意維護自己的表相僧寶身分而誣指辨正法義護持正法的善知識爲誹謗僧寶，這種人名爲鄉愿，是愚癡無智之人，更說不上是善知識了。善知識凡有所說而開示於人時不可離於第一義諦根本之實相心而說，實相心即是第八識如來藏，所以六識論者沒有一個是善知識。善知識才可以稱爲上師，因此六識論的藏傳佛教中沒有一個人是眞正的上師，因爲藏傳佛教是密宗喇嘛教不是佛教，也都是破壞佛戒的惡人，並且也都是凡夫；既不是佛教，又是破壞佛教正法及破壞佛戒的人，當然就沒有佛教所說的上師身分。想學佛法就要去找佛教的上師善知識，而不是跑到外道法中去求佛法，問道於盲的結果將找不到佛法。

釋印順在《成佛之道》中說：

從前，西藏有一喇嘛，修習成佛的密法，結果卻證了聲聞果。有人以此事問善知識，善知識說：修密法而證小果，總算還好，還有修習密法而成天魔外道呢！所以，不要偏執什麼法門，是大是妙，還是檢點自己的發心要緊。（Y．一〇，頁五一）

釋印順在這裡所說的善知識，其實不是善知識；眞正善知識一定知道西藏喇嘛教不能證聲聞果，因爲全都努力追求五陰裡的樂受，我見非常堅固，連聲聞果都沒有辦法證，更何況大乘佛菩提果呢！原因很簡單，就是喇嘛教只信受六識論，不承認有八識。六識論的喇嘛會把意識或意識細分當作不生不滅，永恆常住的眞如，因此而不認爲意識是虛妄的，否則他們的雙身法就沒有存在的依據了；不承認意識是虛妄的人，就不會斷我見；不斷我見就不能斷三縛結，不斷三縛結就不能證初果；所以西藏喇嘛口說修習成佛的密法卻證不了聲聞初果，更別說是大乘法的開悟見道了。因此，釋印順說：「**西藏有一喇嘛，修習成佛的密法，結果卻證了聲聞果。**」是錯誤的說法；喇嘛若不回歸佛教正法，大多成爲天魔外道，不可能證聲聞果，更不用講能證佛菩提果。

修學佛法的最終目的是爲成就佛道，所以若只教人求聲聞法，還不是菩薩道所說的善知識。《大寶積經》云：

**復次，迦葉！菩薩有四非善知識、非善等侶。何謂為四？求聲聞者，但欲自利。求緣覺者，喜樂少事。讀外經典路伽耶　，文辭嚴飾。所親近者，但增世利，不益法利。迦葉！是為菩薩有四非善知識、非善等侶。**[6]

菩薩在自利利他的學程中，有四種非善知識、非善伴侶：

一、求聲聞者，但欲自利：但求自己了生脫死而自利，不想利益眾生而成就佛道者。

二、求緣覺者，喜樂少事：這亦是小果的一類。修因緣觀而得覺者，也叫獨覺，其心性乃是薄悲、薄塵，因此喜樂少事；其性又是祈望無師、無敵，因此成就慢行類的種性，由於這樣的因緣，他的深心是希望祈願自己於無佛之世能夠無師、無敵而證緣覺菩提。

三、讀外經典路伽耶毘，文辭嚴飾：心性喜歡讀誦外道經書，學習文法、修辭者，從事研究類而不在佛法上面用心實證者。

四、所親近者，但增世利，不益法利：所親近的師友，不能使你得到法益——戒定慧解脫成道等功德，而只是增益些世俗的名聞利養利益。

與上相反的，菩薩有四善知識、四善等侶：

《大寶積經》又云：

復次，迦葉！菩薩有四善知識、四善等侶。何謂爲四？諸來求者，是善知識，佛道因緣故。能說法者，是善知識，生智慧故。能教他人令出家者，是善知識，增長善法故。諸佛世尊是善知識，增長一切諸佛法故。迦葉！是為菩薩四善知識、四善等侶。[7]

世尊說菩薩的善知識與善等侶有四種：

一、諸來求者，是善知識，佛道因緣故。

二、能說法者，是善知識，生智慧故。

三、能教他人令出家者，是善知識，增長善法故。

四、諸佛世尊是善知識，增長一切諸佛法故。

以上四種中的第一種是善等侶，不是善知識；當他們來向菩薩求法時，成為菩薩所攝受的佛弟子，能成就菩薩未來成佛時的佛土，所以是善等侶，以下三種則是說明善知識的本質。善知識能令來求法者入佛道；能善說法，令學人出生智慧；並能教導令出家；出家是什麼？出家有身出家、心出家（身現出家相，心亦至少是斷我見分證解脫功德者），有身出家、心不出家（身披僧衣現聲聞相，我見猶在之凡夫僧，不是眞出家），有身不出家、心出家（現在家相卻已斷我見甚至明心之菩薩僧），有身不出家、心也不出家（一般凡夫眾生），總共有四種。善知識必定出家，但不一定剃頭爲僧，也有在家相的菩薩僧。因此比丘、比丘尼跟隨現在家相的菩薩僧學法是正確的，因爲他是眞善知識，能令人增長一切諸佛法故；例如《阿含經》中記載的童女迦葉率領五百比丘遊行人間，此五百比丘奉她爲師，從學於她；亦如《摩訶僧祇律》所載五百比丘尼，世尊令其親近五通居士受學而得證果〔編案：參見《摩訶僧祇律》卷十二（《大正藏》冊二二，頁三三〇）〕，五通居士即是五百比丘尼的善知識；這都是只論證量而不論在家或出家身分的，不因出家身分而成爲善知識，亦不因在家身分而非善知識。

善知識不可以只求聲聞，但欲自利；或只求緣覺，喜樂少事；應該要發菩提心，弘揚成佛之道，這才是眞正的善知識。台灣許多道場表相看來是弘揚大乘，但其實走的是小乘的路，這從其主張的戒律可以看出端倪，他們把聲聞戒當作正解脫戒，而把菩薩戒當作別解脫戒。善知識應該教導出家眾以菩薩戒爲正解脫戒，聲聞戒爲別解脫戒，如此修行才是以成佛爲目標，而不是以成阿羅漢爲目的；但這個道理如今沒有人可以講得清楚，由此可見善知識的稀有難逢。

對於善知識與惡知識的區別，釋印順說：

「若讚菩提道，善親近彼人，菩提心善淨，捨離惡知識」。這是答覆了善知識與惡知識的區別。此處的善知識與惡知識都是就大乘法來說的。如何是善知識呢？凡是讚歎菩提道的，便是善知識。所謂菩提道，便是發菩提心，修菩薩行，意欲成佛度眾生者所走的大道。發菩提心，六波羅蜜多、四攝法，大悲利他者，即是行菩提行。所以讚歎菩提道者，即是讚歎大乘，對於這樣的人，應該親近。反過來說，凡是讚歎小乘法、世間法者，就不要去親近他們。若親近他們，受了影響，就不可能發大乘心，而可能發小乘心、行小乘行了。若是專聽人說世間法，心就可能落到世間法去。（Y・一八，頁八七～八八）

釋印順認為讚歎菩提道者便是善知識，而菩提道便是發菩提心、修菩薩行；不過這還要看他有沒有眞正發菩提心。如果像密宗喇嘛教一樣，每天大喊「我要發菩提心，度一切眾生成佛！」美意不錯，但若問他：「什麼是菩提？什麼是證菩提？如何發菩提心？發菩提心的是那個心？證菩提心又是證那個菩提心？」再問：「人有幾個識？」他回答：「六個識。」那你就知道他根本不懂菩提，也只是空發願而沒有菩提心。當你跟他說：「你不懂菩提心」時，也許他會很生氣而憤怒地說：「我每天都在佛前發菩提心，怎麼說我沒有菩提心？」那你就可以舉 平實導師在《楞嚴經講記》說的法語告訴他：

「發菩提心」講的就是證如來藏，如來藏才是眞正的菩提心；因為佛菩提是常住法，而如來藏正是常住法；可是發起四宏誓願的覺知心卻不是常住法，而是生滅法，當然就不是佛菩提道的所依心。8

這就是說，如果不是八識論，則無有菩提心可言，所以八識論的佛教才有菩提心，六識論的喇嘛教沒有菩提心；所以喇嘛教不是佛教，亦無佛法。六識論的人只有眼耳鼻舌身意識六個識，當意識心斷滅的時候，菩提心也不見了，當然不是眞正的菩提心，最多只是世俗人所知的菩提心，因此說六識論者沒有菩提心。所以問題不在於意識有沒有發菩提心，意識發菩提心時若無第八識作為所依，則所說都是空話，意識只有一世，不能去到後世，一世就斷滅了；沒有第八識如來藏就沒有菩提心，六識論的喇嘛教不承認有第八識，所以沒有菩提心，答案就是這麼簡單，以此來分辨是不是善知識，那就很清楚了。

如果有毀謗第八識如來藏為外道神我思想的，那他就不是善知識，因為如來藏即是菩薩藏，《辨唯識性相》云：

壞佛教正法、誹謗世尊了義正法，即是「謗菩薩藏」，將成一闡提人，學人務必謹慎小心！不可人云亦云。當自己無法肯定此一了義法時，當依止善知識，當請求善知識解疑除惑；若自身與善知識不能相應，最好先消除性障、轉修轉學二乘菩提，同時累積福德資糧，並發願迴向佛菩提，待因緣成熟時再來親近善知識。不然，念佛求生淨土也不錯；但不可謗大乘法，因爲即使是最慈悲的極樂世界　彌陀世尊，也不肯攝受、不願收受謗大乘法的人，更何況是誹謗大乘法根本阿賴耶識的人？如何能往生極樂世界？所以，誹謗大乘法根本識的人，就只剩下墮落地獄一條路了！所以一切學人都必須極小心、極謹慎才好！[9]

還沒有離開胎昧以前，在修學佛法的累世歷程中，都會碰到許多邪師，很容易受到誤導而走入歧途，所以必須修集福德智慧資糧，累積福德智慧，才有能力愼思明辨簡擇諸方大師是不是善知識；不過若無慧眼，要分辨眞假善知識眞的很難。

平實導師云：

然古今邪師極多，佛子若未開眼，未入眞見道位者，乃至初入眞見道位而未入相見道位者，皆無力辨別，故須眞善知識之摧邪顯正，辨正法義。辨正諸方邪師似是而非之邪知邪解已，佛子中之有福慧者即能知曉何者是眞善知識，即可從之受學，故說摧邪顯正、辨魔檢異，於佛法之護持及弘揚上，極爲重要；觀乎往昔 世尊之踵隨六師外道，遍至各大城一一破斥之，可知吾語之不虛也。摧邪顯正已，衆生便知 世尊眞是大善知識，六師眞是外道；世尊若不如是，彼諸衆生便因六師外道誤導而入邪道。[10]

所謂「開眼、眞見道」即是開悟明心，從前開悟明心者備受尊崇，如今開悟明心者卻被諸方「大師」列爲邪魔、打入外道，相差天淵之別，這就是現代人福薄慧淺，被邪師誤導而不識眞正善知識；如果開悟明心者退縮，不敢出來破邪顯正，那我們要找善知識就難了，因爲尚未開眼就很難去辨別；如果有善知識出來辨正一番，那就可以幫助大家分辨正邪，所以善知識非常重要。古代的善知識受人恭敬禮拜，現代的善知識則常遭遇到誹謗、謾罵、譏諷、嘲笑，這也是現代人福薄、難度的原因。《華嚴經》卷四十六云：【善知識者，出興世難，至其所難，得值遇難，得見知難，得親近難，得共住難，得其意難，得隨順難】[11]經中已有明文，若無大因緣，欲善知識出現於世間弘法利生者甚難；又善知識出現於世，縱有大因緣而得以遇見，乃至能眞信受者復難；就算能夠信受善知識所說，欲隨其意旨而修行更難；因此對於善知識出現於世間，乃至隨順意旨用功修行，都要以虔誠心、恭敬心，一心來求善知識教化指導，並在善知識善巧方便攝受下，方得以明心、見性，在一生當中往初地邁進，乃至能超劫精進而成佛。

所以說善知識出世難，値遇更難，信受隨學倍復難；可見今時正覺同修會的平實導師這位眞正的大善知識，在蕞爾小島的台灣仍然爲諸方大師居士所不識、不願依止，甚至無根誹謗，即可知末法眾生根劣福薄，與眞善知識擦身而過猶不自知；眞善知識之法寶送上門，仍嗤之以鼻不屑一顧，眞是令人扼腕。

末法時代，佛魔難辨，有太多的外道邪師，在佛門中出家，披著佛教僧寶的外衣，冒充善知識；有太多的投機取巧之輩，打著佛教的旗號，冒充善知識；有太多模糊籠統之人，對於佛法義理自己尚認識不清，爲沽名釣譽，冒充善知識；有太多的利慾薰心、藉機斂財之輩，販賣如來，冒充善知識。事實上，魚目混珠，邪正難辨，自古以來就是如此。如何在這許多的「善知識」中，辨別眞僞邪正，就要靠學佛人的智慧了。

假「善知識」的形式、言行，種種不一，當然不只這幾種。其實以三法印就可以正確判斷是否善知識。譬如密宗喇嘛說他死後可以把身體化爲虹光，那他有沒有死？已經死了，則化爲火煙與化爲虹光有何差別？如果身體化爲虹光表示他不死，則違背諸行無常；蓋色身畢竟無常，不可能化爲虹光就轉變是常，虹光依然無常故。五陰所成的色身必定無常，無常的色身假使眞能變成虹光身，此虹光身依然是五陰所攝；而五陰無常，故虹光身也是無常。如果虹光身是常，那爲何活著的時候不可以變成虹光身而常住？就算死後眞的能變成虹光身，這也是行陰所攝；而諸「行」無常，所以虹光身無常，這才符合三法印。密宗想把色身無常變成虹光身成爲常住，這就是一種妄想；違背三法印就不是佛法，而是妄想。如果說虹光身只是「心」之常住，則密宗認爲此「心」即是意識，密宗認爲意識心不生不滅，可以常住，這也是違背「諸法無我」。意識不論是釋印順主張的細分意識或達賴喇嘛所說的極細分意識，其實都是意識，世尊說：「諸所有意識，彼一切皆意法因緣生。」都是有生必滅之無常法。世俗人所說的意識即是識陰裡的我，密宗自認爲常住的意識也是識陰裡的我；佛法說「意識是虛妄的」，所以意識之我正是虛妄的。但密宗認爲意識是常住的，不肯把虛妄之我捨離，結果斷不了我見，也就不能無我了；不能無我就違背「**諸法無我**」，連聲聞初果都證不到。涅槃是說十八界都滅盡，獨存如來藏叫作涅槃，但密宗不肯把意識滅盡，當然也就無涅槃可得，故密宗也沒有「**涅槃寂靜**」。密宗所說都不符合三法印，所以密宗裡沒有佛教所說的善知識。若無佛教善知識，則要修習佛法非常困難；若是落入密宗的識陰境界裡，想要證得佛法根本不可能，因此釋印順說：「**西藏有一喇嘛，修習成佛的密法，結果卻證了聲聞果。**」只是胡說，違背三法印怎麼可能證聲聞果？這都是釋印順無法正確認識善知識的意涵，才會把六識論的喇嘛教當作佛教；若非大善知識適時出來導正，則佛教在我們這一代就滅亡了；可見大善知識非常稀有難得，而且極爲尊貴，人天禮讚。

[1]《止觀輔行傳弘決》卷四，《大正藏》冊四六，頁二六六。

2 《大正藏》冊九，頁六〇。
3 《大正藏》冊一〇，頁八一一～八一二。
4 《大正藏》冊一六，頁二〇四。
5 平實導師著，《入不二門》，佛教正覺同修會，二〇一四年一月改版二刷。
6 《大寶積經》卷一百一十二，《大正藏》冊一一，頁六三三。
7 《大寶積經》卷一百一十二，《大正藏》冊一一，頁六三三。
8 平實導師著，《楞嚴經講記》第六輯，正智出版社，二〇一七年四月初版六刷。
9 台南共修處法義組著，《辨唯識性相》，佛教正覺同修會，二〇一五年六月初版四刷。
10 平實導師著，《宗通與說通》，正智出版社，二〇一五年十月初版十四刷。
11 《大正藏》冊九，頁六九四。

## 二一　論釋印順說「這一體的覺性豈不是常住嗎？」

釋印順所說「這一體的覺性」是什麼覺性？此「覺性」就是見聞覺知。也許有人要問：「難道印順法師說的覺性不是本覺麼？他所說的覺性既然是見聞覺知，見聞覺知是因緣所生之法，要如何常住？」這算是有智慧的提問了，本覺就是如來藏常住法的功德，見聞覺知則是緣生緣滅的生滅法，如此就要探討釋印順所說覺性到底是哪一個？

釋印順在《唯識學探源》中說：

心理的活動與演變，不能機械式的把它割裂成前後獨立的法體。從現象上看，雖然不絕的起滅變化，而無限變化中的覺性，還是統一的。這一體的覺性，豈不是常住嗎？（Y．一四，頁九二）

我們從這一段文章來分析，釋印順所謂的覺性就是心理的活動與演變，而且從現象上看是不絕的起滅變化，而認為無限變化中的覺性，是統一的、常住的。但這種「**覺性**」百分之百是意識等六識的活動，意識等六識都不離見聞覺知而以意識爲主，所以釋印順「**這一體的覺性**」所指的其實就是意識（參見Y．〇一，頁一〇九）（編案：釋印順的徒弟釋證嚴也主張意識不滅，參見T．一〇《生死皆自在》頁一一一），意識有生、有滅，怎麼會是常住的？只有不生不滅、永恆常在的，才可以稱爲常住；把意識當作常住法，這是密宗喇嘛教應成派假中觀的說法，不是佛教的說法，也不是眞的中觀。我們的心理活動即是意識活動，意識才會不絕的起滅變化；本覺如來藏則是不生不滅、不來不去，常恆而不變異，不會起滅變化，兩者大不相同。

釋印順認爲意識是統一的，是一體的，「**統一**」的意思就是說意識是不可分割的，不能機械式的把祂割裂成前後獨立的法體，所以釋印順認爲這一體的意識覺性是常住的。可是我們現見意識爲了要分別，都是前念後念不斷地去辨別分析；前念斷了後念生起，乃是生滅之法，怎麼可以說意識是常住的呢？釋印順也許要說：「**意識雖然起滅變化，有生有滅，卻是不絕的，豈不是常住嗎？**」可是釋印順不知道意識的出生是要依於意根接觸法塵，而從如來藏出生；意識本身乃是「意、法為緣生」，意根接觸法塵想要了別故由如來藏出生意識，如來藏常住，故有意識之不絕出現；若無如來藏常住，意識要如何不絕？難道每天早上醒來都是無中生有嗎？或是自己生自己？至於說意識是不可分割的，只有喇嘛教等常見外道認為意識是常住的，才會這樣說。如此則釋印順應該改信喇嘛教、穿喇嘛衣、說喇嘛法，不可以穿著佛教僧衣而把喇嘛教的法拿來取代佛法！

意識是不可分割的嗎？意識現前為生，意識中斷而消失為滅，生與滅是不是分割？有人以「心、意、識」來解釋意識，把意識分為過去、現在、未來，那是不是分割？今生的意識不能到下一世去，那是不是分割？不可以分割的一定是能貫穿三世的常住法，然而意識不可能到下一世去，現前可見此世的意識無法記憶前世的事情。這證明意識不但能分割，而且是生滅法，故意識的覺性不是常住的。

釋印順自從三十幾歲時信仰喇嘛教《菩提道次第廣論》之六識論以後，到百歲之齡都沒有改正過來，高齡對他來講只是作更多誤導眾生之事罷了；六識論根本無法解釋八識論的佛教了義之法，甚至也無法解釋八識論的阿羅漢所修的解脫道，問題在於對「心」的不瞭解。綜觀宇宙自古以來有誰能夠對心有瞭解？除了世尊之外沒有人能夠完全瞭解，喇嘛教宣稱勝過 佛陀所說的顯教，而自以爲他們是無上瑜伽的密宗金剛乘；果眞能對心有比 佛說的更勝妙，那麼喇嘛教大可不必用佛教的名義，大撈佛教徒的恭敬和名聞利養，可以公然宣稱密宗是喇嘛教，不是佛教；然而事實上密宗喇嘛教對心是不瞭解的，喇嘛教應成派中觀六識論立論的本身就是無知。佛已經明白地說出人類有八識了，而釋印順還在用六識論解說佛法，這不是無知麼？無知的結果就會把如來藏本來的清淨本覺，當作意識的覺知性，譬如釋印順在《大乘起信論講記》中說：

> 心性本淨論者說：一切眾生心中，雖有雜染，然心（覺性）還是本來清淨的，與三乘聖者一樣。從貫通染淨、聖凡的意義說，心性本淨論者與一心相續論者，大體一致。心，指能了、能知、能覺的覺性。有漏的、無漏的、凡夫的、聖者的，覺了性是一樣的。這覺了的心性，就是生佛染淨所共通的。（Y·一七，頁四八）

釋印順所謂的心，指的就是能了、能知、能覺的知覺性，這個簡稱的「覺性」主要就是意識；六、七、八識之中，意識才有分明可驗的了知，了知才能作分別，所以我們說釋印順的覺性就是見聞覺知，一點也沒有誤會他。釋印順把能知能覺的意識心與如來藏的本淨心混同爲一個，所以他在《唯識學探源》說：

同一的本淨心性，依《成實論》（卷三）的解說，只是覺性。眼識也好，意識也好，有煩惱也好，無煩惱也好，這能知能覺的覺性，並沒有分別。（Y．一四，頁九〇～九一）

但經典講的是第八識如來藏的本淨心性，本來自性清淨，離見聞覺知，哪裡有意識的能知能覺？能知能覺的心當然是意識心，那麼這個雜染覺了性的意識，有可能是本來清淨的嗎？有意識就會雜染貪瞋癡慢疑等種種妄想，外道凡夫的修行都是以意識爲主體而非以第八識爲主體，所以一直想滅意識的貪瞋癡，以爲把貪瞋癡滅了就是修行成功，卻不知道貪瞋癡慢疑等都不離覺知心意識；而眾生有意識存在的當下就是苦，想滅苦卻又死抱著意識不捨離，苦是永遠滅不了的。他不知道意識是虛妄的，凡是誤以爲意識無妄想就是苦滅了的人，都是愚癡；意識無妄想時縱使眞是苦滅了，當意識又起妄想時苦又生起了；那想要滅苦就要意識永無妄想才行，想要意識永無妄想唯有一條路——入無餘涅槃而滅掉意識。

六識論的愚癡人都想要抱著「這一體的覺性，常住的意識」入涅槃中永遠存在，但意識心怎麼可能入涅槃？不可能啊！無餘涅槃是十八界都滅盡，裡面沒有意識心呀！所以六識論的人是無法證涅槃、入涅槃的，不能入涅槃就不能出三界而得解脫。連解脫果都沒辦法得到的六識論的喇嘛教，更不可能懂得阿羅漢所不懂的佛菩提道，怎麼有可能法義勝過佛教？釋印順的無智莫過於此，他不知道六識論根本無法解脫憂悲苦惱，執著意識爲常住法的人就一定不肯信受「意識是虛妄的」；不相信意識是虛妄的就不能斷我見，不斷我見就不能斷三縛結；不斷三縛結，證初果就遙遙無期，更別說是大乘菩提的見道明心實證第八識了，三乘菩提都沾不上邊。所以說意識不是常住的，若能了知意識是虛妄的，則是眞正學佛者第一個最重要的正知見。

**釋印順最大的錯誤除了把「這一體覺性的意識當作是常住的」之外，他還把被生的諸法當作覺性，而且說是常覺，稱之爲「諸法的覺性」，也就是常住不滅之覺性，如他在《大乘起信論講記》中說：**

眾生雖在不覺中，但諸法的覺性，仍然如此常覺，並不因眾生的不覺而失卻。如人迷了方向，找不到東西南北，而東西南北仍然如故，並不因迷人的迷惑而失卻方所。失卻方向，是由於迷情；不知一法界相，是由於生滅的不覺分。所以若說從眞中生妄，從覺生不覺，就與此喻不合。如把東方錯作西方，不是方向使你弄錯，而是自己迷錯了的。眾生依覺成迷，也是迷者自迷，是不離覺性而自迷的，非覺性使眾生成迷。迷眞起妄，應如此解說。（Y．一七，頁一四七）

釋印順是以六識論來理解《起信論》，就把論中的意思誤會得很嚴重了。如來藏是第八識，既稱爲識，就是「心」，但此心非六識之妄心，故稱爲眞心，其知覺性不在六塵中運作，故在六塵中無見聞覺知，故稱爲對六塵「不會」；釋印順把「諸法的覺性」稱爲常覺；「生滅的不覺分」稱爲覺性，然後說：「非覺性使眾生成迷。迷眞起妄，應如此解說。」這叫什麼「覺性」？眞叫人分不清東西南北了！怪不得讀者們老是讀不懂他在說什麼。

釋印順大概詩詞讀多了，感性特強，認爲「感時花濺淚」就是花有覺性，所以會掉淚；那應該含羞草、豬籠草更有覺性了？小蟲跑進豬籠草，它還「知道」把蓋子合起來讓蟲跑不掉而死在裡面，如此豈非更有「覺性」？不可以把植物的反應稱爲有情的覺性，否則向日葵豈非有看太陽的覺性？《起信論》中說的本覺是第八識的本覺，不是釋印順移花接木到意識所說的本覺，這只是妄覺；而本覺的知覺性只在六塵外運作，所以本覺無意識之覺知；意識之覺性則是清楚明白地分別六塵，而器世間則是無情，無覺無知。假如把東西南北稱爲覺性，那麻煩可大了：北極會說：「**我以指南針定位，我爲北方。**」到了南極，南極也會說：「**以指南針定位，我是北方。**」因爲它們都有覺性就會有所主張，兩個地方都是失控，因此找方向的結果，將找不到南北方也找不到東西方，所以讀者們讀釋印順的書，眞要被他搞糊塗了。

釋印順說：【**「若離」了本有的「覺性」，也就「無」有「不覺」可說了。**】（Y．一七，頁一四七），本有的覺性即本覺如來藏在六塵外的了別性，離開了如來藏，人就死亡了，意識都無法生起了，還會有什麼知覺可說？可是釋印順卻說：「**也就『無』有『不覺』可說了。**」沒有不覺可說，那豈非是常覺？死人當然不可能有常覺。就算用釋印順錯誤的知見，把意識當作「常住的、本有的覺性」，那要離也離不了呀！意識離不了就永遠清清楚楚、明明白白，沒辦法睡覺了，如何是好？有人說我意識清楚明白而照樣睡大覺，可是你的意識清楚現在是半夜二點三分的時候，表示你並沒有睡著呀！當你睡著了的時候，怎麼有可能清楚明白？所以用六識論絕對無法解釋八識論的佛法義理，釋印順若回歸八識論則一切問題都可迎刃而解，這就是問題的癥結所在。

無情不可能像釋印順說的會有知覺性，心才有知覺性，諸法不是心，故不可以說「**諸法的覺性**」。若說「**諸法的覺性，仍然如此常覺**」，應知第八識如來藏才有此常覺，但是如來藏的「**覺**」不是意識見聞覺知的「**覺**」，如來藏沒有六塵中的知覺性〔編案：參見平實導師著述，《楞嚴經講記》第四輯，正智出版社，二〇一六年十一月初版〕，諸法都是從如來藏中出生，故諸法不可能有此常覺。若說釋印順所謂「**諸法的覺性**」是指意識而言，意識亦無此常覺，因爲是夜夜斷滅的，不可能是常；意識是第六識，而《起信論》說的常覺則是第八識，第六識非第八識故。

這雖然是佛法的甚深法義，但同時也是修學佛菩提者的基本常識，可是六識論的人永遠不懂，不懂的原因就在於他不承認有第七識、第八識；不相信有八識，對佛法就一定不懂。八識是 佛陀親口所說的微妙甚深無上法，不論是在《阿含經》中或大乘經中。佛來世間，人類才知道眾生都有八識，所以八識論者才是佛教，六識論者絕對不可以自稱爲佛教，只能稱爲喇嘛教、附佛法外道，或是其他宗教，這是很合理的要求。佛教不可能有兩派：一派八識論，一派六識論；因爲佛陀自始至終都沒有說過六識論是佛法，反而處處破斥六識論非佛法。若能了知五陰的內容，也了知五陰都是虛妄的，當然能了知意識也是虛妄的，則能確定六識論絕對不是佛法，所以主張六識論的喇嘛教不是佛教！

釋印順以喇嘛教六識論者的思想理論來解釋佛法，則會到處滯礙不通而解釋錯誤。譬如他對《起信論》中說的不覺、本覺、始覺的解釋就一塌糊塗，顯示出他對「覺性」的無知。

釋印順在《大乘起信論講記》中說：

心本來是有明知事物功能的，由於無始的迷昧無知，名爲不覺；不覺也是依覺而成立的。如木石，就不能說它知或不知了。所以說依本覺而有不覺，不覺是不同於木石的。本覺與始覺，相依相待而有；依於當下顯得本覺的不覺（說到不覺，即意味著覺性的本在。如沒有覺，根本說不上不覺），到轉去不覺而顯現眞覺，即名此覺爲始覺。所以說：依不覺故說有始覺。說始覺、說本覺、說不覺，世間的名言，原是相依相待而安立的。所以，本論說本覺，切不可誤會眾生本來是覺悟的，不知如何忽然變成不覺的了。若如此，佛也可以變成眾生了；這是怎樣的錯誤！（Y・一七，頁一一一）

釋印順說：「心本來是有明知事物功能的」，這當然是指意識心，意識才有明知事物的功能；每一世的意識都只有一世存在，不能延續到後世去，而釋印順卻說：「由於無始的迷昧無知，名爲不覺」。意識不能說有「無始的」，因爲眾生每一世的意識都是全新的，不可能有無始的意識不間斷的延續到今生，他是中了宗喀巴在《菩提道次第廣論》中的邪見之毒（編案：釋印順的《成佛之道》可說是依宗喀巴的《菩提道次第廣論》濃縮改寫的）。意識才會「迷昧無知」，第八識的本覺從來不曾迷昧無知，本覺永遠都是惺惺常寂。《大乘起信論》是在講本覺（如來藏的了別性），而釋印順卻用意識的覺性來解釋，結果就錯解了。

本覺爲一切眾生本性之自性清淨心的功德，《大乘起信論》曰：【始覺義者：依本覺故，而有不覺；依不覺故，說有始覺。】[1] 此論《大乘起信論》中所謂的「本覺」，即是一切有情皆有之自心第八識自體之性用，不是指六識心之見聞知覺性；「不覺」是說眾生把本覺成佛之性埋沒在五蘊之中，而不自覺，過去未悟時一向都是不知不覺。始覺則是【親證阿賴耶識心體，而能運轉阿賴耶識心體之人，才是眞實證悟之人，即是證得本覺智之始覺位菩薩】[2]。你證得如來藏（就是阿賴耶識）以後，可以這樣現觀祂的本覺自性，那就是「始覺」，是剛剛覺悟、初始覺悟啦！又禪宗明心之人，親證如來藏阿賴耶識心體之本覺性，成爲始覺位菩薩。

《護法與毀法》云：

法界一相，即是一切如來平等法身；依此法身，說一切如來爲本覺。以待始覺立爲本覺，然始覺時即是本覺，無別覺起。立始覺者，謂依本覺有不覺，依不覺說有始覺。又以覺心源故名究竟覺，不覺心源故非究竟覺。如凡夫人，前念不覺起於煩惱，後念制伏令不更生，此雖名覺，即是不覺。此段文意是謂：依阿賴耶識心生滅門所出生之七轉識而言，有覺與不覺二種意思。「覺」，謂心第一義性（無始以來即已）離一切妄念相，即是一切如來平等法身如來藏阿賴耶識，依此法身而說一切如來爲「本覺」。「始覺」即是中國禪宗之眞正證悟者，證此本覺心（第八識阿賴耶），能體證第八識自無始劫來一向不於三界六塵起念，如是證知者稱爲「始覺」。[3]

從這些說明，可以證明若要說：「覺性豈不是常住嗎？」則此覺性必定是指第八識如來藏，而不是意識。因爲意識不能來往三世，只有一世住；也因爲有如來藏的常住，才會有一世又一世的意識之見聞覺知性不斷出生；但意識是會斷滅的，所以意識不能常住。六識論者因爲找不到第八識，就會把第六識的意識覺性當作常住法，然而意識是會間斷、會斷滅的；會間斷、會斷滅的法就不是常住法，所以意識的覺性是有生也有滅，不能稱爲**本來常在**的本覺。本覺如來藏不生不滅、不來不去才是常住法，因此釋印順把生滅性的意識的覺性當作如來藏之常住本覺，是錯誤的說法。在現代佛教界中，把意識的覺知性當作常住法的人非常多；其實古時候就很多，只是於今爲烈，考其原因，都是受到天竺密宗或現代喇嘛教的誤導。現代佛教界人士爲什麼會受到密宗的誤導好幾百年？因爲自元朝皇帝以喇嘛爲國師之後，漢傳佛教就被開始打壓了；到了清朝更嚴重，連雍正皇帝都親自出馬，寫了一本《揀魔辨異錄》來大力打壓禪宗，捧喇嘛教所主張的意識之離念靈知爲佛教正宗，認爲意識是永恆的，於是眞正的佛法就嚴重衰退而成爲現代佛法不興的狀況了。這都是證悟者出來破邪顯正太少，讓邪見者貢高我慢，自以爲是的結果。

證悟者若不出來破邪顯正救護眾生，只想當好人，和嚴重破壞佛教正法、誤導學人的六識論者和稀泥，則有誰知道《揀魔辨異錄》錯在何處？現代連大法師們都異口同聲稱讚雍正皇帝是菩薩再來，都稱讚信奉喇嘛教實修雙身法的清朝皇帝是菩薩再來；實證佛法的菩薩再來時，有可能和常見外道一樣認爲意識覺性是永恆常住的嗎？有可能像清朝皇帝一樣信奉喇嘛教嗎？如果意識覺性是永恆常住的，那麼《阿含經》與大乘經中　佛說五陰是虛妄的，要如何解釋？釋印順一生苦學，著作等身，被台灣佛教界尊爲泰斗，聲望崇高，依然無法超越雍正皇帝和密宗喇嘛所墮的常見，還是把意識覺性當作常住的，同樣落入常見與自性見等外道見中，可見佛法的妙義眞的是甚深極甚深！但是若能到「正覺同修會」去讀二年半的禪淨班，就算再愚笨的人，也會知道意識是虛妄的，就能斷我見、斷三縛結；如此看來，「正覺同修會」所弘揚的佛教正法，眞的是勝妙、極勝妙啊！難怪大家都說正覺的正法——讚！

1 《大正藏》冊三二，頁五七六。

2 平實導師著，《眞假開悟》，佛教正覺同修會，二〇一三年九月初版五刷。

3 正圜居士著，《護法與毀法》，佛教正覺同修會，二〇一一年十一月初版四刷。

## 二二　論釋印順之「我見」

學佛法首重斷我見——斷身見，釋印順卻說【**佛說我見，不過隨眾生的倒想而假說**】（Y．〇六，頁一三五），爲什麼呢？釋印順說：【**我等自性是本不可得的。假使有我，能見此我的名爲我見；我等自性既了不可得，那從何而有我見呢？**】（Y．〇六，頁一三五）釋印順的意思是說自性不可得，故無我，無我就沒有我見，既沒有我見，何須斷我見呢？釋印順說【**並非實有自我可見，實有見此自我的我見**】（Y．〇六，頁一三五），釋印順不但不教人學佛要努力斷我見，反而說我見不過是隨眾生的倒想而假說，既然是假說，那學佛就不一定要斷我見了，所以釋印順這種說法很容易令人產生不必斷我見的誤會；釋印順若是這樣的思維邏輯，則他將永遠無法斷我見，事實上也可以在他的書中證明他確實尚未斷我見。我見等既然是眾生流轉生死的根本，則不斷我見也就不能解脫生死了，於此可知斷我見是極重要的知見和行爲，釋印順在《般若經講記》中說：

如來教法的特色，即宣說「空無我」。此處即約此義，概括如來一代化法。佛問須菩提：無我，即令人離我見乃至壽者見。假使有人以爲佛說我見、人見等，使人離此等見而得解脫，此人能理解如來化法的眞義嗎？須菩提答：此人是不夠理解佛法的！眾生，是由過去的業因而和合現起的幻相，本沒有實性眞我；而眾生妄執，於無我中執著有我，所以佛說眾生有我見等爲生死根本。然而，什麼是我？眾生不知一切法並不如此實性而有，以爲如此而有的，不見法空性，所以名爲無明。由於無明而起薩迦耶見，執我執我所。但徹底研求起來，我等自性是本不可得的。假使有我，能見此我的名爲我見；我等自性既了不可得，那從何而有我見呢？佛說我見，不過隨眾生的倒想而假說，使人知我本無我，我見即本非我見而契悟無分別性，並非實有自我可見，實有見此自我的我見，又要加以破除。從所見的自我不可得，即悟能見的我見無性，即依此而名之爲無我。如執有我見可除的無我，這無我反倒成爲我見了！如《大智度論》說：「癡實相即是智慧，取著智慧相即是癡」。所以，以爲如來說有我見等，即是取相執著，根本沒有理解如來「無我」教的深義。（Y．〇六，頁一三五～一三六）

釋印順如此說，是把我見抽象化爲一種思想，再教人把我見思想觀察爲無自性，怪不得他自己也無法斷我見，信受他的所有徒眾們更不可能斷我見。他的想法猶如在心中先建立一個假蛇，再把假蛇觀空，而說蛇是假有的；對於眞蛇的生滅無常，他卻不想實際觀察，當然無法瞭解眞正存在的蛇只是藉眾緣而生起的假有法，於是假蛇虛妄的實證就成爲戲論，《妙雲集》等書所說的正是這種戲論，與宗喀巴的《菩提道次第廣論》如出一轍。

眾生必須斷我見，才能知道「我本無我」，並不是說「**從所見的自我不可得，即悟能見的我見無性，即依此而名之爲無我。**」若不從斷我見下手作功夫去修行，而去建立「我見的自性不可得」，而說有「**自我不可得**」的功德境界，那是不可得的。斷我見有什麼功德？斷我見是斷三縛結之首，斷三縛結即證初果，證得初果以後，才有可能證得阿羅漢果，死後才能入無餘涅槃，永遠脫離三界的束縛，不再於三界中流轉生死。可是釋印順卻說：【**他們既不求大乘，如來當然也不爲他們說了！**】（Y．〇六，頁九八）小乘人雖急急於「**逮得己利**」，他們但求解脫而已，但斷我見是小乘要證初果的第一個關卡，如來怎麼有可能不爲他們說？那麼四大部《阿含經》中 世尊爲聲聞人說了二千多部的經典中，爲聲聞人教導而斷我見乃至證阿羅漢果的事，又該怎麼說？斷我見又不是大乘的專利，這是三乘共證的解脫功德，所以釋印順的說法眞是奇怪極了，他在《般若經講記》中說：

小乘人爲己心重，急急於「逮得己利」。他們但求解脫而已，何必修學廣大甚深的教法？何必經三大阿僧祇劫？何必廣行布施、忍辱，廣度眾生？只顧自己，所以說他們住於我見。他們既不求大乘，如來當然也不爲他們說了！（Y.○六，頁九八）

如來從來不吝法，只怕眾生心量智慧不夠，一時無法吸收領受，故要隨其根機而授機宜，才把唯一佛乘分爲三乘菩提來教導眾生；當眾生的時節因緣到了，該爲眾生說什麼法，佛就應機說法；就算不求大乘，也會先說小乘。小乘想要得解脫，必須要斷我見，不斷我見不能得解脫，故佛不可能因爲他們不求大乘也就不爲他們說斷我見而得解脫的方法。

釋印順質疑「我等自性既了不可得，那從何而有我見呢？」是想要大眾都不必斷我見而永遠當凡夫？從五陰來觀察，正是因爲沒有一個眞實不壞的「我」這個「我的自性」，如實了知五陰非我，而說是斷我見；眾生都是執著五陰爲我，簡單地說就是執著意識心等爲永恆不壞的我，誤以爲意識心是可以到下一世去的。五陰和合而有我的見聞覺知，五陰皆是因緣和合，因緣和合所生之法皆無自性，故「我」等自性了不可得；然眾生迷執於五陰爲我，故不可以說沒有我見，釋印順的說法是故弄玄虛迷惑眾生。有人以爲只要知道「我的身體有一天一定會死亡而爛壞掉」這就是斷我見。然而這只能說斷「身」見的一個小部分，只斷除我見中的「色身是我」而沒有眞正斷我見，因爲還有見聞覺知心這個「我」並沒有斷，故未斷我見。《阿含經》所說斷身見其實就是斷我見，不是只有斷「身體非我」的邪見而已，還有意識非我、五陰非我的知見。「我」的自性雖然不可得，但眾生對「我」的執著是非常堅固的，眾生都會把五陰當作恆常不壞之我，釋印順以及不斷我見的各大山頭，亦莫不如此，所以我見是確實存在的，不可以說「從何而有我見呢？」我見分明就在自己的生活上、思想上顯現，怎麼會沒有我見？可見釋印順雖然久學佛法，還是不知道我見是何物？還不知道要斷我見，這都是信受密宗喇嘛教六識論的應成派中觀的後果，渾然不知道學佛的第一個功夫就是要斷我見！

然而釋印順在《寶積經講記》中說：【有了我見，就是世間，就是生死，就是此岸。】（Y．○四，頁二七四）又說：【我見為一切妄執根本；能降伏我見，自然就能「治諸妄見」。】（Y．○四，頁一五六）在《中觀論頌講記》中說：【我見是生死根本，是一切有情、一切凡人所共同直覺到的。所以，常識直覺中的自我感，不加分別而自然覺到的自有、常有、獨有的自我，為我見的根源，實為佛說無我的主要對象。】（Y．○二，頁三一五）又於《學佛三要》中說：【煩惱的根本是我見。我見不破，生死問題永遠不能解決。】（Y．○五，頁二二三）從經論中可知斷我見是學佛的根本，我見是生死的根本，有我見就是在生死的此岸，而不是離生死的彼岸，釋印順既然知道我見是煩惱的根本，則斷我見乃是學佛人當務之急；但釋印順一點也不急，到老臨終之際都還沒有搞清楚「我見」是有自性或無自性？釋印順從來沒有講清楚，又說我見是沒有自性的，所以不必斷除；這種「心不得決定」而不斷地猶豫，也是使他不能斷我見的原因，他說：

自性見在一一法上轉，而認為有獨存的自我，這是法我見；若在一一有情上轉，而認為有獨存的自我，這是人我見。我見雖然有二，實際只是自性作怪。（Y．

〇二，頁二八）

有我見即有我所見。我所，或是我所緣的一切，或是我所依而存在的身心。覺得是眞實性的，爲我所有的，即是法見、我所見。我所見依我見而存在，「無有我」的自性可得，我所也就沒有了，所以說：「何得有我所」？這是從我空而達到法空。不過，無我，但無自性有的我；流動變化中依身心和合而存在的緣起假名我，是有的。這假名我，不可說他就是蘊，也不可說他不是蘊，他是非即蘊非離蘊的。（Y．〇二，頁三一八）

在同一本講記中，對我見之有無自性的說法就前後矛盾，令人無所適從，可見釋印順對佛法是不通的，因爲不通所以才會說「**佛說我見，不過隨眾生的倒想而假說**」、「**以為如來說有我見等，即是取相執著**」；然後又說我見是確實存在，所以我所見也跟著存在，於是成爲前後自相矛盾的說法。佛說「我見」意涵之目的即是要眾生認清五陰（主要是意識）的虛妄而斷我見，才不會取相執著，而不是說認爲有我見的人是取相執著，釋印順說的這道理與 佛所說相差太遠了！釋印順的書眞的很難讀，因爲常常模稜兩可，又常常是前後矛盾，讓人不知道他的意思在哪一邊；但是當你全盤信受他而自以爲讀懂了，卻不知道那正是邪見，一旦被誤導了就很麻煩，所以在惡知識住世弘法的情況下，學佛眞的不是一件簡單的事。眾生以五蘊我爲眞實就有我見，有我見就會取相執著，爭權奪利而起煩惱；煩惱的痛苦給眾生的感覺是很眞實的存在，所以我見不是假的；要斷我見才能得解脫，這也是眞實的道理，這些都不是假說。自從 平實導師出來弘法後，大家才漸漸知道學佛首要在斷我見，而不是只在我所上遠離煩惱來用功，如 平實導師云：

然今星雲法師尚且不能了知粗淺之二乘菩提，從來皆在我所上教人遠離，卻從來不教人斷除我見——認爲意識心常住不壞、認爲意識一念不生時便是眞如心；我見從來不斷，何況能斷我執？而彼所言無我者，皆以遠離「我所」作爲實證無我，作爲斷我見，其實尚未能斷我見，皆墮常見外道之凡夫知見中。[1]

輪迴於三界生死最重要的根源就是「我見、我執」不能斷除，現在中台山惟覺法師教我們要清清楚楚明明白白還要能夠處處做主，那你就永遠輪迴生死，因爲這就是常見外道所執著的「常不壞我」。[2]

覺知心的「我見」沒有斷除時，你就被「我見」所繫縛，覺知心就是「我」，覺知心就是佛所破斥的常見外道「我」。[2]菩提有三乘的差別：聲聞菩提、緣覺菩提、佛菩提。聲聞菩提以及緣覺菩提完全是講解脫道，也就是說，它告訴我們如何把三界的貪著修除掉，可是這些煩惱要修除之前，必須要「見道」，「見道」就是斷我見。[3]

斷我見是學佛者最重要的正知見，堅執意識爲常不壞心，就是墮於我見；但釋印順卻說：【爲了外道的怖畏無我，妄執有我，所以說如來藏；如來藏不是神我，卻有神我的色采。】（Y．二〇，頁二四三）釋印順的意思是說：「執有阿賴耶爲眞我、不壞我的人是外道神我，是我見。」他自己把外道神我意識認爲是常住的，卻反過來把超越意識神我的阿賴耶識指責爲外道神我，當作我見，也就是把第八識當成第六識來指責。佛法說要斷我見，釋印順就認爲應該要把阿賴耶識斷掉，該斷的虛妄意識他卻認爲不必斷，不該斷的阿賴耶識非神我，他卻要把祂斷掉；釋印順把「**如來說有我見即是取相執著**」改變成「如來說有阿賴耶識是取相執著」，結果把「如來」也否認掉了而說：【佛法中的如來，也決不能妄執是眞實妙有的存在。】（Y．〇二，頁三九九）在他的曲解下，全部佛法就變成無一眞實，全部都是虛妄的，佛法就成為戲論，這個錯誤就太大了。

平實導師舉示：

《解深密經》佛云：「阿陀那識甚深細，一切種子如瀑流；我於凡愚不開演，恐彼分別執為我。」不意印順法師聞說如來藏阿賴耶已，便執阿賴耶為外道神我，極力排斥，正墮佛所預斥我見之中。[4]

釋印順認為執著有一個阿賴耶識為眞我，這就是我見，這跟佛法所說的我見是不一樣的；依他的說法，想要斷我見的人就得先證得阿賴耶識，否則他斷我見時要依什麼心來觀察為虛妄的呢？依釋印順的說法，若證得阿賴耶識時現見阿賴耶識的金剛不壞性，發覺自己根本不可能毀壞祂，也發覺自己和一切有情都是從阿賴耶識中出生，這時要如何否定阿賴耶識而斷我見呢？所以釋印順主張要遠離對阿賴耶識的執著而斷我見，是顚倒想；試想，還沒有證得阿賴耶識的人，如何能夠執著阿賴耶識？難道要假想阿賴耶識而加以執著嗎？他自己是如此嗎？自己都作不到，而說大家都有依阿賴耶識而產生的我見，不是廢話嗎？

佛要我們斷我見是說意識是虛妄的，要觀察意識等六識都是會間斷、會滅亡的，不要執著意識、五陰等爲眞實不壞之法。六識論者都是執著意識爲永恆不滅，此邪見使得他們不能觀察意識心的虛妄性，就不能斷我見，也不願斷我見，這就是以外道的邪知見來學佛，將永遠無法證初果。第八識阿賴耶如來藏則是眾生之本際，您想甩也甩不掉，想斷也斷不了；說句老實話，一般的修行人也不知道祂在哪裡，如何能斷？至於否認第八識的密宗和釋印順及其跟隨者，這些信受六識論的人，從來不知道阿賴耶識在哪裡，都只能緊緊抓住意識心，堅持意識是不生滅而可以到下一世去的，所修所行都落入外道常見的邪見去了，還以爲自己是在修學佛法。阿含經典中的種種聖教俱在，明眼人都可以找來印證一番，看看佛法是不是教人要斷五陰我見？只要肯斷五陰我見，就會認同 平實導師所說都是正法，於正覺的書就會一直很喜歡的看下去，漸漸就能讀懂三乘諸經，也就不會反對人家去佛教正覺同修會學習佛法；如此則遲早會斷三縛結，證初果是絕對有可能的事，豈不快哉！

只要【你把我見滅掉了，這就是見道啊！】[5] 聲聞法的無我觀是不離蘊處界空相的觀行，只是現觀六根、六識、六塵虛妄而斷我見，仍不知實相心（第八阿賴耶識）何在。他所作的無我觀，是在講五蘊、十二處、十八界無常空的法；二乘人只能從五陰、十二處、十八界去觀察緣起性空與無我，他無法觀察法界實相的無我觀，永遠不知道第八阿賴耶識沒有五陰我的我性；但五陰的我見斷了，就再也不會去認定離念靈知心的意識心是眞實心了，就超越釋印順的佛法見解了。以後【還要不斷的把如來藏當中的七識的自我執著的煩惱的現行或是種子，把它消除掉，這就是二乘法的修道啊！】[5]如來藏當中的七轉識自我執著的煩惱消除掉以後，這些輪迴三界生死的一念無明煩惱消除了的時候，你捨報時就不會再有中陰身出現，那就可以取證現般涅槃。你在三界中消失掉了，連最細的意識也不會再出現了，永遠不再受生於三界中，這就是無餘涅槃，可見得斷我見是極爲重要的事。

【我見者，執見聞覺知之心爲常不壞我，堅認此意識心由往世轉生而來，死已能去至後世，誤執此心作爲輪迴之主體識，是名我見】[6]覺知心的「我見」沒有斷除時，你就被「我見」所繫縛，覺知心就是「我」，覺知心就是佛所破斥的常見外道「我」。【這個我執之所以不能斷，就是由於我見不能斷，因爲錯誤認定：

覺知心不執著一切法，就是證得「無我」；但是他們認定覺知心常而不壞，其實就是我見，所以這個「無我」是錯誤的「無我」，不是佛教三乘菩提中眞正的「無我」。】[2] 聲聞菩提以及緣覺菩提完全是講解脫道，也就是說，它告訴我們如何把三界的貪愛修除掉，可是這些煩惱要修除之前，必須要「見道」，「見道」就是斷我見，在解脫道中沒有不斷我見的初果人，更沒有不斷我見的阿羅漢，也沒有不斷我見的辟支佛，在佛菩提道中也沒有不斷我見而能證得佛菩提的菩薩；所以斷我見是學佛第一件大事，不可等閒視之。釋印順著作等身，《妙雲集》等著作中卻不見他教人斷我見，而我見不斷故，隨生種種不如理作意；知見不正，故名邪見。若以如是我見所生邪見，而以言說或著作成書弘揚佛法者，口說阿含涅槃、般若中觀、唯識種智，實際則是誤解阿含、錯會中觀、不解唯識，如是名爲誤導眾生同入歧途，因果極重。可見佛法的深妙，不是未見道之人可以著書立說的。

1 平實導師著，《入不二門》代序，佛教正覺同修會，二〇一四年一月改版二刷。
2 平實導師著，《我與無我》，佛教正覺同修會，二〇一六年十二月初版二十五刷。
3 平實導師著，《邪見與佛法》，佛教正覺同修會，二〇一五年七月初版十八刷。
4 平實導師著，《宗通與說通》，正智出版社，二〇一五年十月初版十四刷。
5 平實導師著，《大乘無我觀》，佛教正覺同修會，二〇一六年十一月初版十七刷。
6 平實導師著，《佛教之危機》，佛教正覺同修會，二〇一三年一月三版七刷。

# 參考引用資料

## 釋印順著作：

Y．〇一《佛法概論》，正聞出版社，二〇〇三年四月新版二刷。
Y．〇二《中觀論頌講記》，正聞出版社，二〇一四年十一月修訂版二刷。
Y．〇三《勝鬘經講記》，正聞出版社，二〇一四年十月修訂版一刷。
Y．〇四《寶積經講記》，正聞出版社，二〇一四年十月修訂版一刷。
Y．〇五《學佛三要》，正聞出版社，二〇一三年十一月修訂版一刷。
Y．〇六《般若經講記》，正聞出版社，二〇一四年四月修訂版一刷。
Y．〇七《以佛法研究佛法》，正聞出版社，二〇一三年一月修訂版一刷。
Y．〇八《無諍之辯》，正聞出版社，二〇一四年一月修訂版一刷。
Y．〇九《攝大乘論講記》，正聞出版社，二〇一三年八月修定版一刷。
Y．一〇《成佛之道（增注本）》，正聞出版社，二〇〇一年五月新版一刷。
Y．一一《初期大乘佛教之起源與開展》，正聞出版社，二〇〇三年一月初版十刷。

Y・一二《中觀今論》，正聞出版社，二〇一五年三月修訂版二刷。

Y・一三《佛法是救世之光》，正聞出版社，二〇一一年十月新版四刷。

Y・一四《唯識學探源》，正聞出版社，二〇〇三年四月新版二刷。

Y・一五《性空學探源》，正聞出版社，二〇〇三年四月新版二刷。

Y・一六《華雨集（四）》，正聞出版社，二〇一四年六月修訂版一刷。

Y・一七《大乘起信論講記》，正聞出版社，二〇一三年十一月修訂版一刷。

Y・一八《華雨集（一）》，正聞出版社，二〇一四年六月修訂版一刷。

Y・一九《我之宗教觀》，正聞出版社，二〇一一年十月新版四刷。

Y・二〇《如來藏之研究》，正聞出版社，二〇一六年八月修訂版一刷。

## 其他著作：

T．〇一　潘煊著，《看見佛陀在人間—印順導師傳》記云：【聖嚴法師閉關於美濃朝元禪寺，導師前往探望時，聖嚴法師提出法義上的困惑請教。距今雖然時隔四十載，但聖嚴法師猶記當天的一段鮮明簡潔的對話，是關於「空」與「有」的問題。導師是空宗專家，聖嚴法師問及「眞空妙有」。導師立即反問：「空就空了，還有什麼？眞空妙有是眞常唯心論所講的。想想，既然已經眞空了，還有什麼？」一句話，直逼得人深刻地、細微地觀照空有眞相。】天下遠見出版股份有限公司，二〇〇二年三月第一版，頁二三三。

T．〇二　星雲大師「如何修持正法？」網路：妙音書院二〇〇六年一月一日轉載 http://sclfam.blogspot.com/2006/01/blog-post_113613327751747709.html

T．〇三　「星雲和尚誤導眾生」，參考網址：
http://www.southnews.com.tw/specil_coul/ho/00/0156.htm

T．〇四　中華原始佛教會：

https://www.arahant.org/zhong-dao-seng-tuan-jian-jie

T・〇五 林建德著，〈論印順法師「法性智」與「涅槃智」之多種詮釋及其一貫理略〉，《玄奘佛學研究》第一一期，二〇〇九年三月，頁一九五。

T・〇六 釋悟殷著，《循流探源》，法界出版社，二〇〇八年五月初版，頁一一三、一三八。

T・〇七 《燃燈雜誌》〈T三六七 畢瓦巴祖師懺悔相應之後，見到化身的智慧十五天女壇城，並且得到圓滿的四灌。〉
http://www.lighten.org.tw/light/index.php/2012-10-09-02-59-00/2012-10-08-08-11-25/6854-t367-007-016

T・〇八 畢哇巴祖師傳
http://hhtwcenter.org/tw/features/%E7%95%A2%E5%93%87%E5%B7%B4%E7%A5%96%E5%B8%AB%E5%82%B3/_

T・〇九 釋慈怡主編，《佛光大辭典》第五冊，佛光文化事業（台北），一九九九年九月初版九刷。

T・一〇 證嚴法師開示，靜思書齋編撰，《生死皆自在》，慈濟文化出版社（台北），二〇〇七年五月初版三十六刷。

T・一一　釋聖嚴著，〈印順長老著述中的眞常唯心論——以《大乘起信論講記》爲主〉《中華佛學學報》第一三期（二〇〇〇）。

T・一二　釋昭慧，〈印順導師不曾說過禪宗是「梵我外道」—回應慧昭法師與陳英善小姐之「印順法師說」〉。刊載於《普門學報》第一四期，二〇〇三年三月〈讀者回響〉，頁二。

T・一三　傳道法師，般若心經講記　華語四，https://www.youtube.com/watch?v=i0KzNZ4Wh5k，1:50:55-1:51:28

T・一四　台灣原始佛教協會，原始佛法討論區：「意根是色是心？」https://www.oba.org.tw/viewtopic.php?t=356

# 佛菩提二主要道次第概要表——二道並修，以外無別佛法

## 佛菩提道——大菩提道

### 遠波羅蜜多

#### 資糧位

十信位修集信心——一劫乃至一萬劫

初住位修集布施功德（以財施爲主）。

二住位修集持戒功德。

三住位修集忍辱功德。

四住位修集精進功德。

五住位修集禪定功德。

六住位修集般若功德（熏習般若中觀及斷我見，加行位也）。

外門廣修六度萬行

七住位明心般若正觀現前，親證本來自性清淨涅槃。

八住位於一切法現觀般若中道。漸除性障。

十住位眼見佛性，世界如幻觀成就。

一至十行位，於廣行六度萬行中，依般若中道慧，現觀陰處界猶如陽焰，至第十行滿心位，陽焰觀成就。

一至十迴向位熏習一切種智；修除性障，唯留最後一分思惑不斷。第十迴向滿心位成就菩薩道如夢觀。

內門廣修六度萬行

#### 見道位

初地：第十迴向位滿心時，成就道種智一分（八識心王一一親證後，領受五法、三自性、七種第一義、七種性自性、二種無我法）復由勇發十無盡願，成通達位菩薩。復又永伏性障而不具斷，能證慧解脫而不取證，由大願故留惑潤生。此地主修法施波羅蜜多及百法明門。證「猶如鏡像」現觀，故滿初地心。

二地：初地功德滿足以後，再成就道種智一分而入二地；主修戒波羅蜜多及一切種智。滿心位成就「猶如光影」現觀，戒行自然清淨。

## 解脫道：二乘菩提

→ 斷三縛結，成初果解脫

→ 薄貪瞋癡，成二果解脫

→ 斷五下分結，成三果解脫

入地前的四加行令煩惱障現行悉斷，成四果解脫，留惑潤生。分段生死已斷，煩惱障習氣種子開始斷除，兼斷無始無明上煩惱。

# 圓滿成就究竟佛果

近波羅蜜多　大波羅蜜多　圓滿波羅蜜多

修道位　究竟位

三地：二地滿心再證道種智一分，故入三地。此地主修忍波羅蜜多及四禪八定、四無量心、五神通。能成就俱解脫果而不取證，留惑潤生。滿心位成就「猶如谷響」現觀及無漏妙定意生身。

四地：由三地再證道種智一分故入四地。主修精進波羅蜜多，於此土及他方世界廣度有緣，無有疲倦。進修一切種智，滿心位成就「如水中月」現觀。

五地：由四地再證道種智一分故入五地。主修禪定波羅蜜多及一切種智，斷除下乘涅槃貪。滿心位成就「變化所成」現觀。

六地：由五地再證道種智一分故入六地。此地主修般若波羅蜜多——依道種智現觀十二因緣一一有支及意生身化身，皆自心眞如變化所現，「非有似有」，成就細相觀，不由加行而自然證得滅盡定，成俱解脫大乘無學。

七地：由六地「非有似有」現觀，再證道種智一分故入七地。此地主修一切種智及方便波羅蜜多，由重觀十二有支一一支中之流轉門及還滅門一切細相，成就方便善巧，念念隨入滅盡定。滿心位證得「如犍闥婆城」現觀。

八地：由七地極細相觀成就故再證道種智一分而入八地。此地主修一切種智及願波羅蜜多。至滿心位純無相觀任運恆起，故於相土自在，滿心位復證「如實覺知諸法相意生身」故。

九地：由八地再證道種智一分故入九地。主修力波羅蜜多及一切種智，成就四無礙，滿心位證得「種類俱生無行作意生身」。

十地：由九地再證道種智一分故入此地。此地主修一切種智——智波羅蜜多。滿心位起大法智雲，及現起大法智雲所含藏種種功德，成受職菩薩。

等覺：由十地道種智成就故入此地。此地應修一切種智，圓滿等覺地無生法忍；於百劫中修集極廣大福德，以之圓滿三十二大人相及無量隨形好。

妙覺：示現受生人間已斷盡煩惱障一切習氣種子，並斷盡所知障一切隨眠，永斷變易生死無明，成就大般涅槃，四智圓明。人間捨壽後，報身常住色究竟天利樂十方地上菩薩；以諸化身利樂有情，永無盡期，成就究竟佛道。

← 七地滿心斷除故意保留之最後一分思惑時，煩惱障所攝色、受、想三陰有漏習氣種子全部斷盡。

煩惱障所攝行、識二陰無漏習氣種子任運漸斷，所知障所攝上煩惱任運漸斷。 ←

斷盡變易生死成就大般涅槃

佛子蕭平實　謹製
（二〇〇九、〇二　修訂）
（二〇一二、〇二　增補）

# 佛教正覺同修會〈修學佛道次第表〉

## 第一階段

* 以憶佛及拜佛方式修習動中定力。
* 學第一義佛法及禪法知見。
* 無相拜佛功夫成就。
* 具備一念相續功夫—動靜中皆能看話頭。
* 努力培植福德資糧，勤修三福淨業。

## 第二階段

* 參話頭，參公案。
* 開悟明心，一片悟境。
* 鍛鍊功夫求見佛性。
* 眼見佛性〈餘五根亦如是〉親見世界如幻，成就如幻觀。
* 學習禪門差別智。
* 深入第一義經典。
* 修除性障及隨分修學禪定。
* 修證十行位陽焰觀。

## 第三階段

* 學一切種智真實正理—楞伽經、解深密經、成唯識論…。
* 參究末後句。
* 解悟末後句。
* 透牢關—親自體驗所悟末後句境界，親見實相，無得無失。
* 救護一切眾生迴向正道。護持了義正法，修證十迴向位如夢觀。
* 發十無盡願，修習百法明門，親證猶如鏡像現觀。
* 修除五蓋，發起禪定。持一切善法戒。親證猶如光影現觀。
* 進修四禪八定、四無量心、五神通。進修大乘種智，求證猶如谷響現觀。

## 佛教正覺同修會 共修現況 及 招生公告 2019/02/18

**一、共修現況：**（請在共修時間來電，以免無人接聽。）

**台北正覺講堂** 103 台北市承德路三段 277 號九樓 捷運淡水線圓山站旁 Tel..總機 02-25957295（晚上）（**分機**：**九樓**辦公室 10、11；知客櫃檯 12、13。 **十樓**知客櫃檯 15、16；書局櫃檯 14。 **五樓**辦公室 18；知客櫃檯 19。**二樓**辦公室 20；知客櫃檯 21。）Fax..25954493

**第一講堂** 台北市承德路三段 277 號九樓

**禪淨班**：週一晚班、週三晚班、週四晚班、週五晚班、週六下午班、週六上午班（共修期間二年半，全程免費。皆須報名建立學籍後始可參加共修，欲報名者詳見本公告末頁。）

**進階班**：週一晚班、週三晚班、週四晚班、週五晚班（禪淨班結業後轉入共修）。

**增上班**：**瑜伽師地論詳解**：每月單數週之週末 17.50～20.50。平實導師講解，2003 年 2 月開講至今，預計 2019 年圓滿，僅限已明心之會員參加。

**禪門差別智**：每月第一週日全天 平實導師主講（事冗暫停）。

**不退轉法輪經**詳解 本經所說妙法極爲甚深難解，時至末法，已然無有知者；而其甚深絕妙之法，流傳至今依舊多人可證，顯示佛法眞是義學而非玄談，其中甚深極妙令人拍案稱絕之第一義諦妙義。已於 2019 年元月底開講，由平實導師詳解。每逢周二晚上開講，第一至第六講堂都可同時聽聞，歡迎菩薩種性學人，攜眷共同參與此殊勝法會現場聞法，不限制聽講資格。本會學員憑上課證進入第一至第四講堂聽講，會外學人請以身分證件換證進入聽講（此爲大樓管理處安全管理規定之要求，敬請諒解）；第五及第六講堂（B1、B2）對外開放，不需出示任何證件，請由大樓側門直接進入。

**第二講堂** 台北市承德路三段 267 號十樓。

**禪淨班**：週一晚上班。

**進階班**：週三晚班、週四晚班、週五晚班、週六下午班。禪淨班結業後轉入共修。

**不退轉法輪經**詳解：平實導師講解。每週二 18.50~20.50 影像音聲即時傳輸

**第三講堂** 台北市承德路三段 277 號五樓。

**禪淨班**：週六下午班。

**進階班**：週一晚班、週三晚班、週四晚班、週五晚班。

**不退轉法輪經**詳解：平實導師講解。每週二 18.50~20.50 影像音聲即時傳輸

**第四講堂** 台北市承德路三段 267 號二樓。

**進階班**：週一晚上班、週三晚上班、週四晚上班（禪淨班結業後轉入共修）。

**不退轉法輪經**詳解：平實導師講解。每週二 18.50~20.50 影像音聲即時傳輸

**第五、第六講堂**

**念佛班**　每週日晚上，第六講堂共修（B2），一切求生極樂世界的三寶弟子皆可參加，不限制共修資格。

**進階班：**週一晚班、週三晚班、週四晚班。

**不退轉法輪經**詳解：平實導師講解。每週二 18.50~20.50 影像音聲即時傳輸。第五、第六講堂爲**開放式講堂**，不需以身分證件換證即可進入聽講，台北市承德路三段 267 號地下一樓、地下二樓。每逢週二晚上講經時段開放給會外人士自由聽經，請由大樓側面梯階逕行進入聽講。**聽講者請尊重講者的著作權及肖像權，請勿錄音錄影，以免違法；若有錄音錄影被查獲者，將依法處理。**

**正覺祖師堂**　大溪區美華里信義路 650 巷坑底 5 之 6 號（台 3 號省道 34 公里處 妙法寺對面斜坡道進入）電話 03-3886110　傳眞 03-3881692 本堂供奉 克勤圓悟大師，專供會員每年四月、十月各三次精進禪三共修，兼作本會出家菩薩掛單常住之用。除禪三時間以外，公元 2018 年前每逢單月第一週之週日 9:00~17:00 開放會內、外人士參訪，當天並提供午齋結緣，自公元 2019 年後開放參訪日期請參見本會公告。教內共修團體或道場，得另申請其餘時間作團體參訪，務請事先與常住確定日期，以便安排常住菩薩接引導覽，亦免妨礙常住菩薩之日常作息及修行。

**桃園正覺講堂（第一、第二講堂）：**桃園市介壽路 286、288 號 10 樓（陽明運動公園對面）電話：03-3749363(請於共修時聯繫，或與台北聯繫)

**禪淨班：**週一晚上班（1）、週一晚上班（2）、週三晚上班、週四晚上班、週五晚上班。

**進階班：**週四晚班、週五晚班、週六上午班。

**增上班：**雙週六晚上班（增上重播班）。

**不退轉法輪經**詳解：平實導師講解。每週二晚上，以台北正覺講堂所錄 DVD 放映；歡迎會外學人共同聽講，不需出示身分證件。

**新竹正覺講堂** 新竹市東光路 55 號二樓之一　電話 03-5724297（晚上）

**第一講堂：**

**禪淨班：**週一晚上班、週五晚上班、週六上午班。

**進階班：**週三晚上班、週四晚上班（由禪淨班結業後轉入共修）。

**增上班：**單週六晚上班。雙週六晚上班（重播班）。

**不退轉法輪經**詳解：平實導師講解。每週二晚上，以台北正覺講堂所錄 DVD 放映。歡迎會外學人共同聽講，不需出示身分證件。

**第二講堂：**

**禪淨班：**週三晚上班、週四晚上班。

**不退轉法輪經**詳解：每週二晚上與第一講堂同步播放講經 DVD。

**第三、第四講堂：**裝修完畢，即將開放。

**台中正覺講堂** 04-23816090（晚上）

**第一講堂** 台中市南屯區五權西路二段 666 號 13 樓之四（國泰世華銀行樓上。鄰近縣市經第一高速公路前來者，由五權西路交流道可以快速到達，大樓旁有停車場，對面有素食館）。

**禪淨班：**週三晚上班、週四晚上班。

**進階班：**週一晚上班、週六上午班（由禪淨班結業後轉入共修）。

**增上班：增上班：**單週六晚上班。雙週六晚上班（重播班）。

**不退轉法輪經**詳解：平實導師講解。每週二晚上，以台北正覺講堂所錄 DVD 放映。歡迎會外學人共同聽講，不需出示身分證件。

**第二講堂** 台中市南屯區五權西路二段 666 號 4 樓

**禪淨班：**週一晚上班、週三晚上班、週六上午班。

**進階班：**週五晚上班（由禪淨班結業後轉入共修）。

**不退轉法輪經**詳解：每週二晚上與第一講堂同步播放講經 DVD。

**第三講堂、第四講堂：**台中市南屯區五權西路二段 666 號 4 樓。

**嘉義正覺講堂** 嘉義市友愛路 288 號八樓之一 電話：05-2318228

**第一講堂：**

**禪淨班：**週一晚上班、週四晚上班、週五晚上班、週六上午班。

**進階班：**週三晚上班（由禪淨班結業後轉入共修）。

**增上班：**單週六晚上班。雙週六晚上班（重播班）。

**不退轉法輪經**詳解：平實導師講解。每週二晚上，以台北正覺講堂所錄 DVD 放映。歡迎會外學人共同聽講，不需出示身分證件。

**第二講堂** 嘉義市友愛路 288 號八樓之二。

**台南正覺講堂**

**第一講堂** 台南市西門路四段 15 號 4 樓。06-2820541（晚上）

**禪淨班：**週一晚上班、週三晚上班、週四晚上班、週五晚上班、週六下午班。

**增上班：增上班：**單週六晚上班。雙週六晚上班（重播班）。

**不退轉法輪經**詳解：平實導師講解。每週二晚上，以台北正覺講堂所錄 DVD 放映。歡迎會外學人共同聽講，不需出示身分證件。

**第二講堂** 台南市西門路四段 15 號 3 樓。

**不退轉法輪經**詳解：每週二晚上與第一講堂同步播放講經 DVD。

**第三講堂** 台南市西門路四段 15 號 3 樓。

**進階班：**週三晚上班、週四晚上班、週六上午班（由禪淨班結業後轉入共修）。

**不退轉法輪經**詳解：每週二晚上與第一講堂同步播放講經 DVD。

**高雄正覺講堂**　高雄市新興區中正三路 45 號五樓 07-2234248（晚上）

**第一講堂**（五樓）：

**禪淨班**：週一晚班、週三晚班、週四晚班、週五晚班、週六上午班。

**增上班**：單週週末下午，以台北增上班課程錄成 DVD 放映之，限已明心之會員參加。

**不退轉法輪經**詳解：平實導師講解。每週二晚上，以台北正覺講堂所錄 DVD 放映。歡迎會外學人共同聽講，不需出示身分證件。

**第二講堂**（四樓）：

**進階班**：週三晚上班、週四晚上班、週六上午班（由禪淨班結業後轉入共修）。

**不退轉法輪經**詳解：每週二晚上與第一講堂同步播放講經 DVD。

**第三講堂**（三樓）：

**進階班**：週四晚班（由禪淨班結業後轉入共修）。

**香港正覺講堂**　☆**已遷移新址**☆

九龍觀塘，成業街 10 號，電訊一代廣場 27 樓 E 室。

（觀塘地鐵站 B1 出口，步行約 4 分鐘）。電話：(852) 23262231

英文地址：Unit E，27th Floor, TG Place, 10 Shing Yip Street, Kwun Tong, Kowloon

**禪淨班**：雙週六下午班 14:30-17:30，已經額滿。
雙週日下午班 14:30-17:30。
單週六下午班 14:30-17:30，已經額滿。

**進階班**：雙週五晚上班（由禪淨班結業後轉入共修）。

**增上班**：單週週末上午，以台北增上班課程錄成 DVD 放映之。

**增上重播班**：雙週週末上午，以台北增上班課程錄成 DVD 放映之。

**不退轉法輪經**詳解：平實導師講解。雙週六 19:00-21:00，以台北正覺講堂所錄 DVD 放映；歡迎會外學人共同聽講，不需出示身分證件。

**美國洛杉磯正覺講堂**　☆**已遷移新址**☆

825 S. Lemon Ave Diamond Bar, CA 91789 U.S.A.

Tel. (909) 595-5222（請於週六 9:00~18:00 之間聯繫）

Cell. (626) 454-0607

**禪淨班**：每逢週末 15：30~17：30 上課。

**進階班**：每逢週末上午 10：00~12：00 上課。

**不退轉法輪經**詳解：平實導師講解。每週六下午 13：00~15：00 以台北所錄 DVD 放映。歡迎各界人士共享第一義諦無上法益，不需報名。

**二、招生公告**　本會台北講堂及全省各講堂、香港講堂，每逢四月、十月下旬開新班，每週共修一次（每次二小時。開課日起三個月內仍可插班）；但美國洛杉磯共修處之禪淨班得隨時插班共修。各班共修期間皆爲二年半，全程免費，欲參加者請向本會函索報名表（各共修處皆於共修時間方有人執事，非共修時間請勿電詢或前來洽詢、請書），或直接從本會官方網站(http://www.enlighten.org.tw/newsflash/class)或成佛之道網站下載報名表。共修期滿時，若經報名禪三審核通過者，可參加四天三夜之禪三精進共修，有機會明心、取證如來藏，發起般若實相智慧，成爲實義菩薩，脫離凡夫菩薩位。

**三、新春禮佛祈福** 農曆年假期間停止共修：自農曆新年前七天起停止共修與弘法，正月 8 日起回復共修、弘法事務。新春期間正月初一～初七 9.00～17.00 開放台北講堂、正月初一~初三開放桃園、新竹、台中、嘉義、台南、高雄講堂，以及大溪禪三道場（正覺祖師堂），方便會員供佛、祈福及會外人士請書。美國洛杉磯共修處之休假時間，請逕詢該共修處。

密宗四大派修雙身法，是外道性力派的邪法；又以生滅的識陰作為常住法，是常見外道，是假的藏傳佛教。

西藏覺囊巴以他空見弘揚第八識如來藏勝法，才是真藏傳佛教

# 佛教正覺同修會　弘法行事表

2019/02/18

1、**禪淨班**　以無相念佛及拜佛方式修習動中定力，實證一心不亂功夫。傳授解脫道正理及第一義諦佛法，以及參禪知見。共修期間：二年六個月。每逢四月、十月開新班，詳見招生公告表。

2、**進階班**　禪淨班畢業後得轉入此班，進修更深入的佛法，期能證悟明心。各地講堂各有多班，繼續深入佛法、增長定力，悟後得轉入增上班修學道種智，期能證得無生法忍。

3、**增上班 瑜伽師地論**詳解　詳解論中所言凡夫地至佛地等 17 師之修證境界與理論，從凡夫地、聲聞地……宣演到諸地所證無生法忍、一切種智之眞實正理。由平實導師開講，每逢一、三、五週之週末晚上開示，僅限已明心之會員參加。2003 年二月開講至今，預定 2019 年講畢。

4、**不退轉法輪經**詳解　本經所說妙法極爲甚深難解，時至末法，已然無有知者；而其甚深絕妙之法，流傳至今依舊多人可證，顯示佛法眞是義學而非玄談，其中甚深極妙令人拍案稱絕之第一義諦妙義。已於 2019 年元月底開講，由平實導師詳解。不限制聽講資格。

5、**精進禪三**　主三和尚：平實導師。於四天三夜中，以克勤圓悟大師及大慧宗杲之禪風，施設機鋒與小參、公案密意之開示，幫助會員剋期取證，親證不生不滅之眞實心——人人本有之如來藏。每年四月、十月各舉辦三個梯次；平實導師主持。僅限本會會員參加禪淨班共修期滿，報名審核通過者，方可參加。並選擇會中定力、慧力、福德三條件皆已具足之已明心會員，給以指引，令得眼見自己無形無相之佛性遍佈山河大地，眞實而無障礙，得以肉眼現觀世界身心悉皆如幻，具足成就如幻觀，圓滿十住菩薩之證境。

6、**阿含經**詳解　選擇重要之阿含部經典，依無餘涅槃之實際而加以詳解，令大眾得以現觀諸法緣起性空，亦復不墮斷滅見中，顯示經中所隱說之涅槃實際—如來藏—確實已於四阿含中隱說；令大眾得以聞後觀行，確實斷除我見乃至我執，證得**見到**眞現觀，乃至**身證**……等眞現觀；已得大乘或二乘見道者，亦可由此聞熏及聞後之觀行，除斷我所之貪著，成就慧解脫果。由平實導師詳解。不限制聽講資格。

7、**解深密經**詳解　重講本經之目的，在於令諸已悟之人明解大乘法道之成佛次第，以及悟後進修一切種智之內涵，確實證知三種自性性，並得據此證解七眞如、十眞如等正理。每逢週二 18.50~20.50 開示，由平實導師詳解。將於《**不退轉法輪經**》講畢後開講。不限制聽講資格。

8、**成唯識論**詳解　詳解一切種智眞實正理，詳細剖析一切種智之微細深妙廣大正理；並加以舉例說明，使已悟之會員深入體驗所證如來藏之微密行相；及證驗見分相分與所生一切法，皆由如來藏—阿賴耶識—直接或展轉而生，因此證知一切法無我，證知無餘涅槃之本際。將於增上班《瑜伽師地論》講畢後，由平實導師重講。僅限已明心之會員參加。

9、**精選如來藏系經典**詳解　精選如來藏系經典一部，詳細解說，以此完全印證會員所悟如來藏之眞實，得入不退轉住。另行擇期詳細解說之，由平實導師講解。僅限已明心之會員參加。

10、**禪門差別智**　藉禪宗公案之微細淆訛難知難解之處，加以宣說及剖析，以增進明心、見性之功德，啓發差別智，建立擇法眼。每月第一週日全天，由平實導師開示，僅限破參明心後，復又眼見佛性者參加（事冗暫停）。

11、**枯木禪**　先講智者大師的《小止觀》，後說《釋禪波羅蜜》，詳解四禪八定之修證理論與實修方法，細述一般學人修定之邪見與岔路，及對禪定證境之誤會，消除枉用功夫、浪費生命之現象。已悟般若者，可以藉此而實修初禪，進入大乘通教及聲聞教的三果心解脫境界，配合應有的大福德及後得無分別智、十無盡願，即可進入初地心中。親教師：平實導師。未來緣熟時將於正覺寺開講。不限制聽講資格。

**註：**本會例行年假，自 2004 年起，改爲每年農曆新年前七天開始停息弘法事務及共修課程，農曆正月 8 日回復所有共修及弘法事務。新春期間（每日 9.00~17.00）開放台北講堂，方便會員禮佛祈福及會外人士請書。大溪區的正覺祖師堂，開放參訪時間，詳見〈正覺電子報〉或成佛之道網站。本表得因時節因緣需要而隨時修改之，不另作通知。

# 佛教正覺同修會　贈閱書籍 目錄

2018/10/20

1.**無相念佛**　平實導師著　回郵36元
2.**念佛三昧修學次第**　平實導師述著　回郵52元
3.**正法眼藏—護法集**　平實導師述著　回郵76元
4.**真假開悟簡易辨正法＆佛子之省思**　平實導師著　回郵26元
5.**生命實相之辨正**　平實導師著　回郵31元
6.**如何契入念佛法門**（附：印順法師否定極樂世界）平實導師著　回郵26元
7.**平實書箋**—答元覽居士書　平實導師著　回郵52元
8.**三乘唯識**—如來藏系經律彙編　平實導師編　回郵80元
（精裝本　長27 cm　寬21 cm　高7.5 cm　重2.8公斤）
9.**三時繫念全集**—修正本　回郵掛號52元（長26.5 cm×寬19 cm）
10.**明心與初地**　平實導師述　回郵31元
11.**邪見與佛法**　平實導師述著　回郵36元
12.**甘露法雨**　平實導師述　回郵36元
13.**我與無我**　平實導師述　回郵36元
14.**學佛之心態**—修正錯誤之學佛心態始能與正法相應 孫正德老師著 回郵52元
附錄：平實導師著**《略說八、九識並存…等之過失》**
15.**大乘無我觀**—《悟前與悟後》別說　平實導師述著　回郵36元
16.**佛教之危機**—中國台灣地區現代佛教之真相（附錄：公案拈提六則）
平實導師著　回郵52元
17.**燈　影**—燈下黑（覆「求教後學」來函等）平實導師著　回郵76元
18.**護法與毀法**—覆上平居士與徐恒志居士網站毀法二文
張正圜老師著　回郵76元
19.**淨土聖道**—兼評**選擇本願念佛**　正德老師著　**由正覺同修會購贈** 回郵52元
20.**辨唯識性相**—對「紫蓮心海《辯唯識性相》書中否定阿賴耶識」之回應
正覺同修會 台南共修處法義組 著　回郵52元
21.**假如來藏**—對法蓮法師《如來藏與阿賴耶識》書中否定阿賴耶識之回應
正覺同修會 台南共修處法義組 著　回郵76元
22.**入不二門**—公案拈提集錦 第一輯（於平實導師公案拈提諸書中選錄約二十則，
合輯為一冊流通之）平實導師著　回郵52元
23.**真假邪說**—西藏密宗索達吉喇嘛《破除邪說論》真是邪說
釋正安法師著　上、下冊回郵各52元
24.**真假開悟**—真如、如來藏、阿賴耶識間之關係　平實導師述著　回郵76元
25.**真假禪和**—辨正釋傳聖之謗法謬說　孫正德老師著　回郵76元
26.**眼見佛性**—駁慧廣法師**眼見佛性的含義**文中謬說

游正光老師著　回郵 52 元

27.**普門自在**—公案拈提集錦 第二輯（於平實導師公案拈提諸書中選錄約二十則，合輯爲一冊流通之）平實導師著　回郵 52 元

28.**印順法師的悲哀**—以現代禪的質疑為線索　恒毓博士著　回郵 52 元

29.**識蘊真義**—現觀識蘊內涵、取證初果、親斷三縛結之具體行門。—依《成唯識論》及《惟識述記》正義，略顯安慧《大乘廣五蘊論》之邪謬　平實導師著　回郵 76 元

30.**正覺電子報** 各期紙版本　免附回郵　每次最多函索三期或三本。（已無存書之較早各期，不另增印贈閱）

31.**現代人應有的宗教觀**　蔡正禮老師 著　回郵 31 元

32.**遠惑趣道**—正覺電子報般若信箱問答錄　第一輯　回郵 52 元

33.**遠惑趣道**—正覺電子報般若信箱問答錄　第二輯　回郵 52 元

34.**確保您的權益**—器官捐贈應注意自我保護　游正光老師 著　回郵 31 元

35.**正覺教團電視弘法三乘菩提 DVD 光碟（一）**

由正覺教團多位親教師共同講述錄製 DVD 8 片，MP3 一片，共 9 片。有二大講題：一爲「三乘菩提之意涵」，二爲「學佛的正知見」。內容精闢，深入淺出，精彩絕倫，幫助大眾快速建立三乘法道的正知見，免被外道邪見所誤導。有志修學三乘佛法之學人不可不看。（製作工本費 100 元，回郵 52 元）

36.**正覺教團電視弘法 DVD 專輯（二）**

總有二大講題：一爲「三乘菩提之念佛法門」，一爲「學佛正知見（第二篇）」，由正覺教團多位親教師輪番講述，內容詳細闡述如何修學念佛法門、實證念佛三昧，以及學佛應具有的正確知見，可以幫助發願往生西方極樂淨土之學人，得以把握往生，更可令學人快速建立三乘法道的正知見，免於被外道邪見所誤導。有志修學三乘佛法之學人不可不看。（一套 17 片，工本費 160 元。回郵 76 元）

37.**喇嘛性世界**—揭開假藏傳佛教譚崔瑜伽的面紗　張善思 等人合著　由正覺同修會購贈　回郵 52 元

38.**假藏傳佛教的神話**—性、謊言、喇嘛教　張正玄教授編著　由正覺同修會購贈　回郵 52 元

39.**隨　緣**—理隨緣與事隨緣　平實導師述　回郵 52 元。

40.**學佛的覺醒**　正枝居士 著　回郵 52 元

41.**導師之真實義**　蔡正禮老師 著　回郵 31 元

42.**淺談達賴喇嘛之雙身法**—兼論解讀「密續」之達文西密碼　吳明芷居士 著　回郵 31 元

43.**魔界轉世**　張正玄居士 著　回郵 31 元

44.**一貫道與開悟**　蔡正禮老師 著　回郵 31 元

45.**博愛**—愛盡天下女人　正覺教育基金會 編印　回郵 36 元

46.**意識虛妄經教彙編**—實證解脱道的關鍵經文　正覺同修會編印　回郵 36 元

47.**邪箭囈語**—破斥藏密外道多識仁波切《破魔金剛箭雨論》之邪說
陸正元老師著　上、下冊回郵各 52 元

48.**真假沙門**—依 佛聖教闡釋佛教僧寶之定義
蔡正禮老師著　俟正覺電子報連載後結集出版

49.**真假禪宗**—藉評論釋性廣《印順導師對變質禪法之批判
及對禪宗之肯定》以顯示真假禪宗
附論一：凡夫知見 無助於佛法之信解行證
附論二：世間與出世間一切法皆從如來藏實際而生而顯
余正偉老師著　俟正覺電子報連載後結集出版　回郵未定

★ 上列贈書之郵資，係台灣本島地區郵資，大陸、港、澳地區及外國地區，請另計酌增（大陸、港、澳、國外地區之郵票不許通用）。尚未出版之書，請勿先寄來郵資，以免增加作業煩擾。

★ 本目錄若有變動，唯於後印之書籍及「成佛之道」網站上修正公佈之，不另行個別通知。

**函索書籍**請寄：佛教正覺同修會　103 台北市承德路 3 段 277 號 9 樓
台灣地區函索書籍者請附寄郵票，無時間購買郵票者可以等值現金抵用，但不接受郵政劃撥、支票、匯票。大陸地區得以人民幣計算，國外地區請以美元計算（請勿寄來當地郵票，在台灣地區不能使用）。欲以掛號寄遞者，請另附掛號郵資。

**親自索閱**：正覺同修會各共修處。　★請於共修時間前往取書，餘時無人在道場，請勿前往索取；共修時間與地點，詳見書末正覺同修會共修現況表（以近期之共修現況表為準）。

**註：**正智出版社發售之局版書，請向各大書局購閱。若書局之書架上已經售出而無陳列者，請向書局櫃台指定洽購；若書局不便代購者，請於正覺同修會共修時間前往各共修處請購，正智出版社已派人於共修時間送書前往各共修處流通。 郵政劃撥購書及 大陸地區 購書，請詳別頁正智出版社發售書籍目錄最後頁之說明。

**成佛之道 網站：**http://www.a202.idv.tw　正覺同修會已出版之結緣書籍，多已登載於 成佛之道 網站，若住外國、或住處遙遠，不便取得正覺同修會贈閱書籍者，可以從本網站閱讀及下載。　書局版之《宗通與說通》亦已上網，台灣讀者可向書局洽購，售價 300 元。《狂密與眞密》第一輯~第四輯，亦於 2003.5.1.全部於本網站登載完畢；台灣地區讀者請向書局洽購，每輯約 400 頁，售價 300 元（網站下載紙張費用較貴，容易散失，難以保存，亦較不精美）。

**＊＊假藏傳佛教修雙身法，非佛教＊＊**

# **正智出版社** 籌募弘法基金發售書籍目錄 2019/07/03

1.**宗門正眼**—公案拈提 第一輯 重拈 平實導師著 500 元

因重寫內容大幅度增加故，字體必須改小，並增爲 576 頁 主文 546 頁。比初版更精彩、更有內容。初版《禪門摩尼寶聚》之讀者，可寄回本公司免費調換新版書。免附回郵，亦無截止期限。（2007 年起，每冊附贈本公司精製公案拈提〈超意境〉CD 一片。市售價格 280 元，多購多贈。）

2.**禪淨圓融** 平實導師著 200 元（第一版舊書可換新版書。）

3.**真實如來藏** 平實導師著 400 元

4.**禪—悟前與悟後** 平實導師著 上、下冊，每冊 250 元

5.**宗門法眼**—公案拈提 第二輯 平實導師著 500 元

（2007 年起，每冊附贈本公司精製公案拈提〈超意境〉CD 一片）

6.**楞伽經詳解** 平實導師著 全套共 10 輯 每輯 250 元

7.**宗門道眼**—公案拈提 第三輯 平實導師著 500 元

（2007 年起，每冊附贈本公司精製公案拈提〈超意境〉CD 一片）

8.**宗門血脈**—公案拈提 第四輯 平實導師著 500 元

（2007 年起，每冊附贈本公司精製公案拈提〈超意境〉CD 一片）

9.**宗通與說通**—成佛之道 平實導師著 主文 381 頁 全書 400 頁售價 300 元

10.**宗門正道**—公案拈提 第五輯 平實導師著 500 元

（2007 年起，每冊附贈本公司精製公案拈提〈超意境〉CD 一片）

11.**狂密與真密 一～四輯** 平實導師著 西藏密宗是人間最邪淫的宗教，本質不是佛教，只是披著佛教外衣的印度教性力派流毒的喇嘛教。此書中將西藏密宗密傳之男女雙身合修樂空雙運所有祕密與修法，毫無保留完全公開，並將全部喇嘛們所不知道的部分也一併公開。內容比大辣出版社喧騰一時的《西藏慾經》更詳細。並且函蓋藏密的所有祕密及其錯誤的中觀見、如來藏見……等，藏密的所有法義都在書中詳述、分析、辨正。每輯主文三百餘頁 每輯全書約 400 頁 售價每輯 300 元

12.**宗門正義**—公案拈提 第六輯 平實導師著 500 元

（2007 年起，每冊附贈本公司精製公案拈提〈超意境〉CD 一片）

13.**心經密意**—心經與解脫道、佛菩提道、祖師公案之關係與密意 平實導師述 300 元

14.**宗門密意**—公案拈提 第七輯 平實導師著 500 元

（2007 年起，每冊附贈本公司精製公案拈提〈超意境〉CD 一片）

15.**淨土聖道**—兼評「選擇本願念佛」 正德老師著 200 元

16.**起信論講記** 平實導師述著 共六輯 每輯三百餘頁 售價各 250 元

17.**優婆塞戒經講記** 平實導師述著 共八輯 每輯三百餘頁 售價各 250 元

18.**真假活佛**—略論附佛外道盧勝彥之邪說（對前岳靈犀網站主張「盧勝彥是證悟者」之修正） 正犀居士（岳靈犀）著 流通價 140 元

19.**阿含正義**—唯識學探源 平實導師著 共七輯 每輯 300 元

20.**超意境** CD 以平實導師公案拈提書中超越意境之頌詞，加上曲風優美的旋律，錄成令人嚮往的超意境歌曲，其中包括正覺發願文及平實導師親自譜成的黃梅調歌曲一首。詞曲雋永，殊堪翫味，可供學禪者吟詠，有助於見道。內附設計精美的彩色小冊，解說每一首詞的背景本事。每片 280 元。【每購買公案拈提書籍一冊，即贈送一片。】

21.**菩薩底憂鬱** CD 將菩薩情懷及禪宗公案寫成新詞，並製作成超越意境的優美歌曲。 1.主題曲〈菩薩底憂鬱〉，描述地後菩薩能離三界生死而迴向繼續生在人間，但因尚未斷盡習氣種子而有極深沈之憂鬱，非三賢位菩薩及二乘聖者所知，此憂鬱在七地滿心位方才斷盡；本曲之詞中所說義理極深，昔來所未曾見；此曲係以優美的情歌風格寫詞及作曲，聞者得以激發嚮往諸地菩薩境界之大心，詞、曲都非常優美，難得一見；其中勝妙義理之解說，已印在附贈之彩色小冊中。 2.以各輯公案拈提中直示禪門入處之頌文，作成各種不同曲風之超意境歌曲，值得玩味、參究；聆聽公案拈提之優美歌曲時，請同時閱讀內附之印刷精美說明小冊，可以領會超越三界的證悟境界；未悟者可以因此引發求悟之意向及疑情，眞發菩提心而邁向求悟之途，乃至因此眞實悟入般若，成眞菩薩。 3.正覺總持咒新曲，總持佛法大意；總持咒之義理，已加以解說並印在隨附之小冊中。本 CD 共有十首歌曲，長達 63 分鐘。每盒各附贈二張購書優惠券。每片 280 元。

22.**禪意無限** CD 平實導師以公案拈提書中偈頌寫成不同風格曲子，與他人所寫不同風格曲子共同錄製出版，幫助參禪人進入禪門超越意識之境界。盒中附贈彩色印製的精美解說小冊，以供聆聽時閱讀，令參禪人得以發起參禪之疑情，即有機會證悟本來面目而發起實相智慧，實證大乘菩提般若，能如實證知般若經中的眞實意。本 CD 共有十首歌曲，長達 69 分鐘，每盒各附贈二張購書優惠券。每片 280 元。

23.**我的菩提路**第一輯　釋悟圓、釋善藏等人合著　售價 300 元

24.**我的菩提路**第二輯　郭正益、張志成等人合著　售價 300 元

25.**我的菩提路**第三輯　王美伶等人合著　售價 300 元

26.**我的菩提路**第四輯　陳晏平等人合著　售價 300 元

27.**我的菩提路**第五輯　林慈慧等人合著　售價 300 元

28.**鈍鳥與靈龜**—考證後代凡夫對大慧宗杲禪師的無根誹謗。

平實導師著 共 458 頁 售價 350 元

29.**維摩詰經講記** 平實導師述 共六輯 每輯三百餘頁 售價各 250 元

30.**真假外道**—破劉東亮、杜大威、釋證嚴常見外道見 正光老師著 200 元

31.**勝鬘經講記**—兼論印順《勝鬘經講記》對於《勝鬘經》之誤解。

平實導師述　共六輯　每輯三百餘頁　售價 250 元

32.**楞嚴經講記** 平實導師述 共 **15** 輯，每輯三百餘頁 售價 300 元

33.**明心與眼見佛性**—駁慧廣〈蕭氏「眼見佛性」與「明心」之非〉文中謬說
正光老師著　共448頁　售價300元

34.**見性與看話頭**　黃正倖老師 著，本書是禪宗參禪的方法論。
內文375頁，全書416頁，售價300元。

35.**達賴真面目**—玩盡天下女人 白正偉老師 等著 中英對照彩色精裝大本 800元

36.**喇嘛性世界**—揭開假藏傳佛教譚崔瑜伽的面紗　張善思 等人著　200元

37.**假藏傳佛教的神話**—性、謊言、喇嘛教　正玄教授編著　200元

38.**金剛經宗通**　平實導師述　共九輯　每輯售價250元。

39.**空行母**—性別、身分定位，以及藏傳佛教。
珍妮·坎貝爾著 呂艾倫 中譯 售價250元

40.**末代達賴**—性交教主的悲歌　張善思、呂艾倫、辛燕編著 售價250元

41.**霧峰無霧**—給哥哥的信　辨正釋印順對佛法的無量誤解
游宗明 老師著　售價250元

42.**第七意識與第八意識？**—穿越時空「超意識」
平實導師述　每冊300元

43.**黯淡的達賴**—失去光彩的諾貝爾和平獎
正覺教育基金會編著　每冊250元

44.**童女迦葉考**—論呂凱文〈佛教輪迴思想的論述分析〉之謬。
平實導師 著 定價180元

45.**人間佛教**—實證者必定不悖三乘菩提
平實導師 述，定價400元

46.**實相經宗通**　平實導師述　共八輯　每輯250元

47.**真心告訴您(一)**—達賴喇嘛在幹什麼？
正覺教育基金會編著　售價250元

48.**中觀金鑑**—詳述應成派中觀的起源與其破法本質
孫正德老師著　分爲上、中、下三冊，每冊250元

49.**藏傳佛教要義**—《狂密與真密》之簡體字版　平實導師 著 上、下冊
僅在大陸流通　每冊300元

50.**法華經講義**　平實導師述　共二十五輯　每輯300元

51.**西藏「活佛轉世」制度**—附佛、造神、世俗法
許正豐、張正玄老師合著　定價150元

52.**廣論三部曲**　郭正益老師著　定價150元

53.**真心告訴您(二)**—達賴喇嘛是佛教僧侶嗎？
—補祝達賴喇嘛八十大壽
正覺教育基金會編著　售價300元

54.**次法**—實證佛法前應有的條件
張善思居士著　分爲上、下二冊，每冊250元

55.**涅槃**—解說四種涅槃之實證及內涵　平實導師著 上、下冊 各350元

56.**山法**—西藏關於他空與佛藏之根本論
篤補巴·喜饒堅贊著　傑弗里·霍普金斯英譯
張火慶教授、張志成、呂艾倫等中譯　精裝大本 1200 元
57.**假鋒虛焰金剛乘**—揭示顯密正理，兼破索達吉師徒《般若鋒兮金剛焰》
釋正安法師著 簡體字版 即將出版 售價未定
58.**廣論之平議**—宗喀巴《菩提道次第廣論》之平議　正雄居士著
約二或三輯　俟正覺電子報連載後結集出版　書價未定
59.**救護佛子向正道**—對印順法師中心思想之綜合判攝
游宗明老師著　書價未定
60.**菩薩學處**—菩薩四攝六度之要義　陸正元老師著　出版日期未定。
61.**八識規矩頌**詳解　○○居士 註解　出版日期另訂　書價未定。
62.**印度佛教史**—法義與考證。依法義史實評論印順《印度佛教思想史、佛教史地考論》之謬說　正偉老師著　出版日期未定　書價未定
63.**中國佛教史**—依中國佛教正法史實而論。○○老師 著　書價未定。
64.**中論正義**—釋龍樹菩薩《中論》頌正理。
孫正德老師著　出版日期未定　書價未定
65.**中觀正義**—註解平實導師《中論正義頌》。
○○法師（居士）著　出版日期未定　書價未定
66.**佛藏經講記**　平實導師述　於 2019 年 7 月 31 日開始出版　共 21 輯，每二個月出版一輯，每輯 300 元。
67.**阿含經講記**—將選錄四阿含中數部重要經典全經講解之，講後整理出版。
平實導師述　約二輯　每輯 300 元　出版日期未定
68.**寶積經講記**　平實導師述　每輯三百餘頁 優惠價 300 元 出版日期未定
69.**解深密經講記**　平實導師述 約四輯　將於重講後整理出版
70.**成唯識論略解**　平實導師著　五～六輯　每輯300 元　出版日期未定
71.**修習止觀坐禪法要講記**　平實導師述　每輯三百餘頁
將於正覺寺建成後重講、以講記逐輯出版　出版日期未定
72.**無門關**—《無門關》公案拈提　平實導師著　出版日期未定
73.**中觀再論**—兼述印順《中觀今論》謬誤之平議。正光老師著 出版日期未定
74.**輪迴與超度**—佛教超度法會之真義。
○○法師（居士）著　出版日期未定　書價未定
75.**《釋摩訶衍論》平議**—對偽稱龍樹所造《釋摩訶衍論》之平議
○○法師（居士）著　出版日期未定　書價未定
76.**正覺發願文**註解—以真實大願為因 得證菩提
正德老師著　出版日期未定　書價未定
77.**正覺總持咒**—佛法之總持　正圜老師著　出版日期未定　書價未定
78.**三自性**—依四食、五蘊、十二因緣、十八界法，說三性三無性。
作者未定　出版日期未定
79.**道品**—從三自性說大小乘三十七道品　作者未定　出版日期未定

80.**大乘緣起觀**—依四聖諦七真如現觀十二緣起 作者未定 出版日期未定
81.**三德**—論解脫德、法身德、般若德。 作者未定 出版日期未定
82.**真假如來藏**—對印順《如來藏之研究》謬說之平議 作者未定 出版日期未定
83.**大乘道次第** 作者未定 出版日期未定 書價未定
84.**四緣**—依如來藏故有四緣。 作者未定 出版日期未定
85.**空之探究**—印順《空之探究》謬誤之平議 作者未定 出版日期未定
86.**十法義**—論阿含經中十法之正義 作者未定 出版日期未定
87.**外道見**—論述外道六十二見 作者未定 出版日期未定

# 正智出版社有限公司 書籍介紹

**禪淨圓融**：言淨土諸祖所未曾言，示諸宗祖師所未曾示；禪淨圓融，另闢成佛捷徑，兼顧自力他力，闡釋淨土門之速行易行道，亦同時揭櫫聖教門之速行易行道；令廣大淨土行者得免緩行難證之苦，亦令聖道門行者得以藉著淨土速行道而加快成佛之時劫。乃前無古人之超勝見地，非一般弘揚禪淨法門典籍也，先讀爲快。平實導師著 200元。

**宗門正眼——公案拈提**第一輯：繼承克勤圜悟大師碧巖錄宗旨之禪門鉅作。先則舉示當代大法師之邪說，消弭當代禪門大師鄉愿之心態，摧破當今禪門「世俗禪」之妄談；次則旁通教法，表顯宗門正理；繼以道之次第，消弭古今狂禪；後藉言語及文字機鋒，直示宗門入處。悲智雙運，禪味十足，數百年來難得一睹之禪門鉅著也。平實導師著 500元（原初版書《禪門摩尼寶聚》，改版後補充爲五百餘頁新書，總計多達二十四萬字，內容更精彩，並改名爲《宗門正眼》，讀者原購初版《禪門摩尼寶聚》皆可寄回本公司免費換新，免附回郵，亦無截止期限）（2007年起，凡購買公案拈提第一輯至第七輯，每購一輯皆贈送本公司精製公案拈提〈超意境〉CD一片，市售價格280元，多購多贈）。

**禪—悟前與悟後**：本書能建立學人悟道之信心與正確知見，圓滿具足而有次第地詳述禪悟之功夫與禪悟之內容，指陳參禪中細微淆訛之處，能使學人明自眞心、見自本性。若未能悟入，亦能以正確知見辨別古今中外一切大師究係眞悟？或屬錯悟？便有能力揀擇，捨名師而選明師，後時必有悟道之緣。一旦悟道，遲者七次人天往返，便出三界，速者一生取辦。學人欲求開悟者，不可不讀。平實導師著。上、下冊共500元，單冊250元。

**真實如來藏**：如來藏眞實存在，乃宇宙萬有之本體，並非印順法師、達賴喇嘛等人所說之「唯有名相、無此心體」。如來藏是涅槃之本際，是一切有智之人竭盡心智、不斷探索而不能得之生命實相；是古今中外許多大師自以爲悟而當面錯過之生命實相。如來藏即是阿賴耶識，乃是一切有情本自具足、不生不滅之眞實心。當代中外大師於此書出版之前所未能言者，作者於本書中盡情流露、詳細闡釋。眞悟者讀之，必能增益悟境、智慧增上；錯悟者讀之，必能檢討自己之錯誤，免犯大妄語業；未悟者讀之，能知參禪之理路，亦能以之檢查一切名師是否眞悟。此書是一切哲學家、宗教家、學佛者及欲昇華心智之人必讀之鉅著。　平實導師著　售價400元。

**宗門法眼**——**公案拈提**第二輯：列舉實例，闡釋土城廣欽老和尚之悟處；並直示這位不識字的老和尚妙智橫生之根由，繼而剖析禪宗歷代大德之開悟公案，解析當代密宗高僧卡盧仁波切之錯悟證據，並例舉當代顯宗高僧、大居士之錯悟證據（凡健在者，為免影響其名聞利養，皆隱其名）。藉辨正當代名師之邪見，向廣大佛子指陳禪悟之正道，彰顯宗門法眼。悲勇兼出，強捋虎鬚；慈智雙運，巧探驪龍；摩尼寶珠在手，直示宗門入處，禪味十足；若非大悟徹底，不能為之。禪門精奇人物，允宜人手一冊，供作參究及悟後印證之圭臬。本書於2008年4月改版，增寫為大約500頁篇幅，以利學人研讀參究時更易悟入宗門正法，以前所購初版首刷及初版二刷舊書，皆可免費換取新書。平實導師著 500元（2007年起，凡購買公案拈提第一輯至第七輯，每購一輯皆贈送本公司精製公案拈提〈超意境〉CD一片，市售價格280元，多購多贈）。

**宗門道眼**——**公案拈提**第三輯：繼宗門法眼之後，再以金剛之作略、慈悲之胸懷、犀利之筆觸，舉示寒山、拾得、布袋三大士之悟處，消弭當代錯悟者對於寒山大士……等之誤會及誹謗。亦舉出民初以來與虛雲和尚齊名之蜀郡鹽亭袁煥仙夫子——南懷瑾老師之師，其「悟處」何在？並蒐羅許多眞悟祖師之證悟公案，顯示禪宗歷代祖師之睿智，指陳部分祖師、奧修及當代顯密大師之謬悟，作爲殷鑑，幫助禪子建立及修正參禪之方向及知見。假使讀者閱此書已，一時尚未能悟，亦可一面加功用行，一面以此宗門道眼辨別眞假善知識，避開錯誤之印證及歧路，可免大妄語業之長劫慘痛果報。欲修禪宗之禪者，務請細讀。平實導師著 售價500元（2007年起，凡購買公案拈提第一輯至第七輯，每購一輯皆贈送本公司精製公案拈提〈超意境〉CD一片，市售價格280元，多購多贈）。

**楞伽經詳解**：本經是禪宗見道者印證所悟眞僞之根本經典，亦是禪宗見道者悟後起修之依據經典；故達摩祖師於印證二祖慧可大師之後，將此經典連同佛缽祖衣一併交付二祖，令其依此經典佛示金言、進入修道位，修學一切種智。由此可知此經對於眞悟之人修學佛道，是非常重要之一部經典。此經能破外道邪說，亦破佛門中錯悟名師之謬說，亦破禪宗部分祖師之狂禪：不讀經典、一向主張「一悟即成究竟佛」之謬執。並開示愚夫所行禪、觀察義禪、攀緣如禪、如來禪等差別，令行者對於三乘禪法差異有所分辨；亦糾正禪宗祖師古來對於如來禪之誤解，嗣後可免以訛傳訛之弊。此經亦是法相唯識宗之根本經典，禪者悟後欲修一切種智而入初地者，必須詳讀。 平實導師著，全套共十輯，已全部出版完畢，每輯主文約320頁，每冊約352頁，定價250元。

**宗門血脈**—**公案拈提第四輯**：末法怪象—許多修行人自以爲悟，每將無念靈知認作眞實；崇尚二乘法諸師及其徒眾，則將外於如來藏之緣起性空—無因論之無常空、斷滅空、一切法空—錯認爲 佛所說之般若空性。這兩種現象已於當今海峽兩岸及美加地區顯密大師之中普遍存在；人人自以爲悟，心高氣壯，便敢寫書解釋祖師證悟之公案，大多出於意識思惟所得，言不及義，錯誤百出，因此誤導廣大佛子同陷大妄語之地獄業中而不能自知。彼等書中所說之悟處，其實處處違背第一義經典之聖言量。彼等諸人不論是否身披袈裟，都非佛法宗門血脈，或雖有禪宗法脈之傳承，亦只徒具形式；猶如螟蛉，非眞血脈，未悟得根本眞實故。禪子欲知佛、祖之眞血脈者，請讀此書，便知分曉。平實導師著，主文452頁，全書464頁，定價500元（2007年起，凡購買公案拈提第一輯至第七輯，每購一輯皆贈送本公司精製公案拈提〈超意境〉CD一片，市售價格280元，多購多贈）。

**宗通與說通**：古今中外，錯誤之人如麻似粟，每以常見外道所說之靈知心，認作眞心；或妄想虛空之勝性能量爲眞如，或錯認物質四大元素藉冥性（靈知心本體）能成就吾人色身及知覺，或認初禪至四禪中之了知心爲不生不滅之涅槃心。此等皆非通宗者之見地。復有錯悟之人一向主張「宗門與教門不相干」，此即尚未通達宗門之人也。其實宗門與教門互通不二，宗門所證者乃是眞如與佛性，教門所說者乃說宗門證悟之眞如佛性，故教門與宗門不二。本書作者以宗教二門互通之見地，細說「宗通與說通」，從初見道至悟後起修之道、細說分明；並將諸宗諸派在整體佛教中之地位與次第，加以明確之教判，學人讀之即可了知佛法之梗概也。欲擇明師學法之前，允宜先讀。平實導師著，主文共381頁，全書392頁，只售成本價300元。

**宗門正道**—**公案拈提**第五輯：修學大乘佛法有二果須證解脫果及大菩提果。二乘人不證大菩提果，唯證解脫果；此果之智慧，名爲聲聞菩提、緣覺菩提。大乘佛子所證二果之菩提果爲佛菩提，故名大菩提果，其慧名爲一切種智函蓋二乘解脫果。然此大乘二果修證，須經由禪宗之宗門證悟方能相應。而宗門證悟極難，自古已然；其所以難者，咎在古今佛教界普遍存在三種邪見：1.以修定認作佛法，2.以無因論之緣起性空—否定涅槃本際如來藏以後之一切法空作爲佛法，3.以常見外道邪見（離語言妄念之靈知性）作爲佛法。如是邪見，或因自身正見未立所致，或因邪師之邪教導所致，或因無始劫來虛妄熏習所致。若不破除此三種邪見，永劫不悟宗門眞義、不入大乘正道，唯能外門廣修菩薩行。平實導師於此書中，有極爲詳細之說明，有志佛子欲摧邪見、入於內門修菩薩行者，當閱此書。主文共496頁，全書512頁。售價500元（2007年起，凡購買公案拈提第一輯至第七輯，每購一輯皆贈送本公司精製公案拈提〈超意境〉CD一片，市售價格280元，多購多贈）。

**狂密與眞密**：密教之修學，皆由有相之觀行法門而入，其最終目標仍不離顯教經典所說第一義諦之修證；若離顯教第一義經典、或違背顯教第一義經典，即非佛教。西藏密教之觀行法，如灌頂、觀想、遷識法、寶瓶氣、大聖歡喜雙身修法、喜金剛、無上瑜伽、大樂光明、樂空雙運等，皆是印度教**兩性生生不息**思想之轉化，**自始至終**皆以**如何能運用交合淫樂之法達到全身受樂**爲其中心思想，純屬欲界五欲的貪愛，不能令人超出欲界輪迴，更不能令人斷除我見；何況大乘之明心與見性，更無論矣！故密宗之法絕非佛法也。而其明光大手印、大圓滿法教，又皆同以常見外道所說**離語言妄念之無念靈知心**錯認爲佛地之眞如，不能直指不生不滅之眞如。西藏密宗所有法王與徒眾，都尚未開頂門眼，不能辨別眞僞，以**依人不依法、依密續不依經典**故，不肯將其上師喇嘛所說對照第一義經典，純依密續之藏密祖師所說爲準，因此而誇大其證德與證量，動輒謂彼祖師上師爲究竟佛、爲地上菩薩；如今台海兩岸亦有自謂其師證量高於 釋迦文佛者，然觀其師所述，猶未見道，仍在觀行即佛階段，尚未到禪宗相似即佛、分證即佛階位，竟敢標榜爲究竟佛及地上法王，誑惑初機學人。凡此怪象皆是狂密，不同於眞密之修行者。近年狂密盛行，密宗行者被誤導者極眾，動輒自謂已證佛地眞如，自視爲究竟佛，陷於大妄語業中而不知自省，反謗顯宗眞修實證者之證量粗淺；或如義雲高與釋性圓…等人，於報紙上公然誹謗眞實證道者爲「騙子、無道人、人妖、癩蛤蟆…」等，造下誹謗大乘勝義僧之大惡業；或以外道法中有爲有作之甘露、魔術……等法，誑騙初機學人，狂言彼外道法爲眞佛法。如是怪象，在西藏密宗及附藏密之外道中，不一而足，舉之不盡，學人宜應愼思明辨，以免上當後又犯毀破菩薩戒之重罪。密宗學人若欲遠離邪知邪見者，請閱此書，即能了知密宗之邪謬，從此遠離邪見與邪修，轉入眞正之佛道。

平實導師著 共四輯 每輯約400頁（主文約340頁）每輯售價300元。

**宗門正義**—公案拈提第六輯：佛教有六大危機，乃是藏密化、世俗化、膚淺化、學術化、宗門密意失傳、悟後進修諸地之次第混淆；其中尤以宗門密意之失傳，爲當代佛教最大之危機。由宗門密意失傳故，易令世尊本懷普被錯解，易令世尊正法被轉易爲外道法，以及加以淺化、世俗化，是故宗門密意之廣泛弘傳與具緣佛弟子，極爲重要。然而欲令宗門密意之廣泛弘傳予具緣之佛弟子者，必須同時配合錯誤知見之解析、普令佛弟子知之，然後輔以公案解析之直示入處，方能令具緣之佛弟子悟入。而此二者，皆須以公案拈提之方式爲之，方易成其功、竟其業，是故平實導師續作宗門正義一書，以利學人。全書500餘頁，售價500元（2007年起，凡購買公案拈提第一輯至第七輯，每購一輯皆贈送本公司精製公案拈提〈超意境〉CD一片，市售價格280元，多購多贈）。

**心經密意**—心經與解脫道、佛菩提道、祖師公案之關係與密意。二乘菩提所證之解脫道，實依第八識心之斷除煩惱障現行而立解脫之名；大乘菩提所證之佛菩提道，實依親證第八識如來藏之涅槃性、清淨自性、及其中道性而立般若之名；禪宗祖師公案所證之眞心，即是此第八識如來藏；是故三乘佛法所修所證之三乘菩提，皆依此如來藏心而立名也。此第八識心，即是《心經》所說之心也。證得此如來藏已，即能漸入大乘佛菩提道，亦可因證知此心而了知二乘無學所不能知之無餘涅槃本際，是故《心經》之密意，與三乘佛菩提之關係極爲密切、不可分割，三乘佛法皆依此心而立名故。今者平實導師以其所證解脫道之無生智及佛菩提之般若種智，將《心經》與解脫道、佛菩提道、祖師公案之關係與密意，以演講之方式，用淺顯之語句和盤托出，發前人所未言，呈三乘菩提之眞義，令人藉此《心經密意》一舉而窺三乘菩提之堂奧，迥異諸方言不及義之說；欲求眞實佛智者，不可不讀！主文317頁，連同跋文及序文…等共384頁，售價300元。

**宗門密意**—公案拈提第七輯：佛教之世俗化，將導致學人以信仰作爲學佛，則將以感應及世間法之庇祐，作爲學佛之主要目標，不能了知學佛之主要目標爲親證三乘菩提。大乘菩提則以般若實相智慧爲主要修習目標，以二乘菩提解脫道爲附帶修習之標的；是故學習大乘法者，應以禪宗之證悟爲要務，能親入大乘菩提之實相般若智慧中故，般若實相智慧非二乘聖人所能知故。此書則以台灣世俗化佛教之三大法師，說法似是而非之實例，配合眞悟祖師之公案解析，提示證悟般若之關節，令學人易得悟入。平實導師著，全書五百餘頁，售價500元（2007年起，凡購買公案拈提第一輯至第七輯，每購一輯皆贈送本公司精製公案拈提〈超意境〉CD一片，市售價格280元，多購多贈）。

**淨土聖道**—兼評日本本願念佛：佛法甚深極廣，般若玄微，非諸二乘聖僧所能知之，一切凡夫更無論矣！所謂一切證量皆歸淨土是也！是故大乘法中「聖道之淨土、淨土之聖道」，其義甚深，難可了知；乃至眞悟之人，初心亦難知也。今有正德老師眞實證悟後，復能深探淨土與聖道之緊密關係，憐憫眾生之誤會淨土實義，亦欲利益廣大淨土行人同入聖道，同獲淨土中之聖道門要義，乃振奮心神、書以成文，今得刊行天下。主文279頁，連同序文等共301頁，總有十一萬六千餘字，正德老師著，成本價200元。

**起信論講記**：詳解大乘起信論**心生滅門**與**心眞如門**之眞實意旨，消除以往大師與學人對起信論所說**心生滅門**之誤解，由是而得了知眞心如來藏之非常非斷中道正理；亦因此一講解，令此論以往隱晦而被誤解之眞實義，得以如實顯示，令大乘佛菩提道之正理得以顯揚光大；初機學者亦可藉此正論所顯示之法義，對大乘法理生起正信，從此得以眞發菩提心，眞入大乘法中修學，世世常修菩薩正行。平實導師演述，共六輯，都已出版，每輯三百餘頁，售價250元。

**優婆塞戒經講記**：本經詳述在家菩薩修學大乘佛法，應如何受持菩薩戒？對人間善行應如何看待？對三寶應如何護持？應如何正確地修集此世後世證法之福德？應如何修集後世「行菩薩道之資糧」？並詳述第一義諦之正義：五蘊非我非異我、自作自受、異作異受、不作不受……等深妙法義，乃是修學大乘佛法、行菩薩行之在家菩薩所應當了知者。出家菩薩今世或未來世登地已，捨報之後多數將如華嚴經中諸大菩薩，以在家菩薩身而修行菩薩行，故亦應以此經所述正理而修之，配合《楞伽經、解深密經、楞嚴經、華嚴經》等道次第正理，方得漸次成就佛道；故此經是一切大乘行者皆應證知之正法。平實導師講述，每輯三百餘頁，售價各250元；共八輯，已全部出版。

**真假活佛**—略論附佛外道盧勝彥之邪說：人人身中都有眞活佛，永生不滅而有大神用，但眾生都不了知，所以常被身外的西藏密宗假活佛籠罩欺瞞。本來就眞實存在的眞活佛，才是眞正的密宗無上密！諾那活佛因此而說禪宗是大密宗，但藏密的所有活佛都不知道、也不曾實證自身中的眞活佛。本書詳實宣示眞活佛的道理，舉證盧勝彥的「佛法」不是眞佛法，也顯示盧勝彥是假活佛，直接的闡釋第一義佛法見道的眞實正理。眞佛宗的所有上師與學人們，都應該詳細閱讀，包括盧勝彥個人在內。正犀居士著，優惠價140元。

**阿含正義**—唯識學探源：廣說四大部《阿含經》諸經中隱說之眞正義理，一一舉示佛陀本懷，令阿含時期初轉法輪根本經典之眞義，如實顯現於佛子眼前。並提示末法大師對於阿含眞義誤解之實例，一一比對之，證實唯識增上慧學確於原始佛法之阿含諸經中已隱覆密意而略說之，證實 世尊確於原始佛法中已曾密意而說第八識如來藏之總相；亦證實 世尊在四阿含中已說此藏識是名色十八界之因、之本—證明如來藏是能生萬法之根本心。佛子可據此修正以往受諸大師（譬如西藏密宗應成派中觀師：印順、昭慧、性廣、大願、達賴、宗喀巴、寂天、月稱、……等人）誤導之邪見，建立正見，轉入正道乃至親證初果而無困難；書中並詳說三果所證的**心解脫**，以及四果**慧解脫**的親證，都是如實可行的具體知見與行門。全書共七輯，已出版完畢。平實導師著，每輯三百餘頁，售價300元。

**超意境**ＣＤ：以平實導師公案拈提書中超越意境之頌詞，加上曲風優美的旋律，錄成令人嚮往的超意境歌曲，其中包括正覺發願文及平實導師親自譜成的黃梅調歌曲一首。詞曲雋永，殊堪翫味，可供學禪者吟詠，有助於見道。內附設計精美的彩色小冊，解說每一首詞的背景本事。每片280元。【每購買公案拈提書籍一冊，即贈送一片。】

**鈍鳥與靈龜**：鈍鳥及靈龜二物，被宗門證悟者說爲二種人：前者是精修禪定而無智慧者，也是以定爲禪的愚癡禪人；後者是或有禪定、或無禪定的宗門證悟者，凡已證悟者皆是靈龜。但後來被人虛造事實，用以嘲笑大慧宗杲禪師，說他雖是靈龜，卻不免被天童禪師預記「患背」痛苦而亡：「**鈍鳥離巢易，靈龜脫殼難。**」藉以貶低大慧宗杲的證量。同時將天童禪師實證如來藏的證量，曲解爲意識境界的離念靈知。自從大慧禪師入滅以後，錯悟凡夫對他的不實毀謗就一直存在著，不曾止息，並且捏造的假事實也隨著年月的增加而越來越多，終至編成「鈍鳥與靈龜」的假公案、假故事。本書是考證大慧與天童之間的不朽情誼，顯現這件假公案的虛妄不實；更見大慧宗杲面對惡勢力時的正直不阿，亦顯示大慧對天童禪師的至情深義，將使後人對大慧宗杲的誣謗至此而止，不再有人誤犯毀謗賢聖的惡業。書中亦舉證宗門的所悟確以第八識如來藏爲標的，詳讀之後必可改正以前被錯悟大師誤導的參禪知見，日後必定有助於實證禪宗的開悟境界，得階大乘眞見道位中，即是實證般若之賢聖。全書459頁，售價350元。

**我的菩提路**第一輯：凡夫及二乘聖人不能實證的佛菩提證悟，末法時代的今天仍然有人能得實證，由正覺同修會釋悟圓、釋善藏法師等二十餘位實證如來藏者所寫的見道報告，已爲當代學人見證宗門正法之絲縷不絕，證明大乘義學的法脈仍然存在，爲末法時代求悟般若之學人照耀出光明的坦途。由二十餘位大乘見道者所繕，敘述各種不同的學法、見道因緣與過程，參禪求悟者必讀。全書三百餘頁，售價300元。

**我的菩提路**第二輯：由郭正益老師等人合著，書中詳述彼等諸人歷經各處道場學法，一一修學而加以檢擇之不同過程以後，因閱讀正覺同修會、正智出版社書籍而發起抉擇分，轉入正覺同修會中修學；乃至學法及見道之過程，都一一詳述之。其中張志成等人係由前現代禪轉進正覺同修會，張志成原爲現代禪副宗長，以前未閱本會書籍時，曾被人藉其名義著文評論 平實導師（詳見《宗通與說通》辨正及《眼見佛性》書末附錄…等）；後因偶然接觸正覺同修會書籍，深覺以前聽人評論平實導師之語不實，於是投入極多時間閱讀本會書籍、深入思辨，詳細探索中觀與唯識之關聯與異同，認爲正覺之法義方是正法，深覺相應；亦解開多年來對佛法的迷雲，確定應依八識論正理修學方是正法。乃不顧面子，毅然前往正覺同修會面見平實導師懺悔，並正式學法求悟。今已與其同修王美伶（亦爲前現代禪傳法老師），同樣證悟如來藏而證得法界實相，生起實相般若眞智。此書中尚有七年來本會第一位眼見佛性者之見性報告一篇，一同供養大乘佛弟子。全書共四百頁，售價300元。

**我的菩提路**第三輯：由王美伶老師等人合著。自從正覺同修會成立以來，每年夏初、冬初都舉辦精進禪三共修，藉以助益會中同修們得以證悟明心發起般若實相智慧；凡已實證而被平實導師印證者，皆書具見道報告用以證明佛法之眞實可證而非玄學，證明佛法並非純屬思想、理論而無實質，是故每年都能有人證明正覺同修會的「實證佛教」主張並非虛語。特別是眼見佛性一法，自古以來中國禪宗祖師實證者極寡，較之明心開悟的證境更難令人信受；至2017年初，正覺同修會中的證悟明心者已近五百人，然而其中眼見佛性者至今唯十餘人爾，可謂難能可貴，是故明心後欲冀眼見佛性者實屬不易。黃正倖老師是懸絕七年無人見性後的第一人，她於2009年的見性報告刊於本書的第二輯中，爲大眾證明佛性確實可以眼見；其後七年之中求見性者都屬解悟佛性而無人眼見，幸而又經七年後的2016冬初，以及2017夏初的禪三，復有三人眼見佛性，希冀鼓舞四眾佛子求見佛性之大心，今則具載一則於書末，顯示求見佛性之事實經歷，供養現代佛教界欲得見性之四眾弟子。全書四百頁，售價300元。

**我的菩提路**第四輯：由陳晏平等人著。中國禪宗祖師往往有所謂「見性」之言，所言多屬看見如來藏具有能令人發起成佛之自性，並非《大般涅槃經》中 如來所說之眼見佛性。眼見佛性者，於親見佛性之時，即能於山河大地眼見自己佛性，亦能於他人身上眼見自己佛性及對方之佛性，如是境界無法爲尚未實證者解釋；勉強說之，縱使眞實明心證悟之人聞之，亦只能以自身明心之境界想像之，但不論如何想像多屬非量，能有正確之比量者亦是稀有，故說眼見佛性極爲困難。眼見佛性之人若所見極分明時，在所見佛性之境界下所眼見之山河大地、自己五蘊身心皆是虛幻，自有異於明心者之解脫功德受用，此後永不思證二乘涅槃，必定邁向成佛之道而進入第十住位中，已超第一阿僧祇劫三分有一，可謂之爲超劫精進也。今又有明心之後眼見佛性之人出於人間，將其明心及後來見性之報告，連同其餘證悟明心者之精彩報告一同收錄於此書中，供養眞求佛法實證之四眾佛子。全書380頁，售價300元。

**我的菩提路**第五輯：林慈慧等人著。書中詳敘學佛一路之辛苦萬端，直至得遇正法之後如何修行終能實證，現觀眞如而入勝義菩薩僧數。本輯亦錄入一位明心後又再眼見佛性的實證者，文中詳述見性之過程，並說明見性後的情況。古來能得明心又得見性之祖師極寡，禪師們所謂見性者往往屬於明心時親見第八識如來藏具備能使人成佛之自性，即名見性，例如六祖等人，但非《大般涅槃經》中所說之「眼見佛性」之實證。今本書提供眼見佛性證量之見性報告一篇，以饗讀者。全書384頁，300元。

**維摩詰經講記**：本經係 世尊在世時，由等覺菩薩維摩詰居士藉疾病而演說之大乘菩提無上妙義，所說函蓋甚廣，然極簡略，是故今時諸方大師與學人讀之悉皆錯解，何況能知其中隱含之深妙正義，是故普遍無法爲人解說；若強爲人說，則成依文解義而有諸多過失。今由平實導師公開宣講之後，詳實解釋其中密意，令維摩詰菩薩所說大乘不可思議解脫之深妙正法得以正確宣流於人間，利益當代學人及與諸方大師。書中詳實演述大乘佛法深妙不共二乘之智慧境界，顯示諸法之中絕待之實相境界，建立大乘菩薩妙道於永遠不敗不壞之地，以此成就護法偉功，欲冀永利娑婆人天。已經宣講圓滿整理成書流通，以利諸方大師及諸學人。全書共六輯，每輯三百餘頁，售價各250元。

**真假外道**：本書具體舉證佛門中的常見外道知見實例，並加以教證及理證上的辨正，幫助讀者輕鬆而快速的了知常見外道的錯誤知見，進而遠離佛門內外的常見外道知見，因此即能改正修學方向而快速實證佛法。游正光老師著 。成本價200元。

**勝鬘經講記**：如來藏爲三乘菩提之所依，若離如來藏心體及其含藏之一切種子，即無三界有情及一切世間法，亦無二乘菩提緣起性空之出世間法；本經詳說無始無明、一念無明皆依如來藏而有之正理，藉著詳解煩惱障與所知障間之關係，令學人深入了知二乘菩提與佛菩提相異之妙理；聞後即可了知佛菩提之特勝處及三乘修道之方向與原理，邁向攝受正法而速成佛道的境界中。平實導師講述，共六輯，每輯三百餘頁，售價各250元。

**楞嚴經講記**：楞嚴經係密教部之重要經典，亦是顯教中普受重視之經典；經中宣說明心與見性之內涵極爲詳細，將一切法都會歸如來藏及佛性—妙眞如性；亦闡釋佛菩提道修學過程中之種種魔境，以及外道誤會涅槃之狀況，旁及三界世間之起源。然因言句深澀難解，法義亦復深妙寬廣，學人讀之普難通達，是故讀者大多誤會，不能如實理解佛所說之明心與見性內涵，亦因是故多有悟錯之人引爲開悟之證言，成就大妄語罪。今由平實導師詳細講解之後，整理成文，以易讀易懂之語體文刊行天下，以利學人。全書十五輯，全部出版完畢。每輯三百餘頁，售價每輯300元。

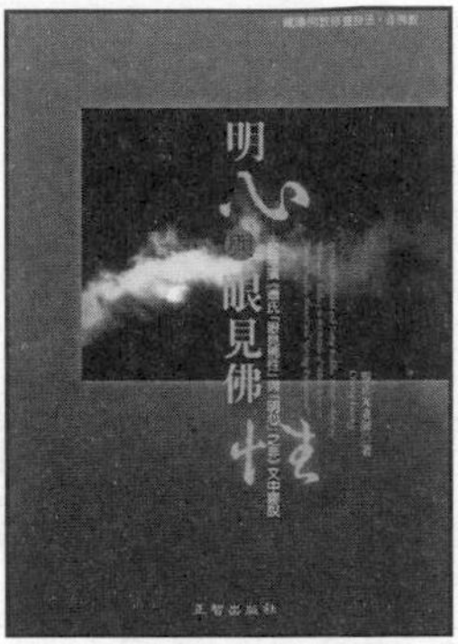


**明心與眼見佛性**：本書細述明心與眼見佛性之異同，同時顯示了中國禪宗破初參明心與重關眼見佛性二關之間的關聯；書中又藉法義辨正而旁述其他許多勝妙法義，讀後必能遠離佛門長久以來積非成是的錯誤知見，令讀者在佛法的實證上有極大助益。也藉慧廣法師的謬論來教導佛門學人回歸正知正見，遠離古今禪門錯悟者所墮的意識境界，非唯有助於斷我見，也對未來的開悟明心實證第八識如來藏有所助益，是故學禪者都應細讀之。游正光老師著　共448頁　售價300元。

**菩薩底憂鬱CD**將菩薩情懷及禪宗公案寫成新詞，並製作成超越意境的優美歌曲。1.主題曲〈菩薩底憂鬱〉，描述地後菩薩能離三界生死而迴向繼續生在人間，但因尚未斷盡習氣種子而有極深沈之憂鬱，非三賢位菩薩及二乘聖者所知，此憂鬱在七地滿心位方才斷盡；本曲之詞中所說義理極深，昔來所未曾見；此曲係以優美的情歌風格寫詞及作曲，聞者得以激發嚮往諸地菩薩境界之大心，詞、曲都非常優美，難得一見；其中勝妙義理之解說，已印在附贈之彩色小冊中。2.以各輯公案拈提中直示禪門入處之頌文，作成各種不同曲風之超意境歌曲，值得玩味、參究；聆聽公案拈提之優美歌曲時，請同時閱讀內附之印刷精美說明小冊，可以領會超越三界的證悟境界；未悟者可以因此引發求悟之意向及疑情，眞發菩提心而邁向求悟之途，乃至因此眞實悟入般若，成眞菩薩。3.正覺總持咒新曲，總持佛法大意；總持咒之義理，已加以解說並印在隨附之小冊中。本CD共有十首歌曲，長達63分鐘，附贈二張購書優惠券。每片280元。

**禪意無限**CD平實導師以公案拈提書中偈頌寫成不同風格曲子，與他人所寫不同風格曲子共同錄製出版，幫助參禪人進入禪門超越意識之境界。盒中附贈彩色印製的精美解說小冊，以供聆聽時閱讀，令參禪人得以發起參禪之疑情，即有機會證悟本來面目，實證大乘菩提般若。本CD共有十首歌曲，長達69分鐘，每盒各附贈二張購書優惠券。每片280元。

**金剛經宗通**：三界唯心，萬法唯識，是成佛之修證內容，是諸地菩薩之所修；般若則是成佛之道（實證三界唯心、萬法唯識）的入門，若未證悟實相般若，即無成佛之可能，必將永在外門廣行菩薩六度，永在凡夫位中。然而實相般若的發起，全賴實證萬法的實相；若欲證知萬法的眞相，則必須探究萬法之所從來，則須實證自心如來—金剛心如來藏，然後現觀這個金剛心的金剛性、眞實性、如如性、清淨性、涅槃性、能生萬法的自性性、本住性，名爲證眞如；進而現觀三界六道唯是此金剛心所成，人間萬法須藉八識心王和合運作方能現起。如是實證《華嚴經》的「三界唯心、萬法唯識」以後，由此等現觀而發起實相般若智慧，繼續進修第十住位的如幻觀、第十行位的陽焰觀、第十迴向位的如夢觀，再生起增上意樂而勇發十無盡願，方能滿足三賢位的實證，轉入初地；自知成佛之道而無偏倚，從此按部就班、次第進修乃至成佛。第八識自心如來是般若智慧之所依，般若智慧的修證則要從實證金剛心自心如來開始；《金剛經》則是解說自心如來之經典，是一切三賢位菩薩所應進修之實相般若經典。這一套書，是將平實導師宣講的《金剛經宗通》內容，整理成文字而流通之；書中所說義理，迥異古今諸家依文解義之說，指出大乘見道方向與理路，有益於禪宗學人求開悟見道，及轉入內門廣修六度萬行。講述完畢後結集出版，總共9輯，每輯約三百餘頁，售價各250元。

**空行母—性別、身分定位，以及藏傳佛教：**本書作者爲蘇格蘭哲學家，因爲嚮往佛教深妙的哲學內涵，於是進入當年盛行於歐美的假藏傳佛教密宗，擔任卡盧仁波切的翻譯工作多年以後，被邀請成爲卡盧的空行母（又名佛母、明妃），開始了她在密宗裡的實修過程；後來發覺在密宗雙身法中的修行，其實無法使自己成佛，也發覺密宗對女性岐視而處處貶抑，並剝奪女性在雙身法中擔任一半角色時應有的身分定位。當她發覺自己只是雙身法中被喇嘛利用的工具，沒有獲得絲毫應有的尊重與基本定位時，發現了密宗的父權社會控制女性的本質；於是作者傷心地離開了卡盧仁波切與密宗，但是卻被恐嚇不許講出她在密宗裡的經歷，也不許她說出自己對密宗的教義與教制下對女性剝削的本質，否則將被咒殺死亡。後來她去加拿大定居，十餘年後方才擺脫這個恐嚇陰影，下定決心將親身經歷的實情及觀察到的事實寫下來並且出版，公諸於世。出版之後，她被流亡的達賴集團人士大力攻訐，誣指她爲精神狀態失常、說謊……等。但有智之士並未被達賴集團的政治操作及各國政府政治運作吹捧達賴的表相所欺，使她的書銷售無阻而又再版。正智出版社鑑於作者此書是親身經歷的事實，所說具有針對「藏傳佛教」而作學術研究的價值，也有使人認清假藏傳佛教剝削佛母、明妃的男性本位實質，因此洽請作者同意中譯而出版於華人地區。珍妮·坎貝爾女士著，呂艾倫 中譯，每冊250元。

**霧峰無霧—給哥哥的信：**本書作者藉兄弟之間信件往來論義，略述佛法大義；並以多篇短文辨義，舉出釋印順對佛法的無量誤解證據，並一一給予簡單而清晰的辨正，令人一讀即知。久讀、多讀之後即能認清楚釋印順的六識論見解，與眞實佛法之牴觸是多麼嚴重；於是在久讀、多讀之後，於不知不覺之間提升了對佛法的極深入理解，正知正見就在不知不覺間建立起來了。當三乘佛法的正知見建立起來之後，對於三乘菩提的見道條件便將隨之具足，於是聲聞解脫道的見道也就水到渠成；接著大乘見道的因緣也將次第成熟，未來自然也會有親見大乘菩提之道的因緣，悟入大乘實相般若也將自然成功，自能通達般若系列諸經而成實義菩薩。作者居住於南投縣霧峰鄉，自喻見道之後不復再見霧峰之霧，故鄉原野美景一一明見，於是立此書名爲《霧峰無霧》；讀者若欲撥霧見月，可以此書爲緣。游宗明 老師著　售價250元。

**假藏傳佛教的神話—性、謊言、喇嘛教**：本書編著者是由一首名叫「阿姊鼓」的歌曲為緣起，展開了序幕，揭開假藏傳佛教—喇嘛教—的神祕面紗。其重點是蒐集、摘錄網路上質疑「喇嘛教」的帖子，以揭穿「假藏傳佛教的神話」為主題，串聯成書，並附加彩色插圖以及說明，讓讀者們瞭解西藏密宗及相關人事如何被操作為「神話」的過程，以及神話背後的眞相。作者：張正玄教授。售價200元。

**達賴真面目—玩盡天下女人**：假使您不想戴綠帽子，請記得詳細閱讀此書；假使您不想讓好朋友戴綠帽子，請您將此書介紹給您的好朋友。假使您想保護家中的女性，也想要保護好朋友的女眷，請記得將此書送給家中的女性和好友的女眷都來閱讀。本書為印刷精美的大本彩色中英對照精裝本，為您揭開達賴喇嘛的眞面目，內容精彩不容錯過，為利益社會大眾，特別以優惠價格嘉惠所有讀者。編著者：白志偉等。大開版雪銅紙彩色精裝本。售價800元。

**喇嘛性世界—揭開假藏傳佛教譚崔瑜伽的面紗**：這個世界中的喇嘛，號稱來自世外桃源的香格里拉，穿著或紅或黃的喇嘛長袍，散布於我們的身邊傳教灌頂，吸引了無數的人嚮往學習；這些喇嘛虔誠地為大眾祈福，手中拿著寶杵（金剛）與寶鈴（蓮花），口中唸著咒語：「唵．嘛呢．叭咪．吽……」，咒語的意思是說：「我至誠歸命金剛杵上的寶珠伸向蓮花寶穴之中」！「喇嘛性世界」是什麼樣的「世界」呢？本書將為您呈現喇嘛世界的面貌。當您發現眞相以後，您將會唸：「噢！喇嘛．性．世界，譚崔性交嘛！」作者：張善思、呂艾倫。售價200元。

**末代達賴——性交教主的悲歌**：簡介從藏傳僞佛教（喇嘛教）的修行核心——性力派男女雙修，探討達賴喇嘛及藏傳僞佛教的修行內涵。書中引用外國知名學者著作、世界各地新聞報導，包含：歷代達賴喇嘛的祕史、達賴六世修雙身法的事蹟，以及《時輪續》中的性交灌頂儀式……等；達賴喇嘛書中開示的雙修法、達賴喇嘛的黑暗政治手段；達賴喇嘛所領導的寺院爆發喇嘛性侵兒童；新聞報導《西藏生死書》作者索甲仁波切性侵女信徒、澳洲喇嘛秋達公開道歉、美國最大假藏傳佛教組織領導人邱陽創巴仁波切的性氾濫；等等事件背後眞相的揭露。作者：張善思、呂艾倫、辛燕。售價250元。

**第七意識與第八意識？——穿越時空「超意識」**：「三界唯心，萬法唯識」是佛教中應該實證的聖教，也是《華嚴經》中明載而可以實證的法界實相。唯心者，三界一切境界、一切諸法唯是一心所成就，即是每一個有情的第八識如來藏，不是意識心。唯識者，即是人類各各都具足的八識心王——眼識、耳鼻舌身意識、意根、阿賴耶識，第八阿賴耶識又名如來藏，人類五陰相應的萬法，莫不由八識心王共同運作而成就，故說萬法唯識。依聖教量及現量、比量，都可以證明意識是二法因緣生，是由第八識藉意根與法塵二法爲因緣而出生，又是夜夜斷滅不存之生滅心，即無可能反過來出生第七識意根、第八識如來藏，當知不可能從生滅性的意識心中，細分出恆審思量的第七識意根，更無可能細分出恆而不審的第八識如來藏。本書是將演講內容整理成文字，細說如是內容，並已在〈正覺電子報〉連載完畢，今彙集成書以廣流通，欲幫助佛門有緣人斷除意識我見，跳脫於識陰之外而取證聲聞初果；嗣後修學禪宗時即得不墮外道神我之中，得以求證第八識金剛心而發起般若實智。平實導師 述，每冊300元。

**黯淡的達賴—失去光彩的諾貝爾和平獎**：本書舉出很多證據與論述，詳述達賴喇嘛不爲世人所知的一面，顯示達賴喇嘛並不是眞正的和平使者，而是假借諾貝爾和平獎的光環來欺騙世人；透過本書的說明與舉證，讀者可以更清楚的瞭解，達賴喇嘛是結合暴力、黑暗、淫欲於喇嘛教裡的集團首領，其政治行爲與宗教主張，早已讓諾貝爾和平獎的光環染污了。　本書由財團法人正覺教育基金會寫作、編輯，由正覺出版社印行，每冊250元。

**童女迦葉考—論呂凱文〈佛教輪迴思想的論述分析〉之謬**：童女迦葉是佛世率領五百大比丘遊行於人間的歷史事實，是以童貞行而依止菩薩戒弘化於人間的大菩薩，不依別解脫戒（聲聞戒）來弘化於人間。這是大乘佛教與聲聞佛教同時存在於佛世的歷史明證，證明大乘佛教不是從聲聞法中分裂出來的部派佛教的產物，卻是聲聞佛教分裂出來的部派佛教聲聞凡夫僧所不樂見的史實；於是古今聲聞法中的凡夫都欲加以扭曲而作詭說，更是末法時代高聲大呼「大乘非佛說」的六識論聲聞凡夫極力想要扭曲的佛教史實之一，於是想方設法扭曲迦葉菩薩爲聲聞僧，以及扭曲迦葉童女爲比丘僧等荒謬不實之論著便陸續出現，古時聲聞僧寫作的《分別功德論》是最具體之事例，現代之代表作則是呂凱文先生的〈佛教輪迴思想的論述分析〉論文。鑑於如是假藉學術考證以籠罩大眾之不實謬論，未來仍將繼續造作及流竄於佛教界，繼續扼殺大乘佛教學人法身慧命，必須舉證辨正之，遂成此書。平實導師　著，每冊180元。

**人間佛教—實證者必定不悖三乘菩提**：「大乘非佛說」的講法似乎流傳已久，卻只是日本人企圖擺脫中國正統佛教的影響，而在明治維新時期才開始提出來的說法；台灣佛教、大陸佛教的淺學無智之人，由於未曾實證佛法而迷信日本人錯誤的學術考證，錯認爲這些別有用心的日本佛學考證的講法爲天竺佛教的眞實歷史；甚至還有更激進的反對佛教者提出「釋迦牟尼佛並非眞實存在，只是後人捏造的假歷史人物」，竟然也有少數人願意跟著「學術」的假光環而信受不疑，於是開始有一些佛教界人士造作了反對中國佛教而推崇南洋小乘佛教的行爲，使佛教的信仰者難以檢擇，導致一般大陸人士開始轉入基督教的盲目迷信中。在這些佛教及外教人士之中，也就有一分人根據此邪說而大聲主張「大乘非佛說」的謬論，這些人以「人間佛教」的名義來抵制中國正統佛教，公然宣稱中國的大乘佛教是由聲聞部派佛教的凡夫僧所創造出來的。這樣的說法流傳於台灣及大陸佛教界凡夫僧之中已久，卻非眞正的佛教歷史中曾經發生過的事，只是繼承六識論的聲聞法中凡夫僧依自己的意識境界立場，純憑臆想而編造出來的妄想說法，卻已經影響許多無智之凡夫僧俗信受不移。本書則是從佛教的經藏法義實質及實證的現量內涵本質立論，證明大乘佛法本是佛說，是從《阿含正義》尚未說過的不同面向來討論「人間佛教」的議題，證明「大乘眞佛說」。閱讀本書可以斷除六識論邪見，迴入三乘菩提正道發起實證的因緣；也能斷除禪宗學人學禪時普遍存在之錯誤知見，對於建立參禪時的正知見有很深的著墨。平實導師 述，內文488頁，全書528頁，定價400元。

**見性與看話頭**：黃正倖老師的《見性與看話頭》於《正覺電子報》連載完畢，今集結出版。書中詳說禪宗看話頭的詳細方法，並細說看話頭與眼見佛性的關係，以及眼見佛性者求見佛性前必須具備的條件。本書是禪宗實修者追求明心開悟時參禪的方法書，也是求見佛性者作功夫時必讀的方法書，內容兼顧眼見佛性的理論與實修之方法，是依實修之體驗配合理論而詳述，條理分明而且極爲詳實、周全、深入。本書內文375頁，全書416頁，售價300元。

**中觀金鑑——詳述應成派中觀的起源與其破法本質：**學佛人往往迷於中觀學派之不同學說，被應成派與自續派所迷惑；修學般若中觀二十年後自以爲實證般若中觀了，卻仍不曾入門，甫聞實證般若中觀者之所說，則茫無所知，迷惑不解；隨後信心盡失，不知如何實證佛法；凡此，皆因惑於這二派中觀學說所致。自續派中觀所說同於常見，以意識境界立爲第八識如來藏之境界，應成派所說則同於斷見，但又同立意識爲常住法，故亦具足斷常二見。今者孫正德老師有鑑於此，乃將起源於密宗的應成派中觀學說，追本溯源，詳考其來源之外，亦一一舉證其立論內容，詳加辨正，令密宗雙身法祖師以識陰境界而造之應成派中觀學說本質，詳細呈現於學人眼前，令其維護雙身法之目的無所遁形。若欲遠離密宗此二大派中觀謬說，欲於三乘菩提有所進道者，允宜具足閱讀並細加思惟，反覆讀之以後將可捨棄邪道返歸正道，則於般若之實證即有可能，證後自能現觀如來藏之中道境界而成就中觀。本書分上、中、下三冊，每冊250元，已全部出版完畢。

**真心告訴您（一）——達賴喇嘛在幹什麼？**這是一本報導篇章的選集，更是「破邪顯正」的暮鼓晨鐘。「破邪」是戳破假象，說明達賴喇嘛及其所率領的密宗四大派法王、喇嘛們，弘傳的佛法是仿冒的佛法；他們是假藏傳佛教，是坦特羅（譚崔性交）外道法和藏地崇奉鬼神的苯教混合成的「喇嘛教」，推廣的是以所謂「無上瑜伽」的男女雙身法冒充佛法的假佛教，詐財騙色誤導眾生，常常造成信徒家庭破碎、家中兒少失怙的嚴重後果。「顯正」是揭櫫眞相，指出眞正的藏傳佛教只有一個，就是覺囊巴，傳的是 釋迦牟尼佛演繹的第八識如來藏妙法，稱爲他空見大中觀。正覺教育基金會即以此古今輝映的如來藏正法正知見，在眞心新聞網中逐次報導出來，將箇中原委「眞心告訴您」，如今結集成書，與想要知道密宗眞相的您分享。售價250元。

**實相經宗通：**學佛之目的在於實證一切法界背後之實相，禪宗稱之爲本來面目或本地風光，佛菩提道中稱之爲實相法界；此實相法界即是金剛藏，又名佛法之祕密藏，即是能生有情五陰、十八界及宇宙萬有（山河大地、諸天、三惡道世間）的第八識如來藏，又名阿賴耶識心，即是禪宗祖師所說的眞如心，此心即是三界萬有背後的實相。證得此第八識心時，自能瞭解般若諸經中隱說的種種密意，即得發起實相般若——實相智慧。每見學佛人修學佛法二十年後仍對實相般若茫然無知，亦不知如何入門，茫無所趣；更因不知三乘菩提的互異互同，是故越是久學者對佛法越覺茫然，都肇因於尚未瞭解佛法的全貌，亦未瞭解佛法的修證內容即是第八識心所致。本書對於修學佛法者所應實證的實相境界提出明確解析，並提示趣入佛菩提道的入手處，有心親證實相般若的佛法實修者，宜詳讀之，於佛菩提道之實證即有下手處。平實導師述著，共八輯，全部出版完畢，每輯成本價250元。

**法華經講義：**此書爲平實導師始從2009/7/21演述至2014/1/14之講經錄音整理所成。世尊一代時教，總分五時三教，即是華嚴時、聲聞緣覺教、般若教、種智唯識教、法華時；依此五時三教區分爲藏、通、別、圓四教。本經是最後一時的圓教經典，圓滿收攝一切法教於本經中，是故最後的圓教聖訓中，特地指出無有三乘菩提，其實唯有一佛乘；皆因眾生愚迷故，方便區分爲三乘菩提以助眾生證道。世尊於此經中特地說明如來示現於人間的唯一大事因緣，便是爲有緣眾生「開、示、悟、入」諸佛的所知所見——第八識如來藏妙眞如心，並於諸品中隱說「妙法蓮花」如來藏心的密意。然因此經所說甚深難解，眞義隱晦，古來難得有人能窺堂奧；平實導師以知如是密意故，特爲末法佛門四眾演述《妙法蓮華經》中各品蘊含之密意，使古來未曾被古德註解出來的「此經」密意，如實顯示於當代學人眼前。乃至〈藥王菩薩本事品〉、〈妙音菩薩品〉、〈觀世音菩薩普門品〉、〈普賢菩薩勸發品〉中的微細密意，亦皆一併詳述之，開前人所未曾言之密意，示前人所未見之妙法。最後乃至以〈法華大義〉而總其成，全經妙旨貫通始終，而依佛旨圓攝於一心如來藏妙心，厥爲曠古未有之大說也。平實導師述，共有25輯。每輯300元。

**西藏「活佛轉世」制度—附佛、造神、世俗法：**歷來關於喇嘛教活佛轉世的研究，多針對歷史及文化兩部分，於其所以成立的理論基礎，較少系統化的探討。尤其是此制度是否依據「佛法」而施設？是否合乎佛法眞實義？現有的文獻大多含糊其詞，或人云亦云，不曾有明確的闡釋與如實的見解。因此本文先從活佛轉世的由來，探索此制度的起源、背景與功能，並進而從活佛的尋訪與認證之過程，發掘活佛轉世的特徵，以確認「活佛轉世」在佛法中應具足何種果德。定價150元。

**真心告訴您（二）—達賴喇嘛是佛教僧侶嗎？補祝達賴喇嘛八十大壽：**這是一本針對當今達賴喇嘛所領導的喇嘛教，冒用佛教名相、於師徒間或師兄姊間，實修男女邪淫，而從佛法三乘菩提的現量與聖教量，揭發其謊言與邪術，證明達賴及其喇嘛教是仿冒佛教的外道，是「假藏傳佛教」。藏密四大派教義雖有「八識論」與「六識論」的表面差異，然其實修之內容，皆共許「無上瑜伽」四部灌頂爲究竟「成佛」之法門，也就是共以男女雙修之邪淫法爲「即身成佛」之密要，雖美其名曰「欲貪爲道」之「金剛乘」，並誇稱其成就超越於（應身佛）釋迦牟尼佛所傳之顯教般若乘之上；然詳考其理論，則或以意識離念時之粗細心爲第八識如來藏，或以中脈裡的明點爲第八識如來藏，或如宗喀巴與達賴堅決主張第六意識爲常恆不變之眞心者，分別墮於外道之常見與斷見中；全然違背　佛說能生五蘊之如來藏的實質。售價300元。

**涅槃——解說四種涅槃之實證及內涵：**眞正學佛之人，首要即是見道，由見道故方有涅槃之實證，證涅槃者方能出生死，但涅槃有四種：二乘聖者的有餘涅槃、無餘涅槃，以及大乘聖者的本來自性清淨涅槃、佛地的無住處涅槃。大乘聖者實證本來自性清淨涅槃，入地前再取證二乘涅槃，然後起惑潤生捨離二乘涅槃，繼續進修而在七地心前斷盡三界愛之習氣種子，依七地無生法忍之具足而證得念念入滅盡定；八地後進斷異熟生死，直至妙覺地下生人間成佛，具足四種涅槃，方是眞正成佛。此理古來少人言，以致誤會涅槃正理者比比皆是，今於此書中廣說四種涅槃、如何實證之理、實證前應有之條件，實屬本世紀佛教界極重要之著作，令人對涅槃有正確無訛之認識，然後可以依之實行而得實證。本書共有上下二冊，每冊各四百餘頁，對涅槃詳加解說，每冊各350元。

**佛藏經講義：**本經說明爲何佛菩提難以實證之原因，都因往昔無數阿僧祇劫前的邪見，引生此世求證時之業障而難以實證。即以諸法實相詳細解說，繼之以念佛品、念法品、念僧品，說明諸佛與法之實質；然後以淨戒品之說明，期待佛弟子四眾堅持清淨戒而轉化心性，並以往古品的實例說明，教導四眾務必滅除邪見轉入正見中，然後以了戒品的說明和囑累品的付囑，期望末法時代的佛門四眾弟子皆能清淨知見而得以實證。平實導師於此經中有極深入的解說，總共21輯，每輯300元，於2019/07/31開始發行。

**解深密經講記**：本經係　世尊晚年第三轉法輪，宣說地上菩薩所應熏修之唯識正義經典，經中所說義理乃是大乘一切種智增上慧學，以阿陀那識—如來藏—阿賴耶識為主體。禪宗之證悟者，若欲修證初地無生法忍乃至八地無生法忍者，必須修學《楞伽經、解深密經》所說之八識心王一切種智；此二經所說正法，方是眞正成佛之道；印順法師否定如來藏之後所說萬法緣起性空之法，是以誤會後之二乘解脫道取代大乘眞正成佛之道，亦已墮於斷滅見中，不可謂為成佛之道也。平實導師曾於本會郭故理事長往生時，於喪宅中從初七至第十七，宣講圓滿，作為郭老之往生佛事功德，迴向郭老早證八地、速返娑婆住持正法；茲為今時後世學人故，將擇期重講《解深密經》，以淺顯之語句講畢後將會整理成文，用供證悟者進道；亦令諸方未悟者，據此經中佛語正義，修正邪見，依之速能入道。平實導師述著，全書輯數未定，每輯三百餘頁，將於未來重講完畢後逐輯出版。

**修習止觀坐禪法要講記**：修學四禪八定之人，往往錯會禪定之修學知見，欲以無止盡之坐禪而證禪定境界，卻不知修除性障之行門才是修證四禪八定不可或缺之要素，故智者大師云「性障初禪」；性障不除，初禪永不現前，云何修證二禪等？又：行者學定，若唯知數息，而不解六妙門之方便善巧者，欲求一心入定，未到地定極難可得，智者大師名之為「事障未來」：障礙未到地定之修證。又禪定之修證，不可違背二乘菩提及第一義法，否則縱使具足四禪八定，亦不能實證涅槃而出三界。此諸知見，智者大師於《修習止觀坐禪法要》中皆有闡釋。作者平實導師以其第一義之見地及禪定之實證證量，曾加以詳細解析。將俟正覺寺竣工啓用後重講，不限制聽講者資格；講後將以語體文整理出版。欲修習世間定及增上定之學者，宜細讀之。平實導師述著。

**阿含經講記——小乘解脫道之修證**：數百年來，南傳佛法所說證果之不實，所說解脫道之虛妄，所弘解脫道法義之世俗化，皆已少人知之；從南洋傳入台灣與大陸之後，所說法義虛謬之事，亦復少人知之；今時台灣全島印順系統之法師居士，多不知南傳佛法數百年來所說解脫道之義理已然偏斜、已然世俗化、已非眞正之二乘解脫正道，猶極力推崇與弘揚。彼等南傳佛法近代所謂之證果者多非眞實證果者，譬如阿迦曼、葛印卡、帕奧禪師、一行禪師……等人，悉皆未斷我見故。近年更有台灣南部大願法師，高抬南傳佛法之二乘修證行門爲「捷徑究竟解脫之道」者，然而南傳佛法縱使眞修實證，得成阿羅漢，至高唯是二乘菩提解脫之道，絕非究竟解脫，無餘涅槃中之實際尚未得證故，法界之實相尚未了知故，習氣種子待除故，一切種智未實證故，焉得謂爲「究竟解脫」？即使南傳佛法近代眞有實證之阿羅漢，尚且不及三賢位中之七住明心菩薩本來自性清淨涅槃智慧境界，則不能知此賢位菩薩所證之無餘涅槃實際，仍非大乘佛法中之見道者，何況普未實證聲聞果乃至未斷我見之人？謬充證果已屬逾越，更何況是誤會二乘菩提之後，以未斷我見之凡夫知見所說之二乘菩提解脫偏斜法道，焉可高抬爲「究竟解脫」？而且自稱「捷徑之道」？又妄言解脫之道即是成佛之道，完全否定般若實智、否定三乘菩提所依之如來藏心體，此理大大不通也！平實導師爲令修學二乘菩提欲證解脫果者，普得迴入二乘菩提正見、正道中，是故選錄四阿含諸經中，對於二乘解脫道法義有具足圓滿說明之經典，預定未來十年內將會加以詳細講解，令學佛人得以了知二乘解脫道之修證理路與行門，庶免被人誤導之後，未證言證，干犯道禁，成大妄語，欲升反墮。本書首重斷除我見，以助行者斷除我見而實證初果爲著眼之目標，若能根據此書內容，配合平實導師所著《識蘊眞義》《阿含正義》內涵而作實地觀行，實證初果非爲難事，行者可以藉此三書自行確認聲聞初果爲實際可得現觀成就之事。此書中除依二乘經典所說加以宣示外，亦依斷除我見等之證量，及大乘法中道種智之證量，對於意識心之體性加以細述，令諸二乘學人必定得斷我見、常見，免除三縛結之繫縛。次則宣示斷除我執之理，欲令升進而得薄貪瞋痴，乃至斷五下分結…等。平實導師述，共二冊，每冊三百餘頁。每輯300元。

**總經銷： 飛鴻 國際行銷股份有限公司**
231 新北市新店區中正路 501 之 9 號 2 樓
Tel.02－82186688（五線代表號） Fax.02-82186458、82186459

**零售：**1.**全台連鎖經銷書局：**
三民書局、誠品書局、何嘉仁書店
敦煌書店、紀伊國屋、金石堂書局、建宏書局
諾貝爾圖書城、墊腳石圖書文化廣場

2.**台北市：**佛化人生 **大安區**羅斯福路 3 段 325 號 6 樓之 4　台電大樓對面
3.**新北市：**春大地書店 **蘆洲區**中正路 117 號
4.**桃園市：**御書堂 **龍潭區**中正路 123 號
5.**新竹市：**大學書局 **東區**建功路 10 號
6.**台中市：**瑞成書局 **東區**雙十路 1 段 4 之 33 號
佛教詠春書局 **南屯區**永春東路 884 號
文春書店 **霧峰區**中正路 1087 號
7.**彰化市：**心泉佛教文化中心 南瑤路 286 號
8.**高雄市：**政大書城 **苓雅區**光華路 148-83 號
明儀書局 **三民區**明福街 2 號\
青年書局 **苓雅區**青年一路 141 號
9.**宜蘭市：**金隆書局　中山路 3 段 43 號
10.**台東市：**東普佛教文物流通處 博愛路 282 號
11.**其餘鄉鎮市經銷書局：**請電詢總經銷**飛鴻**公司。
12.**大陸地區請洽：**

**香港：**樂文書店
旺角店 :香港九龍旺角西洋菜街 62 號 3 樓
電話 : (852) 2390 3723　email: luckwinbooks@gmail.com
銅鑼灣店 :香港銅鑼灣駱克道 506 號 2 樓
電話 : (852) 2881 1150　email: luckwinbs@gmail.com

**廈門：**廈門外圖臺灣書店有限公司
地址：廈門市思明區湖濱南路809 號 廈門外圖書城3 樓 郵編：361004
電話：0592-5061658（臺灣地區請撥打 86-592-5061658）
E-mail：JKB118＠188.COM

13.**美國：世界日報圖書部：**紐約圖書部　電話 7187468889#6262
洛杉磯圖書部　電話 3232616972#202

14.**國內外地區網路購書：**
**正智出版社 書香園地**　http://books.enlighten.org.tw/
（書籍簡介、經銷書局可直接聯結下列網路書局購書）
**三民 網路書局**　http://www.sanmin.com.tw
**誠品 網路書局**　http://www.eslitebooks.com

**博客來** 網路書局　http://www.books.com.tw
**金石堂** 網路書局　http://www.kingstone.com.tw
**飛鴻** 網路書局　http://fh6688.com.tw

**附註：**1.請儘量向各經銷書局購買：郵政劃撥需要八天才能寄到（本公司在您劃撥後第四天才能接到劃撥單，次日寄出後第二天您才能收到書籍，此六天中可能會遇到週休二日，是故共需八天才能收到書籍）若想要早日收到書籍者，請劃撥完畢後，將劃撥收據貼在紙上，旁邊寫上您的姓名、住址、郵區、電話、買書詳細內容，直接傳眞到本公司 02-28344822，並來電 02-28316727、28327495 確認是否已收到您的傳眞，即可提前收到書籍。 2.因台灣每月皆有五十餘種宗教類書籍上架，書局書架空間有限，故唯有新書方有機會上架，通常每次只能有一本新書上架；本公司出版新書，大多上架不久便已售出，若書局未再叫貨補充者，書架上即無新書陳列，則請直接向書局櫃台訂購。 3.若書局不便代購時，可於晚上共修時間向正覺同修會各共修處請購（共修時間及地點，詳閱**共修現況表**。每年例行年假期間請勿前往請書，年假期間請見共修現況表）。 4.郵購：郵政劃撥帳號 19068241。 5.正覺同修會會員購書都以八折計價（戶籍台北市者爲一般會員，外縣市爲護持會員）都可獲得優待，欲一次購買全部書籍者，可以考慮入會，節省書費。入會費一千元（第一年初加入時才需要繳），年費二千元。**6.尚未出版之書籍，請勿預先郵寄書款與本公司，謝謝您！** 7.若欲一次購齊本公司書籍，或同時取得正覺同修會贈閱之全部書籍者，請於正覺同修會共修時間，親到各共修處請購及索取；**台北市讀者**請洽：103 台北市承德路三段 267 號 10 樓（捷運淡水線 圓山站旁）請書時間：週一至週五爲 18.00~21.00，第一、三、五週週六爲 10.00~21.00，雙週之週六爲 10.00~18.00 請購處專線電話：25957295-分機 14（於請書時間方有人接聽）。

**敬告大陸讀者：**

大陸讀者購書、索書捷徑（尚未在大陸出版的書籍，以下二個途徑都可以購得，電子書另包括結緣書籍）：

**1.廈門外國圖書公司**：廈門市思明區湖濱南路 809 號 廈門外圖書城 3F
郵編：361004 電話：0592-5061658 網址：http://www.xibc.com.cn/

**2.電子書**：正智出版社有限公司及正覺同修會在台灣印行的各種局版書、結緣書，已有『**正覺電子書**』陸續上線中，提供讀者於手機、平板電腦上購書、下載、閱讀正智出版社、正覺同修會及正覺教育基金會所出版之電子書，詳細訊息敬請參閱『正覺電子書』專頁：http://books.enlighten.org.tw/ebook

關於平實導師的書訊，請上網查閱：
成佛之道 http://www.a202.idv.tw
正智出版社 書香園地 http://books.enlighten.org.tw/

**中國網**採訪佛教正覺同修會、正覺教育基金會訊息：

http://big5.china.com.cn/gate/big5/fangtan.china.com.cn/2014-06/19/content_32714638.htm

http://pinpai.china.com.cn/

★ 正智出版社有限公司售書之稅後盈餘，全部捐助財團法人正覺寺籌備處、佛教正覺同修會、正覺教育基金會，供作弘法及購建道場之用；懇請諸方大德支持，功德無量。

★ 聲 明 ★

本社於 2015/01/01 開始調整本目錄中部分書籍之售價，以因應各項成本的持續增加。

＊ 喇嘛教修外道雙身法、墮識陰境界，非佛教 ＊

＊ 弘揚如來藏他空見的覺囊派才是真正藏傳佛教 ＊

## **售後服務—換書啓事**（免附回郵） 2017/12/05

**《楞伽經詳解》第三輯初版免費調換新書啓事**：茲因 平實導師弘法早期尚未回復往世全部證量，有些法義接受他人的說法，寫書當時並未察覺而有二處（同一種法義）跟著誤說，如今發現已將之修正。茲爲顧及讀者權益，已開始免費調換新書；敬請所有讀者將以前所購第三輯（不論第幾刷），攜回或寄回本公司免費換新；郵寄者之回郵由本公司負擔，不需寄來郵票。因此而造成讀者閱讀、以及換書的不便，在此向所有讀者致上萬分的歉意，祈請讀者大眾見諒！

**《楞嚴經講記》第 14 輯初版首刷本免費調換新書啓事**：本講記第 14 輯出版前因 平實導師諸事繁忙，未將之重新閱讀而只改正校對時發現的錯別字，故未能發覺十年前所說法義有部分錯誤，於第 15 輯付印前重閱時才發覺第 14 輯中有部分錯誤尚未改正。今已重新審閱修改並已重印完成，煩請所有讀者將以前所購第 14 輯初版首刷本，寄回本公司免費換新（初版二刷本無錯誤），本公司將於寄回新書時同時附上您寄書來換新時的郵資，並在此向所有讀者致上最誠懇的歉意。

**《心經密意》初版書免費調換二版新書啓事**：本書係演講錄音整理成書，講時因時間所限，省略部分段落未講。後於再版時補寫增加 13 頁，維持原價流通之。茲爲顧及初版讀者權益，自 2003/9/30 開始免費調換新書，原有初版一刷、二刷書籍，皆可寄來本公司換書。

**《宗門法眼》**已經增寫改版爲 464 頁新書，2008 年 6 月中旬出版。讀者原有初版之第一刷、第二刷書本，都可以寄回本公司免費調換改版新書。改版後之公案及錯悟事例維持不變，但將內容加以增說，較改版前更具有廣度與深度，將更能助益讀者參究實相。

**換書**者**免附回郵**，亦無截止期限；舊書請寄：111 台北郵政 73-151 號信箱 或 103 台北市承德路三段 267 號 10 樓 正智出版社有限公司。舊書若有塗鴨、殘缺、破損者，仍可換取新書；但缺頁之舊書至少應仍有五分之三頁數，方可換書。所有讀者不必顧念本公司是否有盈餘之問題，都請踴躍寄來換書；本公司成立之目的不是營利，只要能眞實利益學人，即已達到成立及運作之目的。若以郵寄方式換書者，免附回郵；並於寄回新書時，由本公司附上您寄來書籍時耗用的郵資。造成您不便之處，再次致上萬分的歉意。

正智出版社有限公司 启

國家圖書館出版品預行編目(CIP)資料

霧峰無霧 ： 救護佛子向正道 / 游宗明 著.
-- 初版. --［臺北市］: 正智, 2019.10
面 ； 公分
ISBN 978-986-6431-40-1（第 1 輯：平裝）
ISBN 978-986-98038-2-3（第 2 輯：平裝）

1. 佛教修持

225.7 108016832

# 霧峰無霧
## ——第二輯
## ——救護佛子向正道

作　　者：游宗明老師
校　　對：正覺同修會編輯部
出 版 者：**正智出版社**有限公司
電話：○二 28327495 28316727（白天）
傳眞：○二 28344822
111 台北郵政 73-151 號信箱
郵政劃撥帳號：一九○六八二四一
**正覺講堂**：總機 ○二 25957295（夜間）
總 經 銷：聯合發行股份有限公司
231 新北市新店區寶橋路 235 巷 6 弄 6 號 4 樓
電話：○二 29178022（代表號）
傳眞：○二 29156275
初版首刷：公元二○一九年十月 二千冊
定　　價：二五○元